당신이
몰랐던
이야기

당신이 몰랐던 이야기
세계를 이해하기 위한 이야기

펴낸날	초판 1쇄 2024년 5월 31일
	2쇄 2024년 6월 14일
지은이	박준홍
펴낸이	강진수
편 집	김은숙, 설윤경
디자인	이재원
인 쇄	(주)사피엔스컬쳐
펴낸곳	(주)북스고 **출판등록** 제2017-000136호 2017년 11월 23일
주 소	서울시 중구 서소문로 116 유원빌딩 1511호
전 화	(02) 6403-0042 **팩 스** (02) 6499-1053

ⓒ 박준홍, 2024

ISBN 979-11-6760-070-7 03100

책 출간을 원하시는 분은 이메일 booksgo@naver.com로 간단한 개요와 취지, 연락처 등을 보내주세요.
Booksgo는 건강하고 행복한 삶을 위한 가치 있는 콘텐츠를 만듭니다.

당신이
몰랐던 이야기

| 세계를 이해하기 위한 이야기 |

박준홍 지음

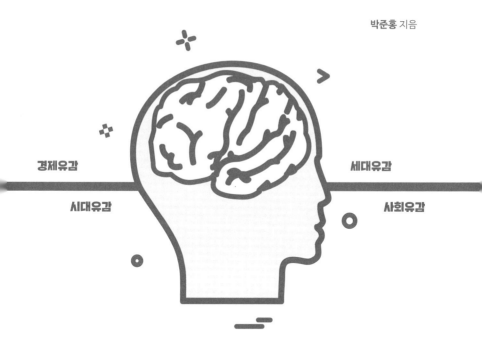

경제유감   세대유감

시대유감   사회유감

Booksgo

세상의 모든 것에는 원인과 이유가 있다

세상의 모든 것에는 원인과 이유가 있다. 하나에 대한 이해는 다른 것을 접했을 때 단번에 분석할 수 있는 통찰력을 준다. 비단 학문과 지식에 대한 이야기가 아니다. 때로는 역사와 사회 현상에 대한 이해는 사업에, 종교에 대한 이해는 공동체가 되었을 때 공동체의 일원이나 중진 리더로서 어떻게 효율적으로 공동체를 꾸려 나가고 속해야 하는지를 알려 준다.

가령 브랜드를 열어 상품을 판매한다고 해도 어떤 시기에 누구를 소비층으로 타겟팅하고, 그 소비층이 어떤 사회 현상을 겪으며 어떤 부재를 겪고 어떤 부분에서 열광하는지 알지 못하고서는 기획부터 마케팅까지 치밀하게 설계하고 성과를 만들어 내기란 불가능하다.

나는 '주식을 하면 패가망신한다'는 인식이 있을 때부터 주식을 공부했다. 이유는 하나였다. 내가 쓰고 싶은 글을 쓰면서 안정적인 수익을 가져다줄 시스템이 필요했기 때문이었다. 풍요롭지 못한 어린 시절을 보내서 그런지 유독 안정적인 수익에 대한 열망이 컸다. 주식을 공부하면서 느낀 것은 재무제표와 경제 동향도 물론 중요하지만, 주식은 곧 하나의 심리 게임이며, 수학적 분석도 못지않게 중요하다는 것이었다.

나는 지극히 실용주의자다. 쓸데없는 것은 하지 말자는 주의다. 어린 시절 나는 왜 기업가들이 자신과 상관도 없는 역사와 철학, 정치에 관한 책을 읽고 바쁜 일상에서 시간을 쪼개가며 소설을 보는지, 당장 눈앞에 일어난 일을 해결하는 것만큼이나 종교와 사회 현상에 관심을 가지는지 이해가 가지 않았다.

작가가 꿈이었던 나는 글로 돈을 벌고 싶어서 닥치는 대로 유명하다는 책들, 많이 팔린 책들을 탐독했다. 꿈이었던 소설 은 잠시 미루더라도 일단 팔리는 책을 써 보자는 생각이었다. 손에 잡히는 대로 다양한 분야의 글을 읽다가 문득 깨달은 것 은 모두 이어져 있다는 것이었다.

정치는 정치라고 하는 하나의 카테고리로 독립되지도 않고, 독립할 수도 없었다. 역사, 경제, 철학, 예술, 종교 또한 마 찬가지였다. 이때부터 현상에 주목하기보다는 원인에 주목 하기 시작했다. 원인에 주목할수록 우리가 사는 세상은 카테 고리로 구분을 짓기도 하지만, 결국에는 하나의 이야기라는 생각이 들었다.

우리가 사는 현재는 통신과 교통의 발달로, 나라마다 다른 형태로 나타나는 사회 현상들마저 비슷해졌다. 그래서 이 책 에 담아낸 각각의 이야기들이 책을 보고 있는 여러분 개인의 삶에 녹아들길 바란다. 이야기 하나하나가 어떤 식으로든 양분이 되어 적용되길 바란다.

운 좋게도 유튜브를 통해 많은 사람의 사랑을 받았고 받고 있다. 모든 분에게 감사하고 항상 고생하는 우리 팀원들에게도 책을 빌려 고맙다는 말을 전하고 싶다.

자, 그럼 시작해 볼까요?

당신이 몰랐던 이야기 박준홍

차 례

프롤로그 세상의 모든 것에는 원인과 이유가 있다 _4

1장 ⋯ 세대유감

전 세계의 젊은이는 왜 우울하고 불안한가   _15

MZ세대의 생존 방식   _22

모든 것을 포기한 일본의 사토리 세대   _31

집으로 돌아가지 않는 일본의 토요코 키즈   _38

어떤 반응도 하지 않겠다, 중국의 탕핑족   _48

시끄러운 중국인, 중국의 민낯 따마   _56

트렌드에 맞춰 변화하는 요즘것들의 범죄 조직   _63

2장 ··· 시대유감

신이 창조한 인간, 신을 만들어 낸 인간 _75

죽은 덩샤오핑이 중국을 다스리고 있다 _87

돈의 신, 재물의 신으로 숭배받는 마윈 _97

제3차 세계대전의 불쏘시개가 될지도 모른다 _114

미국이 최강대국인 이유 _124

총기 규제, 하지 않는 것이냐 못하는 것이냐 _131

멕시코 정부도 손을 놨다, 마약 카르텔 _141

중동의 전쟁터, 예멘의 아픔 _149

아프가니스탄은 어쩌다 지옥이 되었나 _157

푸틴이 믿고 있는 것은 무엇인가 _165

기후 재난이 코앞으로 다가왔다 _172

3장 ··· 사회유감

이제는 정말 아무도 없어, 대한민국이 사라진다 _183

지역갈등은 그들 때문에 시작되었다 _190

자영업의 몰락은 현재 진행형이다 _198

더 이상 마약 청정국이 아니다 _210

미국의 대중교통이 몰락한 이유 _218

미국 의료보험에 대한 오해와 진실 _227

미국급식을 먹느니 차라리 굶겠다 _237

해적이 꿈이라는 소말리아 _244

4장 ··· 경제유감

자원 부국은 왜 가난에 빠지나 _251

중국은 어쩌다 짝퉁의 천국이 되었나 _259

홍콩의 경제는 망했다 _268

부자 나라 가난한 국민, 일본 _278

일본을 설명할 수 있는 한마디, 버블 _288

북한은 어떻게 돈을 버는가 _295

가난해지는 유럽, 세계의 축이 이동한다 _305

희망이 불행으로 변해 버린 나우루 _320

IMF만 세 번, 이집트에 봄은 언제 오는 것일까 _325

부의 몰락, 아르헨티나 _336

국민이 탈출하고 있다, 베네수엘라 _342

참고 자료 _350

1장

세대유감

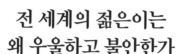

전 세계의 젊은이는
왜 우울하고 불안한가

언뜻 청년세대의 우울은 우리나라만의 이야기처럼 느껴지지만 사실 젊은 층의 우울과 불행은 전 세계적인 현상이다. 물론 정도의 차이는 있지만 지금 전 세계의 젊은 세대는 이전 세대와 다른 감정을 느끼고 있다. 극심한 세대 갈등을 겪는 MZ세대, 국가의 검열이 워낙 빡세다 보니 누워서 아무것도 하지 않는 중국의 탕핑족, 우울함에 찌들어 세상이 멸망하기를 바라는 미국의 두머 그 외에도 영국의 젊은 세대는 왕실이 가진 특권에 불만을 표시하고 있다.

프랑스의 청년세대는 희생당한 세대라고 불린다. 혁명의

나라답게 프랑스의 청년들은 거리로 나와 피켓을 들고 시위까지 한다. 특히 취업하기 힘들다는 말에 프랑스의 대통령 마크롱이 '일자리가 없으면 취직하기 위해 노력하면 된다'는 말을 했다가 엄청난 반발을 사기도 했다. 코로나 때는 가난했지만 공부는 우수했던 외과 의사 지망생이었던 학생 한 명이 스스로 생을 마감하는 사건이 일어나면서 프랑스에서 '#희생당한세대' 운동이 일어나기도 했다. 프랑스 내 명문대생들이 잇달아 목숨을 끊으면서 프랑스의 청년들은 국가에 변화를 요구했다. 프랑스 청년을 대상으로 한 여론 조사를 보면 응답자의 85%가 자신을 희생당한 세대로 생각한다고 응답했다.

스스로 희생당한 세대라고 부르는 이유는 이름에서 알 수 있듯 국가가 우리에게 희생만 강요하고 책임은 지지 않는다는 이유다. 여기에서 '국가'는 나라뿐만 아니라 기성세대도 포함되는 말이다. 서유럽권에서는 청년층에게 '이케아 세대'라고 하는데, 청년들이 낮은 임금을 받으며 저렴한 제품만 구매하는 것을 보고 저렴한 가구 회사인 이케아를 빗대서 표현한 것이다. '1,000유로 세대'라는 말도 있다. 말 그대로 한 달에 1,000유로, 현재 환율로는 140만 원 정도 되는 돈을 받아서 살아가는 세대를 뜻하는 말이기도 하다.

대부분의 나라에서 비슷한 현상을 겪고 있다. 단적으로 음악만 봐도 알 수 있는데, 유행하는 이모 랩의 주된 주제는 우

울증, 마약, 죽음, 외로움, 불안 같은 것들이다. 과거라면 언더
그라운드 장르였겠지만, 현재는 빌보드에 당당히 이름을 올
리는 장르가 되었다. 국가마다 청년층에서 발생하는 문제의
이유는 다르지만, 공통으로 우울과 불안을 느끼고 있다. 왜
세계의 청년들은 우울과 불안을 느끼는 것일까?

미국의 문화평론가 앤 헬렌 피터슨은 《요즘 애들(앤 헬렌
피터스 지음, 박다솜 옮김, 알에이치코리아, 2021)》이라는 책에
서 '밀레니얼 세대(1980년대 초반~2000년대 초반에 출생한 이
들)는 부모처럼 살기 싫지만 부모만큼 되기도 어렵고, 최고
학력을 쌓고 제일 많이 일하지만 가장 적게 버는 세대'라고
밝히고 있다.

청년들이 불안과 우울을 느끼는 이유는 개인마다 국가마
다 차이는 있겠지만, 크게 기성세대에 대한 박탈감, 평균의
상향, SNS, 실업률 그리고 현재 상황과 최근의 경험들이다.

첫째, 불안과 우울의 반대말은 행복이라고 할 수 있는데,
현재의 기성세대는 오히려 지금 청년들보다 훨씬 안 좋은 환
경에서 태어났다. 인권, 환경, 인프라 등 전부 현재와 비교하
면 열악했다. 다만 기성세대는 기회가 많았다.(실제로 그렇지
않더라도 청년들은 기회가 많았다고 생각한다) 실제로 집뿐만 아
니라 경제가 불황이었다는 말은 그 시대에 비교적 불황이었
다는 말이지 굵직한 사건이 터진 몇 년을 제외하면 경제는 엄

청난 속도로 성장했다. 우리 사회뿐만 아니라 외국에서도 노력이라는 단어가 나오는 이유도 이것 때문이다. 기성세대는 노력으로 성취할 수 있었다. 여기서 말하는 성취는 사회적 기준으로 말하는 '성취'다.

경제가 성장한 국가에서는 사회적인 성공의 기준이라는 것이 생겼다. 행복은 상대적이다. 지금 모든 국가의 청년들은 역사적으로 봤을 때 가장 호화로운 청년들이다. 기성세대 측면에서 볼 때 지금의 청년들은 좋은 교육과 먹을 것, 인프라까지 자신들이 만들어 놓은 경제 성장의 혜택을 받았다. 하지만 상대적으로 청년들이 받은 혜택은 아니다. 사회적 성공이라고 말하는 것들은 노력만으로 구하기 힘들어졌다. 기성세대가 가지고 있는 안정적이고 돈이 되는 자산들은 가난한 청년이 노력해서 닿을 만한 게 아니게 되었다.

전 세계적으로 똑같다. 현재는 제쳐 두고서 지금 청년들에게는 사회적 성공으로 가는 희망이 없다는 것이다. 그런데 이건 좀 웃긴 말이기도 하다. 모두가 사회적으로 성공하는 사회는 있을 수 없다. 아무리 윗세대가 기회가 많았다고 해도 사회적 성공을 이룬 사람들은 다수가 아니다. 노력으로 안 된다라는 말 이면에는 희망이 없다는 무기력함과 자신들은 노력으로 이룰 수 없다는 박탈감이 숨어 있다.

청년들은 자신들의 아버지 세대보다 사회적으로 경제적

으로 잘살 수 없다는 박탈감을 느끼는 것이다. 근대 역사에서 자식 세대는 항상 부모 세대보다 더 나은 삶을 살았다. 지금은 당연했던 이 공식이 깨져 버린 것이다. 지금 청년들을 교육한 세대도 기성세대인데 시대가 너무 빨리 발전해 버리는 바람에 기성세대가 주장한 교육은 일부 직종을 제외하면 현재에도 잘못되었다는 평가가 나오고 있다.

또한 신문물인 SNS의 탓도 크다. SNS의 발달로 사람들은 다른 사람이 지금 뭘 하는지 어떻게 사는지 볼 수 있게 되었다. 다들 자랑하고 싶은 순간들을 찍고 올린다. 행복은 상대적이다. 과거 한 사람의 비교 대상은 주변 사람들이었던 것에 반해 현재는 전 세계가 되었다. 돈 많고 잘생기고 예쁘고 화려하게 사는 이들이 행복의 기준이 되어 버렸다.

대부분의 평범한 사람들은 불가능한 삶이다. 평균의 기준이 너무 높아진 것이다. 실제 각 국가의 평균들을 내보면 지금 청년들이 느끼는 평균보다 훨씬 낮은 소득 수준을 가지고 있다. 평균의 삶을 사는 이들이 자신은 평균보다 아래이며 불행하다고 느끼는 것이다.

실업률과 상황의 문제도 있다. 먼저 실업률을 살펴보면 그 어느 때보다 지금 세계의 청년들은 공부를 많이 했다. 대학원 졸업생도 쉽게 찾을 수 있을 정도다. 돈 많은 집이 아이들을 잘 교육하기 위해 대학에다 대학원까지 보내는 것은 당연하고,

돈이 없는 집들도 아이들만은 자신들처럼 살지 않게 하려고 교육에 신경을 썼다. 이러한 교육에 대한 열의는 동양에서 더 두드러지게 나타나기는 했지만, 서양도 마찬가지다. 서양이나 동양이나 과거 고졸과 대졸, 대학원졸의 차이는 지금보다 훨씬 심했으니 기성세대는 자신들이 살았던 시대를 생각해 자식들을 공부시킨 것이다.

자연스럽게 사회 진출 연령도 높아졌다. 하지만 청년 실업은 현재 세계적인 추세다. 2000년대 이후 유럽에서 시작된 청년 실업은 여전히 해결될 기미가 보이지 않는다. 현재 대부분의 경제 대국들은 성장이 멈춘 상태다. 여기다 세계적인 청년 실업에는 과거와 다른 이유가 하나 더 있다. 공부를 많이 한 청년들은 힘든 일을 하려 하지 않는다는 것이다. 배부른 소리처럼 들리기도 하지만, 당연하기도 하다. 평생 펜을 굴려 가며 공부했는데 과거의 모든 것을 부정하고 다른 일을 배우러 떠나기란 쉽지 않다.

그런데 윗세대가 퇴직한 자리는 누가 차지하길래 일자리가 없다고 하는 걸까. 지금 청년층이 가고 싶은 일자리는 윗세대 중 소수인 대학을 진학했던 사람들이 취직한 자리다. 그래서 일자리가 없는 것이다. 한마디로 지금 세계적인 청년 실업의 주 원인 중 하나는, 이제는 대부분이 되어 버린 고학력자들이 원하는 일자리가 많이 없는 것이다. 시대의 발전으로 필요 없어진 인력도 매우 많아졌다.

마지막으로는 상황, 경제 대국들의 성장이 멈추어 버린 것과 동일한 맥락이기도 한데, 저금리 시대가 끝났다는 것이다. 이 글을 쓰고 있는 2024년 1월 현재도 고금리는 유지되고 있다. 올해 그리고 내년에는 금리가 다시 낮아질지 모르겠지만, 고금리로 인한 문제들은 이미 곪을 대로 곪아 터지고 있다.

이런 상황에서 월급은 그대로지만 인플레이션으로 물가는 올라갔다. 투자가 축소된 시대에 새로운 일자리는 많이 생겨나기 힘들다. 코로나까지 겹치면서 전 세계는 우울함에 잠겼다. 수많은 기업이 사라지거나 인력을 감축했고 경력을 쌓아야 하는 청년세대는 수익과 직장 모든 것을 잃었다. 전 세계의 청년들이 같은 감정을 공유하는 게 역사상 최초가 아닐까 싶다.

지금은 사그라든 욜로족을 비롯해 현재를 즐기고 나만을 위한 사치도 전부 미래에 희망이 없기에 현재에 집중하는 것이라 볼 수 있다. 나를 비롯한 지금의 청년들은 10년, 20년 뒤에 어떻게 될까. 10년, 20년 뒤에 사회의 중심을 책임져야 할 지금의 청년들이 병든 채로 쭉 간다면 사회 전체가 암울해질 수도 있겠다는 생각이 든다.

MZ세대의 생존 방식

'세대'라는 말은 인간이 태어나 성인이 되고 자식을 낳는 주기를 뜻하며, 일반적으로 25~30년을 한 단위로 한다. 일반적으로 그렇다는 말이고 요즘은 공통된 사회적 특징을 가진 비슷한 연령층을 하나로 묶어 '세대'라고 부른다. 단위도 10년 정도로 묶는 경우가 많아졌다.

세대를 표현하는 말은 보는 관점에 따라 다양하지만 서구권과 우리나라에서는 흔히 X, Y, Z라 부른다. 1970년에서 80년 초반에 태어나 90년대 문화를 이끈 X세대, 이제는 기성세대라고 하는 세대다. 1980년대 초반에서 90년대 중반에 태어난 세대를 Y세대로 분류하고, 우리나라에서는 밀레니얼 세대라고도 부른다. 1990년대 중후반에서 2010년대 초반에 태어난 세대는 Z세대라고 부른다. 그래서 MZ세대란 밀레니얼 세대와 Z세대를 하나로 묶어 부르는 말이다.

세대의 이름에는 그 세대의 아이덴티티가 있다. 기성세대의 한 축인 베이비붐 세대는 말 그대로 한 해 출생아 수가 90만 명이 넘던 시대다. 사실 세대의 이름은 다른 세대에서 지어 주기 때문에 비하적인 의미가 담긴 경우가 많다. 우리나라의 MZ세대도 비슷하다. MZ세대는 기성세대가 만들어 놓은 규칙과 관행을 깨고 이해하기 힘든 새로운 가치관과 규칙을 요구하는 모습으로 그려진다. 책임감 없는 모습으로 그려지기도 한다.

사실 MZ세대라는 말은 단순히 세대를 일컫는 말이 아닌 세대 갈등을 보여 주는 말이다. MZ세대가 말이 안 된다고 반박하는 이유 중에서 가장 먼저 꼽히는 것은 세대의 범위가 매우 넓다는 것이다. 왜 MZ세대가 이렇게 넓게 잡혔는지도 세대 갈등이란 키워드를 넣으면 쉽게 이해가 된다.

그렇다면 세대 갈등이 가장 빈번한 곳은 어디일까? 바로 가정이다. 부모와 자식 세대는 기본적인 가치관부터 진학·취업·결혼에 이르기까지 많은 부분에서 갈등을 겪는다. 기성세대인 베이비붐 세대와 X세대의 자식들이 밀레니얼 세대와 Z

세대인데, 우리나라의 시민의식 문제가 거론될 때마다 빠른 기술 경제 성장을 원인으로 꼽는다. 세대 갈등 역시 기술 경제의 급성장으로 인해 사회구조의 변화와 연령층 간의 경험과 인식의 틈이 빠르고 크게 벌어졌기 때문이다.

변화가 너무나도 빨랐기 때문에 세대 간 문화도 융화되지 못했다. 밀레니얼 세대의 부모 세대인 베이비붐 세대는 전쟁이 끝난 후 산업화, 도시화가 진행되는 시기에 유년기를 보냈으며, 본격적인 경제개발의 시작과 함께 '한강의 기적'을 일궈냈다. 이들에게는 전쟁터와 같은 경쟁에서 승리하는 것이 인생에서 가장 중요했다. 경제뿐만 아니라 사회 전반의 발전을 이끌어 오면서 노력으로 못할 일이 없다고 생각했다. 우리나라의 치열한 경쟁 구도를 만들어 낸 세대이며, 농담처럼 자조 섞인 우리나라를 일컫는 '헬조선'의 배경이 되었다.

베이비붐 세대는 자식만은 자신들처럼 고생하지 않고 '승자'가 되어 주길 바라며 자식 교육과 뒷바라지에 인생을 바쳤다. 대학만 잘 가면 좋은 직장과 결혼은 당연히 뒤따라온다고 믿었기 때문이다. 자신들은 그런 시대에 살았고 살아남았기 때문이다.

하지만 치열한 입시전쟁을 뚫고 스펙으로 단단히 무장한 밀레니얼 세대를 반긴 건 저임금과 고용 불안이었다. 2020년에는 코로나까지 전 세계를 덮치면서 많은 사람을 좌절과 무기력에 빠지게 했다. 하라는 대로 했지만, 미래는 불투명한데다 앞 세대의 성공과 비교당하고 생각도 못한 다양한 방법으로 자신들의 재능을 펼치며 치고 올라오는 다음 세대들 사이에 끼여 지쳐 버린 밀레니얼 세대는 기성세대처럼 살아가는 것에 의구심을 품기 시작했다. 결국 주도적인 인생을 살며 작더라도 확실한 현재의 행복을 추구하게 되었다.

Z세대의 부모인 X세대는 과거에 윗세대와 마찰을 겪는 신세대였다. X세대는 가난하게 태어났지만, 무엇이든 될 수 있다고 외치며 자수성가한 세대다. 눈치 보지 않고 자라나 개성이 강하며 우리나라 최초의 개인주의 세대라 평가받는 세대다. 개인주의와 자유주의를 지향하면서 신인류로 불린 X세대는 조직적 학생 운동을 펼쳤던 집단주의 문화와 충돌했고, 기성세대의 가치관과 문화를 거부했다.

밀레니얼 세대와 언뜻 비슷해 보이지만 IMF 사태와 글로벌 금융위기를 겪으면서 생존을 위해 자신의 본성을 억누르며 조직에 적응하며 살아왔다. 부모가 된 X세대는 자식들에게 자기 자신에 대한 투자와 다양성 추구, 개인주의는 물론 일과 삶의 균형 중시 등 자유로운 가치관을 물려주었다. 그래서 자식인 Z세대는 집단보다는 개인, 소유보다는 공유, 상품보다는 경험, 수평적인 인간관계의 지향이 밀레니얼 세대보다 훨씬 강하다. 권리의식이나 자아실현 욕구도 강하며 비호주의 경향도 Z세대가 가장 높다. 육아와 가사를 배제하고 온전히 자기만을 위한 삶을 추구하기 때문이다.

지속해서 경제 성장을 이룬 시기에 유년기를 보낸 밀레니얼 세대와는 다르게 Z세대는 출생 직후에 IMF를, 사춘기에는 글로벌 금융위기로 부모 세대가 경제적 어려움을 겪는 모습을 보고 자랐다. 단 한 번도 호황기를 누려 보지 못한 Z세대는 현재를 중시하는 밀레니얼 세대와는 다르게 미래를 중시하며 안정성과 실용성을 추구하는 성향을 지닌다.

기성세대와의 차이에서 MZ세대가 공통으로 다른 한 가지는 바로 디지털 문화에 있다. '디지털 유목민'이라 불리는 밀레니얼 세대는 어려서부터 인터넷을 접했고 스마트폰의 등장과 발전 과정을 직접 체험했다. Z세대는 태어나면서 스마트폰을 만진 세대다. X세대에게 있어 디지털은 그저 업무 효율 향상이었다면, MZ세대에 있어서 디지털이란 세상을 보는 눈이다.

아날로그 방식에 머물러 있던 효율적이지 않고 불합리한 사회 문화는 MZ세대의 반감을 불러일으켰다. 선배들의 가르침은 MZ세대에게 낡은 정보일 뿐이었다. 사회생활 속에 당연하게 녹아 있던 부당함이나 실속 없는 체계는 MZ세대의 레이더망에 걸려 하나씩 뜯겨나가기 시작했다.

인간은 변화를 싫어한다. 인간이 모인 집단도 마찬가지다.

그래서 혁신 변화가 어려운 것이다. MZ세대로 인해 변하는 사회가 기성세대는 마음에 들지 않았다. 우리나라에는 암묵적인 규칙이 있는데, 9시까지 출근하라고 하면 적어도 30분 전에는 회사에 있어야 한다던가, 회식도 일의 연장선이라던가, 상사가 퇴근하지 않으면 퇴근이 쉽지 않다는 등의 불필요한 통제는 주도적인 삶과 자아실현을 꿈꾸는 MZ세대의 가치관과는 거리가 멀었다.

기성세대가 요즘 세대에 느끼는 불편을 함축한 'MZ세대'라는 말에는 우리나라의 발전사와 교육, 세대 갈등 등 많은 것들이 함축되어 있다. MZ세대라는 이 집단의 탄생은 우리나라의 새로운 인간들이 윗세대를 보고 그들 나름의 생존을 위해 발전한 형태라는 것이다.

MZ세대는 이미 기성세대의 삶과 그 결과물을 보았다. 우리나라는 한강의 기적이라고 불리는 빠른 경제 발전을 이루어 냈지만 동시에 빠른 경제 발전으로 인해 손대기 어려운 사회 문제들이 많이 생겼다. 전부 경제와 발전에 중점을 두었기 때문에 잡다한 것들은 무시한 탓이다.

MZ세대는 부모 세대가 경기 침체기에 평생 일할 수 있을 것 같았던 직장에서 해고되는 것도 보았다. 그래서 평생직장은 MZ세대에게 더는 중요하지 않다. 자기 적성과 경력, 복지와 근무환경을 중점으로 직장을 고른다.

권위를 이용해 강자가 약자를 탄압하는 것이 얼마나 부당한지 알고, 민주화를 이루어 낸 과거를 알기에 뜻을 모아 집회를 열며 미디어를 통한 고발 운동도 마다하지 않는다. 인권, 권리의식이 높아진 세상에서 MZ세대는 모든 관계를 동등한 인간 대 인간으로 맺길 희망하며, 승자가 독식하는 세상은 불공정하다고 여기며 모든 것을 제로베이스에 두고 판단한다. 그리고 부당한 것들을 하나하나 짚어가며 타당한 개인의 권리와 자율성을 찾아가고 있다.

MZ세대는 연애, 결혼, 자식을 포기한 '삼포세대'라고도 불리는데, MZ세대에게 세상은 살만하지 않기 때문이다. MZ세대에게 연애와 결혼은 너무나도 버거운 현실이다. 더군다나 부모 세대인 기성세대가 자식을 부양하기 위해 평생을 고생한 모습을 보며, 밀레니얼 세대의 경우 화목하지 못한 가정환경이 상처가 된 사람도 많다. 실제로 우리나라의 베이비붐세대는 분산형 가족이나 이혼율이 상당히 높다. 학자금 대출 상환에 부동산값 폭등, 물가 상승, 고용 불안 속에서 연애하고 결혼하고 가정을 꾸릴 엄두도 못 내는 것이다.

기성세대를 보면서 그들처럼 살고 싶지 않다고 생각하고, 이런 세상을 내 자식에게 물려줄 가치가 있을까 고민하고 있다. 국가 생존을 위해 아이를 낳기에는 이미 시대가 많이 바뀌었다.

반면 MZ세대는 자신들은 합리적이고 이성적이라고 생각하는 것들이 현실과는 맞지 않을 때가 많은데, 쉽게 정보를 수집하고 습득하는 데에 어려움이 없는 MZ세대의 지식은 때론 체화되지 못한 채 그저 데이터에 불과할 수도 있다. 개인주의의 좋은 것만 알고 단점에 대해서도 모른다.

사실 젊은 세대가 기성세대의 걱정을 사고 갈등을 빚은 건 오늘내일 생긴 것이 아니다. 게다가 MZ세대는 포기를 넘어 스스로 생을 마감하는 자살률이 높다. 우리나라의 자살률은 압도적인 세계 1등이다. 젊은 세대의 사망률도 1등이며, 20대, 30대의 사망 원인 1위가 자살이라는 것은 큰 문제다. 포기를 넘어서 죽음을 선택하는 것이다.

동서양을 막론하고 젊은 세대는 언제나 버릇없고 별난 녀석들이었다. 기원전 약 3000년경 고대 수메르 지역에서 발견된 설형 문자로 새긴 진흙 판에는 '요즘 젊은것들은 어른을 공경할 줄 모르고 버르장머리가 없다. 말세다'라는 기록이 남아 있다. 이집트 피라미드에도 누군가가 새겨 놓은 '요즘 젊은것들은 버릇이 없다'는 낙서가 있다. 고대 그리스의 철학자 소크라테스마저 요즘 젊은이들은 버릇이 없다며 절레절레했다고 한다. 어찌 되었든 MZ세대는 윗세대가 만들어 낸 결과다. 이들을 통째로 바꿀 수는 없다. 다만 서로 인정하며 받아들이고 이해할 수 있는 사회 분위기를 만드는 것이 중요하다.

권위를 이용해 강자가 약자를 탄압하는 것이 얼마나 부당한지 알고, 민주화를 이루어 낸 과거를 알기에 뜻을 모아 집회를 열며 미디어를 통한 고발 운동도 마다하지 않는다. 인권, 권리의식이 높아진 세상에서 MZ세대는 모든 관계를 동등한 인간 대 인간으로 맺길 희망하며, 승자가 독식하는 세상은 불공정하다고 여기며 모든 것을 제로베이스에 두고 판단한다. 그리고 부당한 것들을 하나하나 짚어가며 타당한 개인의 권리와 자율성을 찾아가고 있다.

-<MZ세대의 생존 방식> 중에서

모든 것을 포기한
일본의 사토리 세대

일본의 사회 현상은 극단적인 면이 있다. 특히 세대를 기준으로 일본은 확연하게 구분된다. 일본의 젊은 층은 '사토리 세대'라는 이름으로 불린다. 사토리 세대는 기존 세대들과 아예 결이 다른 행보를 보인다.

'사토리'라는 단어의 의미는 '달관하다, 깨닫는다'라는 뜻을 가지고 있다. 이들은 욕구를 넘어 모든 것을 포기한 동양의 전통적 마인드로 해탈의 경지에 이른 이들이다. 사토리 세대의 배경을 이해하려면 일본의 세대 구분을 먼저 알아야 한다.

사토리 세대라고 불리는 청년층은 지금 40~50대인 신인류 세대의 자식들이다. 신인류는 일본의 경제 호황기인 버블 시대가 끝나기 전인 1980년대 중반에서 90년대 초반에 청년이었던 세대다. 경제 활동이 가장 활발한 청년기에 경제 위기가 왔던, 청년시기 경제적 어려움과 삶의 팍팍함 동시에 우울감을 느낀 이들인 셈이다. 삶이 팍팍하고 힘들어 타인과 집단보다는 개인에 집중한 세대기도 하다. 신인류 세대부터 생긴 일본의 개인주의와 정치적 무관심은 현재까지 일본 사회의 전반적인 분위기로 자리 잡고 있다.

신인류보다 좀 어린 빙하기 세대 혹은 로스제네(잃어버린 세대를 뜻하는 로스트 제너레이션의 약자)라고 하는 세대는 90년대 중반 고등학교나 대학교를 졸업한 세대다. 이들은 경제 위기 당시 취업할 나이가 아니었고, 경제 호황의 혜택을 모두 받았던 부유한 빙하기 세대 부모의 지원 덕에 고학력자도 많다. 하지만 빙하기 세대가 취업을 시작할 시기에 일본의 경제는 전혀 회복되지 않은 상태였다. 오히려 더 내려앉았다. 자신들 바로 윗세대보다 똑똑했지만 취업하지 못하는 상황이었다. 이들은 박탈감을 비롯해 자신이 태어난 시대가 너무 불행하다고 느꼈다. 동시에 아무것도 하지 않아도 취업이 쉬웠고 돈을 쓸어 모았던 윗세대를 혐오했다.

이들의 입장을 대변하듯 일본 언론에서 빙하기 세대의 사람들을 사다리에 걸어차인 낀 세대라고 불렀다. 고학력자가 많고 명문대학교까지 졸업했지만, 빙하기 세대의 취업 환경은 말도 안 되게 열악했다. 취업은 정말 바늘구멍이었고, 바늘구멍을 통과해도 안 좋은 경제 상황에 회사가 없어지는 경우도 허다했다.

다시 말해 빙하기, 로스제네는 경제 위기 이전에 청소년기를 보내 가치관과 생각은 경제 호황 시대였지만, 현실은 경제 위기인 괴리감이 확실한 삶을 살았다는 것이다. 결국 이들이 선택한 것은 '방'이었다. 아마도 '히키코모리'라는 말을 한 번쯤 들어 보았을 것이다. 히키코모리는 오랜 시간 집에 틀어박혀 사회와의 접촉을 피하는 사람들이다. 빙하기 세대의 많은 수가 히키코모리라 불리는 은둔자가 되어 일도, 공부도 하지 않고, 그 무엇도 하지 않은 채 세상으로부터 자신을 숨겼다. 이들이 히키코모리가 될 수 있었던 이유는 아이러니하게도 부유한 부모덕이었다. 부유했던 유년 시절과 부모의 보살핌, 좋은 방향은 아니지만 어찌 되었든 이전 경제 호황의 혜택을 본 것이다.

이다음 세대가 바로 사토리 세대다. 80년대 후반부터 2000년대 초중반에 태어난 세대로, 사토리 세대에게 일본의 경제 호황은 역사책에나 등장하는 것이다. 사토리 세대는 앞에서 말했듯이 득도한 욕심이 없는 세대다. 사토리 세대는 잃어버린 10년, 20년이라 불리는 경제 불황 시기에 성장한 세대로,

이들에게 부모는 항상 생활고에 시달리며 일이 바빠 집에 없었다. 또한 교육은 획일화되었고 사교육에 돈을 쓸 형편도 되지 않았다.

일본의 경제침체뿐만 아니라 2007년 발생한 최대의 경제위기 서브프라임 모기지를 보며 경제력에 대한 희망을 잃었고, 2011년 동일본 대지진을 겪으며 미래에 대한 희망을 잃었다. 이들이 본 사회는 내가 선택할 수 없는 거대한 힘과 사건들로 굴러가는 세상이었다. 빙하기 세대가 은둔을 선택했던 것과는 달리 부모가 부유하지 않았기에 사토리 세대는 은둔도 불가능했다. 이들이 선택한 방어기제는 '해탈'이었다.

소비에 대한 욕심이 가장 많이 형성되는 시기가 10대에서 20대 후반까지다. 사토리 세대의 가장 큰 특징은 소비하지 않는다는 것이다. 스스로 현실주의라고 부르기도 하는데 '물욕과 여행은 낭비다', '열심히 해야 한다면 손을 뻗지 않겠다'는 말을 많이 한다. 심지어 설문 조사에서 '미래에 대기업에 들어가고 싶다'거나 '바쁘고 멋있게 살고 싶은가?'라는 질문에도 저조한 응답률을 보였다. 여행과 취미, 연애, 결혼, 회사 생활, 돈을 버는 모든 것에 관심이 없다.

심지어 술 소비량도 극명하게 낮아졌다. 술도 낭비라고 생각하기 때문이다. 경력을 쌓는 것도 관심이 없다. 정규직이 되면 돈은 더 받지만, 책임감과 더 많은 일을 해야 하니 '굳이'

라는 생각을 하는 것이다. 욕심이 없기에 돈을 더 받아도 쓸 데가 없다. 야망, 욕심 등 모든 것을 내려 두고 노력과 충돌을 피하면서 싼 물건을 선호한다. 이 세대가 등장하면서 혜성처럼 떠오른 것이 일본의 100엔 가게인 다이소다. 다이소는 모든 물건을 100엔(1,000원)에 파는 저품질, 저가격의 브랜드다.

사토리 세대는 일본의 세대 중에서 다른 세대의 이해를 가장 받지 못하는 세대기도 하다. 토크쇼에서 50대 일본인이 20대 사토리 세대에게 능력을 키워서 멋진 독일 차를 사고 싶지 않으냐고 묻자 20대 남자는 정색을 하고 말했다.

"정말 관심이 없어요."

사토리 세대는 돈을 쓰지 않더라도 할 것이 많다. 인터넷이 있어서 휴대폰과 PC 게임기만 있으면 적은 돈 혹은 무료로 엄청난 시간을 재밌게 보낼 수 있다.

직장에서도 사토리 세대는 확연하게 차이가 난다. 집단 문화가 강한 일본에서도 사토리 세대는 어차피 정규직을 할 것도 아니기에 '필요 이상의 일은 하지 않는다', '지시 이상의 일은 하지 않는다'고 말한다. 사토리 세대는 사회가 자신들을 사토리 세대라고 부르는 것을 알고는 있지만, 딱히 반응은 하지 않는다. 우리나라의 젊은이들이 MZ세대라는 단어에 반감을 보이는 것과는 다른 반응이다. 반응하지 않는 이유는 당연히 관심이 없기 때문이다. 하지만 반대로 일본 사회는 사토리 세대에 관심이 많다. 안타깝다거나 도와주려는 관심이 아닌 어떻게 사람이 욕심이 없을 수 있느냐는 시선이다.

사토리 세대가 사는 방식은 옳으냐 그르냐와는 별개로 이들은 사회에 엄청난 변화를 가져왔다. '엄청난'이라는 표현보다는 '엄청나게 정적인 변화를'이라고 하는 것이 좋겠다. 아무 욕심이 없는 이들이 가져온 '엄청나게 정적인 변화'는 바로 소비다.

사토리 세대의 소비를 단어로 규정하면 소극적, 효율적 소비다. 설문 조사를 보면 지금 일하는 곳에서 평생 일하고 싶다고 응답한 인원이 대부분이다. 여기서 '지금 일하는 곳'이 우리가 생각하는 평생직장이 아니라 편의점과 같은 단순 알바도 상당히 많다.

지금 책을 읽고 있다면 당장 주변을 둘러보자. 주변에 일본 제품이 몇 개나 있는가? 내 주변에 있는 일본 제품은 대부분 볼펜이다. 지금 주변에 있는 볼펜은 몇십 년 전에도 있었다. 물론 디자인이나 기능은 조금 바뀌었을지 몰라도 새로운 것은 아니다. 소비는 트렌드다. 소비 트렌드는 새로운 것을 만들어 낸다. 그래서 새로운 문화를 가진 세대는 새로운 제품의 수요를 가지고, 새로운 수요는 기업이 이전과는 다른 제품을 만들게 한다.

새로운 트렌드는 새로운 공간 제품 생활을 만들고 경제를 주도해 나간다. 이 트렌드를 따라가려면 젊은 시선이 필요하다. 이때 새로운 기업들도 나온다. 일본에는 새로운 제품이 없다. 대부분 과거의 제품들이다. 일본에서 새로운 브랜드, 새로운 기업이 나왔다는 이야기를 찾기 어려운 이유다. 그나마 새로운 것들이 나오는 곳이 패션계다. 사토리 세대가 적어도 패션만큼은 관심을 가지기 때문이다.

최근에는 사토리 세대를 마냥 좋지 않은 시선으로 바라보는 시각이 많이 줄었다. 사토리 세대와 관련된 소설과 드라마들로 사토리 세대를 이해하기 시작했기 때문이다. 심지어는 사토리 세대가 살아가는 방식이 건강한 방법이라는 말까지 나오고 있다. 근검절약, 작은 것에서 행복을 느끼고 욕심부리지 않는 마치 종교인과 같은 삶이 개인에게 더 좋다는 것이다.

하지만 마냥 건강한 삶은 아니다. 소비하지 않는다는 것은 경제가 돌지 않는다는 것이다. 또한 사토리 세대는 정치에도, 연애와 출산에도 관심이 없어서, 안 그래도 문제인 일본의 저출산은 적어도 사토리 세대까지는 더 심화할 것으로 보인다. 물론 우리나라도 마찬가지지만 말이다.

집으로 돌아가지 않는
일본의 토요코 키즈

일본에는 유흥업으로 유명한 거리가 있다. 바로 일본의 주요 번화가이자 환락가인 도쿄 신주쿠의 가부키초 거리다. 가부키초는 수많은 음식점과 쇼핑몰이 있고 밤늦게까지 술을 마시며 다양한 놀거리를 즐길 수 있는 곳이다. 물론 어른들의 놀거리다. 하룻밤에 몇백 몇천을 쓰는 사람부터 푼돈을 벌기 위해 마음을 파는 사람들까지 여느 유흥가나 마찬가지지만, 지옥과 천국이 공존하는 곳이다.

일본의 환락가는 야쿠자들이 관리하는 경우가 대부분이다. 일본에서 가장 많은 돈이 오가는 환락가인 가부키초는 관리를 넘어 야쿠자가 가부키초의 치안을 유지하고 있다. 그래서 위험하다는 인식도 존재하지만, 그렇다고 일본 내에서 특별히 치안이 불안한 곳은 아니다. 엄청난 돈을 쓰러 오는 곳이 위험하다면 가부키초를 찾을 이유가 없기에 야쿠자들은 치안을 꽤 안전하게 유지하고 있다.

가부키초는 수십 년 동안 미세한 시스템의 변화를 제외하면 모습이 크게 변하지 않았다. 사람과 가게 간판만 변하고 새로운 것은 등장하지 않던 가부키초에 새로운 이들이 등장한 것은 최근의 일이다. 뉴페이스이자 가부키초에 전 일본의 관심으로 끌어모은 것은 '토요코 키즈'다. 유흥가에 키즈라니, 19살을 갓 넘어 성인이 된 사람들을 부르는 것이 아닌가 싶지만, 언제나 현실은 상상을 뛰어넘기 마련이다. '토요코 키즈'란 신주쿠 가부키초의 유명 영화관인 토호 시네마 옆 광장 근처에서 무리를 지어 노숙하거나 거리를 배회하는 중·고등학생 가출청소년들을 말한다. 주 연령대가 중·고등학생일 뿐 개중에는 초등학생도 꽤 있다. 즉 성인이 아닌 미성년자라는 말이다.

가출 청소년은 어느 나라든 있다. 그런데 일본의 토요코 키즈는 특이한 점이 있다. 바로 가부키초를 근거지로 삼고 몰려다니며 범죄를 일으킨다는 점이다. 이들은 가부키초에 유흥을 즐기러 온 성인을 대상으로 성매매를 한다. 사실상 미성년자 성매매가 공공연하게 이루어지고 있다는 말이다.

토요코 키즈에 대해 이해하려면 먼저 '멘헤라'라는 단어를 알아야 한다. 멘헤라는 일본 인터넷에서 생긴 단어로 '멘탈 헬스'에서 파생된 단어다. 멘탈 헬스는 정신건강을 뜻한다. 2015년에서 2017년 사이 일본에서는 정신건강에 대한 관심이 높아졌다. 일본뿐만이 아니라 미국과 우리나라에서도 마찬가지였다.

2010년대 후반에서 2020년대 초반을 기점으로 우울이라는 키워드를 중점으로 미디어에서는 공황장애, 우울증 등의 정신과적인 문제를 다루어지기 시작했다. 우울함이 전 세계 젊은이들을 휩쓸면서 좌절감, 패배주의, 우울감을 다룬 음악(이모 랩이 대표적이다)이 유행하면서 '가짜 우울'을 뜻하는 '패션 우울'까지 등장했다.

우울은 10대, 20대를 대표하는 감정이자 멋이 되었다. 동시에 가짜 우울을 남발하면서 진짜 병이 있는 사람들까지 조롱하거나 멸시하는 분위기가 함께 생겨나며 인터넷상에서는 조롱과 멸시가 하나의 문화가 되었다.

일본에서는 멘탈 헬스에 문제가 있는 여고생들을 '멘헤라'라고 부르기 시작했다. 인터넷상에서나 자주 사용되던 단어로 일상에서 사용하는 단어는 아니었다. 그런데 2019년쯤부터 일본의 SNS를 중심으로 '지뢰계'라는 키워드가 퍼지기 시작했다. 지뢰계는 단어 그대로, 숨어 있지만 밟으면 터지는 지뢰처럼 겉으로는 문제없어 보이지만 막상 사귀어 보면 문제가 많은 여성을 지칭했다. 멘헤라가 지뢰계라는 단어로 진화한 것이다. 정신적 문제를 가진 여성이라는 핸디캡의 지뢰계는 얼마 안 가 하나의 유행처럼 번졌다. 조롱과 멸시를 넘어서 지뢰계는 하나의 섹스 심볼로도 작용했다. 자존감이 낮고 높은 확률로 가정의 문제와 정신적인 문제가 있었지만, 외모가 이상한 것은 아니었기 때문이다.

얼마 안 가 자신의 정체성을 지뢰계로 정의한 소녀들이 틱톡에 영상을 찍어 올리며 영상이 인기를 끌면서 지뢰계라는 존재를 모두 알게 되었다. 이들은 주로 무채색 톤의 의상에 프릴과 레이스, 리본, 망사 등으로 장식된 패션을 고수했고 토호 시네마 옆 광장에서 틱톡을 찍었다. 이들을 선망하는 청소년들은 영상을 보고 광장으로 향했다. 이른바 토요코 키즈가 탄생하게 되었다.

토요코 키즈는 빠르게 늘어났다. 우울증과 비관에 빠진 청소년들은 영상을 보고 이들의 옷차림을 따라 하기 시작했다. 2022년 기준 일본의 NHK에 따르면 광장에서 모이는 가출청소년만 약 100명으로, 토호 시네마 옆 광장에 가면 지뢰계 의상을 입은 채 무리 지어 다니는 토요코 키즈를 아주 흔하게 목격할 수 있다고 한다. 약 100명이라는 숫자가 작아 보일 수도 있지만 지역마다 토요코 키즈와 같은 무리가 생겨났고, 스스로 생을 마감하거나 소리 소문 없이 사라지고 경찰에 잡혀가는 경우가 많은 데도 불구하고 늘 100명 정도를 유지되고 있으니 작은 숫자라 할 수 없다.

토요코 키즈가 본격적으로 알려진 것은 범죄와 엮이기 시작하면서부터다. 이들은 가출 청소년이자 주로 여성 청소년이다 보니 생계 수단으로 주로 성매매를 수익원으로 삼았다. SNS를 통해 대상을 찾기도 하고 길거리에서 직접적으로 거래가 이루어지기도 한다.

토요코 키즈는 돈만 낸다면 상대를 가리지 않고 밤을 보낸다. 가부키초에 가면 무리 지어진 10대 소녀들에게 말을 거는 성인 남성을 쉽게 목격할 수 있다. NHK 취재진의 취재에 응한 한 50대 일본 남성은 혼자 휴대폰을 하며 서 있는 여자아이에게 말을 걸면 한화로 10만 원 정도에 만남을 가질 수 있다고 말했다. 토요코 키즈는 단발 성매매 이외에도 원조교제와 비슷한 '파파카츠'로 돈을 벌기도 한다. 토요코 키즈는 성매매로 번 돈으로 끼니를 해결하고 낮에는 틱톡을 찍거나 무리 지어 몰려다니며 패싸움을 일으키기도 한다. 밤이 되면 단체로 인근의 호텔로 들어가 인당 만 원 정도의 싼값에 잠을 자는 생활을 하고 있다. 이렇게 위험천만하고 불편한 생활에도 아이들은 집으로 돌아가지 않는다.

일례로 15살이라고 밝힌 미카는 가출한 지 5개월이 지났지만, 학교든 집이든 그 어디에서도 자신이 있을 만한 곳을 찾지 못했다고 말했다. 학교에서는 단 한 명의 친구도 사귀지 못했고, 엄마는 밤마다 데이트를 하러 나가서 외로웠다고 하면서 말이다. 대부분의 가출 청소년들이 그렇듯 토요코 키즈 역시 가정의 심각한 불화, 가정 폭력, 방치 등으로 집을 나온 경우가 대부분이다. 그래서 경찰이 아이들을 억지로 집으로 돌려보내도 다시 집을 나오는 경우가 대부분이다.

사실 정부에서 심각하게 다루고 경찰들이 신경을 썼다면 진작에 사라졌을 것이다. 그러나 일본에서 가출 청소년은 사회의 문제가 아닌 개인 가정의 문제로 여긴다.

토요코 키즈의 진짜 문제는 범죄에 노출된다는 점이다. 앞서 이야기했던 미성년자 성매매뿐만 아니라 가부키초의 질 나쁜 어른들이 이 아이들을 악용하고 있다. 실제로 아이들의 뒤에는 아이들을 미끼로 돈을 벌려고 접근한 야쿠자나 신흥 범죄 조직인 한구레가 있는 경우가 많다. 범죄 조직에 이용되는 토요코 키즈는 성매매와 더불어 불법 약 운반책과 판매책으로도 활동한다. 아이들의 대부분은 운반책인 동시에 마약에 중독되어 그 어떤 일도 마다하지 않는 상태다.

토요코 키즈가 문제로 부각되면서 가부키초에서 일하는 현역 호스트와 지하 아이돌도 함께 문제로 떠올랐다. 토요코 키즈가 원하는 남자 이상형이 호스트에서 일하는 남자이기에 호스트는 아이들을 이용해서 돈을 갈취한다. 일본은 우리나라보다 호스트에 관대한 편이다. 일본에서는 호스트가 SNS에서 활동하며, 인플루언서나 연예인처럼 활동한다. 주로 SNS에서 활동하는 토요코 키즈에게 호스트는 사실상 연예인인 셈이다. 호스트는 심리적으로 취약한 아이들에게 선의와 호의를 베풀고 아이가 호스트나 호스트바 문화에 빠져들게 만든 뒤에 모든 것을 갈취한다.

토요코 키즈를 돕기 위해 노력하는 모습을 보인 사람도 있다. '하울'이라는 가명으로 알려진 32살 남성 '오가와 마사토모'는 가부키초에서 4년째 호스트로 일하다가 토요코 키즈 관련 자원봉사 단체인 '가부키초 만지회'를 만들었다.

호스트였던 과거 때문에 오해와 눈총을 받았지만, 만지회는 아이들이 어른들의 추잡한 돈벌이 수단으로 이용되지 않도록 노력하였다. 마사토모는 아이들이 좋아하는 음식 등을 함께 먹으며 고민 상담도 해 주고 나쁜 의도로 토요코 키즈에게 접근하는 어른들로부터 아이를 보호했다. 어른들에게 강한 반감과 불신을 하고 있던 토요코 키즈들도 하울의 충고는 반감 없이 듣는 정도가 되었다. 집으로 돌아가는 아이도 늘어났고 새로운 삶을 꿈꾸는 아이들도 생겨났다. 토요코 키즈들은 마사토모를 '토요코의 하울'이라 부르며 믿고 의지했다.

그런 그가 2022년 6월 22일 16살의 토요코 키즈 소녀를 성폭행한 혐의로 체포되며, 겉으로는 가출 청소년을 도우며 선량한 이미지를 쌓던 32살 남성이 사실은 뒤에서 미성년자에게 접근해 성을 착취하던 다른 어른들과 그다지 다를 바가 없었다는 사실이 밝혀지자 아이들은 씻을 수 없는 상처를 받았다. 더 충격적인 것은 오가와 마사토모가 첫 공판을 앞두고 도쿄 구치소에서 급사했다는 것이다.

평소 건강에 별다른 이상이 없었던 마사토모였기에 갑작스러운 죽음은 이해 관계가 얽힌 세력에 의해 독살당한 것이 아니냐는 음모론까지 만들어 졌다. 일각에서는 토요코 키즈와 짜고 범죄 조직이 만지회를 없애기 위해 마사토모를 일부러 감옥으로 보내고 죽였다는 시선도 있다.

진상이야 어찌 되었든 토요코 키즈의 마지막 방패였던 만지회가 사라지고, 마사토모에게 배신감까지 느낀 아이들은 이후 더 막장이 되었다. 일본 전역에 토요코 키즈와 같은 무리가 생기기 시작했다. 오사카에는 글리코 간판 밑에서 '구리시타'라고 불리는 아이들을 볼 수 있고, 나고야에는 돈키호테 근처에서 모인다고 해서 '돈요코 키즈', 요코하마에는 비브레 쇼핑몰 근처 광장에서 모인다고 해서 '비브 요코 키즈'라고 부른다.

2024년 현재 가출 청소년 문제는 해결될 기미가 보이지 않는다. 일본의 전체적인 가출 청소년의 숫자는 줄었지만, 질은 더 나빠졌고 범죄와는 더 가까워졌다. 청소년기의 특징이 모였을 때 혼자서는 절대 하지 않을 짓도 저지른다는 것이다. 실제로 노숙자를 대상으로 한 폭행과 갈취, 자기 집단끼리의 살인까지, 아이들은 점점 더 사회와 멀어지고 있다.

사실 가출 청소년 문제는 토요코 키즈로 인해 사회 전반으로 올라왔다 뿐이지 일본의 고질적인 문제 중 하나였다. 버블이 터지고 난 뒤 중산층이 무너지고 가정이 파괴되면서 아이들은 우울과 불안에 시달리면서 일본에는 엄청난 수의 비행 청소년이 생겨났다. 토요코 키즈가 일으키는 문제도 더 심화되고, 범죄 조직과 닿았다 뿐이지 원래 가출 청소년이 하던 짓이다. 다만 토요코 키즈로 인해 가출 청소년의 문제가 더 심각해지고 조직화되는 지경에 이른 것이다.

일본은 2000년대부터 현재까지 임금이 오르지 않았다고 해도 과언이 아니다. 버블이후 소득이 늘어나지 못했기에 파괴된 가정은 일어서지 못했고, 아이들은 가출 청소년, 비행 청소년이 되어 사회 문제를 일으키는 것도 현재까지 이어져 오고 있다. 경제가 회복되어도 국가가 중산층과 저소득층의 문제를 해결해 주지 않으면 가출 청소년 문제를 해결할 수 없기에 일본 정부는 여태까지 그랬듯 개인 가정의 문제로 치부해 버리는 것이다. 결과적으로 토요코 키즈는 버블의 불행이 가져온 가정 파괴의 연장선이자 SNS의 등장으로 가출 청소년 문제가 집단화되면서 나타난 현상이라고 볼 수 있다.

그리고 SNS를 통해 생겨나고 퍼진 토요코 키즈는 전 세계로 퍼지고 있다. 미국도 우리나라도 토요코 키즈를 비슷하게 답습한 이른바 '경의선 키즈'가 있다. 토요코 키즈와 똑같은 옷차림을 한 중·고등학교 여학생들이 홍대입구역에 있는 경의선 책거리에 무리 지어 모이면서 이름이 붙여졌다. 그나마 다행인 것은 가출 청소년이 아닌 보통 지뢰계 스타일과 틱톡을 좋아하는 학생들이라는 점인데, 문제는 소수의 진짜 가출 청소년이다. 우리나라는 사회 현상이 극단적으로 나타나는 경향이 있다. 만약 이 아이들에게 관심을 가지지 않고 방치한다면 토요코 키즈보다 더한 사회 문제로 우리에게 돌아올 수 있음을 깨달아야 한다.

어떤 반응도 하지 않겠다,
중국의 탕핑족

국제 정치나 정세, 경제를 이야기할 때는 우리나라, 중국, 일본 세 나라를 함께 이야기하지만 보통 세대나 사회 현상을 이야기할 때는 일본이 가장 먼저 나온다. 우리나라, 중국, 일본 중에서 일본이 제일 먼저 발전을 이룩해 냈기 때문이다. 사회 현상은 경제와 시민의식의 발전과 함께 오니 우리나라와 중국이 따라간다고 보면 된다. 중국은 우리나라, 일본과는 좀 많이 다른 정치, 경제, 문화를 가지고 있고, 정보도 제한적이기에 무엇보다 정부의 통제가 심한 나라기에 비교 대상이 되지는 못했다.

하지만 중국은 개혁 개방을 시작으로 무서운 속도로 경제를 추월하기 시작했고, 최근에는 틱톡으로 문화를 선도한다는 말까지 나오고 있다. 급격한 경제 성장과 함께 중국의 사회 현상도 함께 속출하기 시작했다. 지금 시대의 화두인 세대도 마찬가지다. 세상이 빠르게 변하면서 세대 간의 격차는 역사상 가장 극렬하게 벌어지고 있다. 한·중·일 문화가 다르고 상황도 다르기에 차이가 있기는 하지만, 중국의 청년세대(탕핑족), 일본의 청년세대(사토리 세대) 그리고 우리나라의 청년세대(MZ세대) 모두 좌절과 우울, 무기력을 겪고 있다.

이 중에서도 탕핑족은 어떻게 보면 가장 거센 반항을 하고 있다. 한마디로 배 째라는 식의 반항이다. 시위를 하고 문제를 일으킨다면 공권력을 투입해 제압하면 된다. 다른 나라라면 문제가 되겠지만 중국은 가능하다. 이러한 차이를 중국 청년들도 알고 있기에 선택한 것이 '그냥 드러눕는 것'이다. 이들은 처벌할 만한 사건이나 문제를 일으키지도 혹은 조직을 결성하지도 않는다. 그냥 문화처럼 퍼져 나간 하나의 트렌드이자 삶의 방식이다. 탕핑족이 선택한 반항은 아무것도 하지 않는 것이다. '무릎 꿇기 싫고 일어설 수 없으니 드러누울 뿐', 중국 온라인에서 돌아다니는 말이다.

우리나라와 일본의 청년이 집, 연애, 결혼, 직장, 소비에 관심이 없다고 하면 탕핑족은 조금 더 반항적이고 적극적이다.

스스로를 착취당하는 노예가 되기를 거부한다며 포기와 무관심이 아닌 집, 결혼, 연애, 출산, 소비를 하지 말자고 한다. 적극적 포기라고 할 수 있겠다.

탕핑족은 자신들을 부추에 비유한다. 부추를 수확할 때는 낫을 쓴다. 공산당의 상징이 낫과 망치인 것에서 착안해 반항하는 의미로 쓰이고 있다. 누워 있는 부추는 베지 못한다는 의미도 있다.

중국에는 '996'이라는 말이 있다. 일하는 시간을 뜻하는 말인데, 오전 9시부터 오후 9시까지 주 6일 근무를 뜻한다. 중국 청년들의 마음을 움직인 말 중의 하나가 열심히 일해 봤자 자본가의 노예일 뿐이며, 996 근무를 하면서 남은 건 병밖에 없다는 것이다. 심지어 '3개월 직장을 나가지 않으면 공산당의 힘이 소모되고 반년을 일하지 않으면 새로운 중국을 맞이할 수 있다'는 구호가 유행하고 있다. 공산당으로서도 큰 위협이 되지만, 아무것도 안 하는 이들을 처벌할 수는 없다. 그렇다고 탄압하기에는 중국도 개혁 개방이 많이 되었다.

탕핑족이 시작된 것은 2020년 2월부터다. 2020년 코로나가 한창 유행하기 시작하던 시기다. 중국의 트위터라고 할 수 있는 웨이보에서 중국의 20대가 올린 '탕핑이 바로 정의다'는 글이 올라오면서 폭발적으로 퍼져 나가기 시작했다.

"2년 넘게 일하지 않고 놀고 있지만 잘못되었다는 생각은 안한다. 매일같이 우리의 숨을 조여 오는 압력은 서로를 비교하는 데에서 오는 것일 뿐, 이건 그저 어른들의 오랜 관습에 불과할 뿐, 압박감은 항상 우리 주변에 있다. 뉴스 인기 검색어엔 무엇이 있나? 연예인들의 사랑과 자식 따위의 이야기가 뉴스를 채우고 있다. 이런 뉴스들은 우리를 게임 NPC처럼 만들 뿐이다. 어떤 보이지 않는 무언가가 조종하는 인공 개체 말이다. 우리는 저 유명한 디오게네스처럼 누워서 지내는 것이 현명하다.(동굴 속 헤라클레이토스처럼 로고스를 완성하는 모습이야말로 인간에 더 가깝지 아니한가) 생각의 물결을 스스로 창조해 낼 수 있다면 그저 눕는 것이 나 자신이라는 현자의 운동이다. 오직 눕는 것이 인간을 만물의 척도로 있게 할 것이다."

시대를, 젊은 층의 생각을 그리고 문제점을 관통하는 무언가가 있는 글이다. 이 글은 일파만파 퍼졌고 중국 청년들에게는 탕핑의 시대가 도래했다. 이것을 가장 잘 볼 수 있었던 것이 중국의 전염병 시위다. 우리나라에서도 많이 보도되었는데, 중국이 고강도로 봉쇄 조치를 시행하자 사람들이 거리로 나와 시진핑 퇴진을 외쳤다. 보통 여기서 보도가 끝나서 사람들은 봉쇄 조치가 심해서 거리로 나왔다고 생각하지만, 이면에는 다른 이유가 있다.

이때 시위에 나선 인원 대부분은 중국의 젊은이들이다. 이들이 시위에 나와서 한 이야기는 봉쇄 해제도 물론이지만, 가장 중요한 요구는 무한 경쟁과 높은 실업률로 자포자기 세대가 되어 버리고, 전염병 사태와 집값 상승, 경기 둔화로 모든 짐을 짊어지게 된 세대인 자신들을 어떻게든 해 보라는 것이었다.

블룸버그는 이들을 현대 중국에서 가장 불운한 세대라고 표현했다. 실제로 탕핑족을 자처하는 세대는 1990년대부터 2010년대에 태어난 이들이다. 사토리 세대가 일본의 경기 침체만을 겪은 세대였다면, 이들은 중국의 경기 둔화와 전염병의 여파를 그대로 겪은 세대다.

현재 중국의 젊은 층들이 사회로 막 나오기 시작한 2010년 초 중국 경제의 부흥기는 끝을 맺었다. 동시에 부흥기의 부모들은 자식들의 공부에 엄청나게 신경 썼기에 대부분 사교육을 받고 대학을 졸업했다. 게다가 비슷비슷한 교육을 받았다. 한마디로 같은 공부를 하고 같은 스펙을 쌓은 것이다.

그래도 경기 둔화까지는 어느 정도 경제 규모도 되다 보니 고용이 이루어졌다. 하지만 전염병 사태가 터지면서 기업들은 대규모의 해고를 하고 신입을 뽑지 않기 시작했다. 고용 시장에는 대졸 경력직이 넘쳐났다. 심지어 이들은 가정이 있기에 이전 직장보다 연봉을 낮춰서라도 기업에 들어가려고 했다. 이런 상황에서 대졸 신입인 중국 청년들은 갈 곳이 없어진 것이다. 하루하루 고용 시장의 망령들은 늘어나기만 할 뿐 이미 과포화 상태가 되었다.

하지만 집값과 물가는 상승했다. 기록적인 실업률과 감당할 수 없는 물가와 집값으로 귀촌은 생각지도 않았다. 부모도 이해하지 못하고 젊은 층도 그럴 생각은 없었다. 이들이 선택한 것은 탕핑(드러눕는 것)이었다.

취업 시장에서 절대다수인 좋지 않은 대학을 나온 이들로부터 시작되었지만, 곧 앞에서 나왔던 996에 대한 문제까지 터지면서 명문대생들도 탕핑족에 합세하기 시작했다. 심지어 중국의 특성상 명문대를 나오고 능력이 좋더라도 꽌시가 없다면 출세가 힘들었기에 너나 할 것 없이 합세했다.

게다가 중국의 기업가가 '큰 꿈을 이루기 위해서는 더 많이 경쟁하고 노력해야 한다'고 발언하면서 탕핑족은 더 거세게 그리고 더 광범위하게 불기 시작했다. 특히 중국에서는 명색이 노동자를 위하는 사회주의 국가인데 친자본가적, 반노동자적 발언이라는 반발을 가져왔다.

'내 배를 채울 수 없다면 남의 배도 채우지 않겠다.'

'채찍질해 봐라, 아무리 때려 봤자 노예가 일어나지 않으면 그만이다.'

'우리는 일을 비롯해 아무것도 하지 않겠다, 드러눕겠다.'

탕핑은 중국 청년세대를 휩쓸었다. 반면 중국 정부는 비상이 걸렸다. 앞에서 말했듯이 이들을 탄압할 방법도, 명분도 없다. 탕핑족은 복지도, 부양책도, 개혁도 요구하지 않는다. 어차피 유사 독재 국가인 중국 정부에서 들어 주지 않을 것을 알기 때문이다.

탕핑족은 그저 최소한의 돈으로 살아가는 방법을 찾을 뿐이다. 탕핑족은 SNS를 통해 3만 원으로 한 달 사는 법, 돈 안 들이고 취미 즐기기와 같이 절약하며 사는 법을 공유한다. 이들이 절약하고 돈을 벌지도 쓰지도 않기 시작하면서 중국 내수시장을 상대로 하는 거의 모든 기업은 움츠러들기 시작했다. 음식점도 규모를 줄이고 있다.

결국 중국에서도 세대 갈등이 도래했다. 중국의 특성상 이들을 이해하려는 움직임은 없다. 이미 탕핑은 인터넷에서 금지어가 되었고, 온갖 언론에서는 탕핑을 비난하기 시작했다.

'탕핑은 부끄러운 일.'

'각성하라, 젊은이들이여.'

'어려움에 직면할 때마다 탕핑을 선택한다면 도대체 인생을 어떻게 바꿀 수 있겠느냐?'

탕핑족인 중국의 젊은이들은 어떻게 반응했을까? 다른 나라라면 자신들의 상황을 이야기하며 화를 냈을 것이다. 해결책을 요구하고 개선을 요구할 것이다. 하지만 중국의 젊은이들은 여전히 아무것도 하지 않았다. 그저 누워서 하루를 보냈다. 패배할 거라면 결승선보다는 출발선에서 패배하는 게 낫다. 그러면 달리기는 안 해도 된다. 어쩌면 이들은 오히려 지금 행복할지도 모른다.

시끄러운 중국인,
중국의 민낯 따마

중국인들이 광장에서 노래를 틀고 춤을 추는 혹은 태극권과 같은 운동을 하는 모습을 볼 수 있는데, 대부분 나이가 좀 있는 여성들이다. 이들이 바로 따마다.

우리나라에 '맘충'이라는 단어가 있다. '아이가 있으니 이 것도 해 달라', '지역 맘카페에 올려 장사를 못하게 만들겠다'는 식의 이야기를 하며 개념 없이 구는 엄마를 뜻하는 말로, 별로 좋은 단어가 아니니 쓰지 말도록 하자.

개인적으로 '맘충'이라고 불릴 만큼 개념 없는 사람을 만난 적이 없어서 모르겠지만, 여자가 나이가 들면 드세진다던가

뻔뻔해진다는 말은 예전부터 있었다. 그래서 이런 엄마들, 아줌마들을 싫어하는 사람도 있지만, 중국의 따마를 보면 우리나라의 엄마들, 아줌마들은 천사로 보일 것이다.

중국에서도 따마는 최악의 세대다. 환경미화원이 청소해 놓은 낙엽을 뿌리며 사진을 찍고, 유럽이나 우리나라, 일본 관광지에서 예의 없이 큰소리로 떠들며 주변 사람들을 힘들게 만드는 중국 여성들이 모두 따마다.

2013년 금 가격이 20% 정도 하락할 때, 중국의 금 가격을 반등시키고, 부동산과 비트코인 가격을 올리고 전 세계에 돈을 뿌리면서 명품과 우리나라의 화장품을 미친 듯이 사는 이들도 따마다. 중국의 공안들마저도 상대하기 싫어하는, 중국 내에서도 골칫거리이자 동시에 지금의 중국을 만든 여성들이라는 평가를 받고 있다. 따마는 그 어떤 시대와 세대의 여성과도 차별을 보이는데, 이들이 다른 이유가 분명 있을 것이다. 중국에 무개념 여성인 따마가 생겨난 이유가 뭘까?

세대의 특징은 시대의 특성을 반영한다. 따마는 1960년대에서 1970년대에 어린 시절을 보낸 여자로, 공산당이 세워진 지 얼마 안 된 시기에 태어나 공산주의와 사회주의의 영향을 가장 많이 받은 세대다. 개인보다는 집단이 우선이며, 집단농장과 국영기업에서 일했고 국가에서 배급하는 식량을 먹었던 이들이다. 그래서 따마는 함께라면 지금도 무서운 것이 없다. 무리를 지어 같은 것을 사고 같은 곳에 투자하며 같은 곳에 여행을 간다.

1960년대 중국을 떠올리면 가장 먼저 '옛것은 모두 없애라'고 외쳤던 문화대혁명이 생각난다. 문화대혁명은 1966년에 시작되어 10년 동안 이어진 대규모 파괴 운동이다. 자국의 문화와 문화재, 전통과 지식인을 파괴하자는 이 운동은 역사적으로 봤을 때도 드문 일이다. 무엇이든 잘 알아야 잘 비난할 수 있는 것처럼, 중국인들은 자신들의 문화를 집요하게 모두 파괴했다. 사실 집요하게 파괴했다기보다는 그냥 보이는 대로 모두 파괴하고 부쉈다.

당시 대약진운동의 실패로 3천만 명이 넘는 인구가 굶어 죽었다. 이에 마오쩌둥은 책임을 져야 했는데, 그는 책임 대신 파괴를 선택한 것이다. 이때 전면에 내세운 것이 홍위병이다. 마오쩌둥은 홍위병의 활동 범위를 무제한으로 풀어 주면서 대 파괴의 시대를 열었다.

앞에서 말했던 것처럼 이 시기 10대에서 20대 초반은 사회주의와 공산주의의 영향을 가장 많이 받았다. 정확히는 마오쩌둥이 말하는 것을 교육받고, 사실이라 믿고 자란 세대다. 마오쩌둥의 발언은 이들에게 종교의 율법과 같았고 명령은 신의 뜻과 같았다. 나이를 먹고 공부를 많이 한 이들은 마오쩌둥을 비판했지만, 10대, 20대의 홍위병들은 아니었다. 아무리 아는 것이 많고 힘이 세고 돈이 많아도 다수의 폭력 앞에서는 무용지물이었다. 홍위병들은 닥치는 대로 다 파괴하고 다녔다.

공산주의에서 이야기하는 것은 평등이다. 제대로 실현된 곳은 없지만, 평등이라는 것은 공산주의에서 중요한 개념이다. 이 평등은 성별에도 적용되었다. 그러다 보니 홍위병에는 남녀 구분이 없었다. 남성과 여성은 평등하다는 견해였기에 여성들도 잔학무도한 홍위병이 되었다. 중·고등학생은 물론 20대 청년들까지 홍위병이 된 이들은 '자신들의 반동적인 권력을 강화하기 위해 노동자를 속이고 기만하고 멍청하게 만들려 하는 부르주아의 대변자들을 척결하라'는 구호 아래 학교는 물론 공공기관, 공자의 무덤까지 파내며 수많은 지식인을 죽였다. 그런 이들이 자라서 지금의 따마가 된 것이다.

어린 홍위병들은 골칫거리였다. 마오쩌둥은 홍위병들을 앞세워 압도적인 권력을 가졌지만, 홍위병들은 멈추지 않았다. 이대로 가다가는 중국이라는 국가마저 부술 기세였다. 마오쩌둥은 홍위병들을 없애고 싶었지만 명분이 없었다. 홍위병들은 마오쩌둥의 말을 앞세워 만행들을 저질렀는데, 갑자기 '이때까지 했던 말은 취소입니다'라고 할 수도 없는 노릇이다.

그래서 선택한 방법이 상산하향 운동인 '하방운동'이다. 도시의 청년들을 농촌으로 보내 농민들과 함께 살라는 운동으로 마오쩌둥의 말은 신의 뜻과 같았던 홍위병들은 흔쾌히 내려갔고, 자연스럽게 홍위병은 해체되었다. 이 과정에서 두 번째 따마의 특징이 생겼는데, 바로 학력이다. 다른 세대와 비교해 학력이 압도적으로 낮다. 대부분이 초졸, 중졸이다.

학생 시절에는 문화대혁명에서 홍위병으로 활동하느라 정신이 없었고, 끝나고 나니 대 귀농 시대의 시작과 함께 농사를 지었다. 홍위병에 가담하지 않은 이들도 문화대혁명 때 사실상 모든 학교가 문을 닫았기 때문에 교육받지 못했다. 이들에게 학교는 부숴야 할 과거를 배우는 곳이었으니 말이다.

결국 이들이 배운 건 시키는 대로 하는 것과 무리 지어 다니며 폐를 끼치는 것이다. 그런데 이상한 점은 배움이 짧고 할 줄 아는 것도 별로 없는 이들이 어떻게 여유롭게 돈을 쓰면서 다니는지에 대한 의문이다.

중국은 우리나라나 일본보다 세대 격차, 세대 갈등이 훨씬 심하다. 겉으로 드러나지 않는 것은 아예 윗세대와 대화조차 하지 않기 때문이다. 갈등의 주 원인은 현재 중국 청년층은 그 어느 세대보다 많이 배우고 고스펙임에도 최악의 경제난으로 취업을 못하고 있지만, 그들의 눈에 아무것도 하지 않은 것으로 보이는 따마 세대는 부유하기 때문이다.

마오쩌둥이 죽고 중국은 변화를 맞이했다. 1978년 중국에 개혁 개방의 바람이 불었기 때문이다. 마오쩌둥의 사망 이후 홍위병이었던 이들은 다시 도시로 올라오기 시작했다. 덩샤오핑의 집권 후 중국 경제를 살리는 방법으로 개혁 개방이 채택되었다. 그러나 경제 성장은 단순히 개방한다고 끝날 문제가 아니었다. 전 세계의 공산주의와 사회주의 국가들은 중국보다 못사는 처지였기에 자본주의 국가와 교류를 해야 했다. 그래서 필요한 것이 경제 구조의 변화였다.

덩샤오핑은 네 개의 현대화를 통해 중국 방식으로 시장경제를 만들었다. 하지만 자본주의가 들어온다는 것은 앞에서 말했던 '평등'이라는 가치를 훼손하는 일이었다. 덩샤오핑은 '선부론'을 외쳤다. 선부론은 '능력 있는 자가 먼저 부자가 되어라. 그다음 낙오된 이들을 도와라'가 주된 주장이다. 사유재산, 개인의 재산이 허용되기 시작하고, 중국의 인구수만큼 껌만 잘 팔아도 슈퍼리치가 되는 시장인 중국의 시장이 열리는 순간이었다.

당시 중국은 말 그대로 노다지였다. 많이 낙후되었다는 것은 필요한 것이 많다는 말과 같다. 기업들이 생겨나고 중국은 발전하기 시작했다. 따마들은 어땠을까? 사업을 하고 일을 해서 부를 축적했을까? 그랬다면 중국의 젊은 층이 박탈감을 느끼지는 않았을 것이다. 따마는 교육이 안 된 이들이었기에 농촌에서 계속 머무르거나 또는 도시로 온 이들은 국가가 운영하는 기업에서 일했다.

하지만 기업들이 민영화되면서 학력도 낮고 성격도 제멋대로인 청년 따마를 채용할 이유가 없었다. 그런데도 따마는 걱정이 없었다. 중국에서는 개인마다 일정량의 땅을 배분해주었는데, 개혁 개방으로 중국의 토지가 개발되면서 땅값이 엄청나게 올랐다. 말 그대로 엄청난 돈이었다.

일할 곳 없는 아니 일할 필요가 없는 따마가 선택한 것은 투자였다. 개발될 만한 다른 지역에 우르르 몰려들어 땅과 집을 샀다. 사람들이 몰리니 가격이 오르고 다시 팔아서 현금을 챙겼다. 소위 돈 놓고 돈 먹기였다. 그뿐만 아니라 따마는 과감한 투자가 가능했다. 그들은 이 돈이 다 사라지더라도 중국의 사회주의가 남긴 연금의 수혜자였기 때문이다. 중국인들이 제주도의 땅을 엄청나게 산다는 말을 들어보았을 것이다. 그들은 제주도뿐만이 아니라 전 세계를 다니며 부동산 쇼핑을 했다.

부동산이 대박 나면서 돈도 많고, 연금으로 노후도 걱정이 없다 보니 젊은 층과의 대립을 세우기보다는 해외로 다니는 것이다. 자신들의 가장 찬란했던 시절인 홍위병 때와 같이 몰려다니며 민폐를 끼치면서 말이다. 어찌 되었든 전 세계의 관광지는 따마의 돈을 원한다.

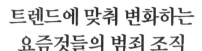

트렌드에 맞춰 변화하는
요즘것들의 범죄 조직

세상이 빠르게 변화하듯 범죄 조직도 변하고 있다. 국제 범죄 단체인 이라크 레반트 이슬람국가(IS)가 테러로 언론을 도배했을 때를 생각해 보면 이해하기 쉽다. 범죄 조직이 하는 일은 방법이 다양해졌을 뿐 과거와 비슷하다. 사람을 속이고, 죽이고, 테러하고, 협박하는 것이 이들에게는 일이다. 달라진 것은 도구와 이로 인한 영향력이다. IS는 자신들의 활동과 신념을 선전하고 새로운 조직원들을 모집하는 방법으로 SNS를 활용했다.

범죄 조직과 SNS라니 우리가 범죄 조직하면 떠올리는 탈레반, 마피아, 삼합회, 야쿠자와 음식이나 여행, 일상 사진이 올라오는 SNS와는 거리가 멀어 보인다. 범죄 조직이 SNS를 활용해서 기껏 뭘 하겠냐는 생각이 들지만, 강자 독식 약육 강식의 세계인 범죄 세계에서 SNS를 활용하지 않는 범죄 조직은 현재 다 몰락했거나 몰락의 길을 걷고 있다. 과거 한 동네나 일정한 지역, 기껏해야 각 나라에서 활동하던 범죄 조직이 세계로 나가고 더 교묘해지며 큰돈을 벌 수 있게 된 것은 SNS 덕분이다.

현대 범죄 조직을 살펴보면 SNS는 범죄의 A to Z라고 봐도 무방하다. 앞에서 말했던 영향력 과시와 조직원 모집을 넘어 범죄의 방법과 방식, 돈을 버는 통로도 SNS다. 이것을 가장 잘 관찰할 수 있고 가장 발전된 형태로 활용하는 곳은 아이러니하게도 우리나라와 일본이다. 의아하게도 범죄 조직은 치안이 좋은 국가에서 가장 교묘하고 발전한 형태를 띤다. 범죄 조직의 발전은 치안의 발전과 함께한다. 수사 당국의 수사력이 좋아지고 발전하면 이를 피해 가기 위해 더 교묘하게 발전하는 것이다.

먼저 야쿠자를 살펴보자. 과거 야쿠자 영화는 비열한 세계 또는 의리 있는 멋진 야쿠자를 누아르로 그려냈다. 그런데 최근의 야쿠자 영화를 보면 누아르라고 하기에는 거리가 좀 멀다. 조금이 아니라 많이 멀다. 여전히 야쿠자가 주인공이긴 하지만 현대의 야쿠자 영화는 슬프고 참담한 현실을 그리고 있다. 심지어 동정표까지 받고 있다. 그만큼 현재 야쿠자의 현실은 암담하다.

일본 정부는 과거부터 얼마 전까지 야쿠자의 근절을 위해 힘써 왔다. 하지만 마땅한 방법이 있어 보이지는 않았다. 속된 말로 감옥에 갔다 온 횟수가 많을수록, 기간이 길수록 조직에서 대우받았기에 그들을 잡아넣는 것도 효과적이지 못했다. 게다가 초기 폭행과 협박이 대부분이었던 야쿠자의 범죄는 심각한 범죄를 저지르지는 않았다. 물론 뒤에서는 몰래 이것저것 했지만, 표면적으로는 합법적인 사업체를 내고 지역에서 봉사까지 했다.

그래서 일본이 고안해 낸 방법은 '폭력단 대책법'이었다. 폭력단 대책법의 핵심은 돈줄 끊기와 꼬리 자르기 금지다. 흔히 영화를 보면 보스가 저지른 일을 누군가 책임지고 감옥에 갔다 오는 것을 볼 수 있다. 해결법은 단 하나 보스를 집어넣는 것밖에 없다. 폭력단 대책법은 일정 기준을 충족한 조직을 지정 폭력단으로 지정하고 부당한 행위를 금지하는 법이다. 여기에 들어간 결정적인 규정 중 하나가 민사책임의 특칙이다. 원래 민사상 손해 배상 책임은 가해자가 지고, 관리 감독자는 감독을 제대로 하지 않았을 때만 책임을 진다.

하지만 폭력단 대책법에서 지정한 조직들은 그런 절차나

순서 없이 무조건 와해하고 척결하겠다는 취지다. 원래 야쿠자의 세력 확장 방식은 '전쟁'이라고 불리는 패싸움 등을 통해서 상대 조직을 굴복시키고 흡수하는 것인데, 이게 불가능해졌다는 것이다. 동시에 야쿠자가 영위하는 합법적인 척 하는 사업들을 모두 불법으로 규정해 놓았다.

폭력단 대처법이 제정되고 일본의 거의 모든 야쿠자의 보스가 한자리에 모였다. 결론은 '이제 전쟁은 하지 말자'로 정해져 있었다. 일본의 치안은 급격하게 좋아졌다. 야쿠자끼리의 전쟁은 거의 일어나지 않았고, 야쿠자의 절대적인 숫자도 감소했다. 하지만 야쿠자의 힘을 약화했다는 것이지 없애지는 못했다.

연예계, 밤 문화, 유흥 등 아직도 야쿠자들의 돈벌이는 많았다. 일본 정부는 약화한 야쿠자를 아예 없애기 위해 2011년 폭력단 대처법을 강화해 '폭력단 배제조례'를 시행했다. 폭력단 배제조례는 한마디로 정의할 수 있다.

'야쿠자는 이제 일본 국민으로 보지 않겠다.'

효과는 엄청났다. 이레즈미를 한 야쿠자가 시비를 걸면 무서워했던 일본 국민도 야쿠자를 전혀 무서워하지 않게 되었다. 일본 경찰에서 완벽하게 보호해 주기 때문이다. 야쿠자를 전문으로 담당하는 경찰특공대가 신고 한 통에 출동하여 야쿠자를 소탕한다. 당연히 신변 보호도 해 준다. 경찰들은 해당 야쿠자뿐만 아니라 야쿠자가 소속된 조직도 함께 소탕한다.

경찰들은 위험한 순간만 출동하는 것이 아니라 이레즈미를 보여 주며 말만 걸어도 신고로 당장 출동한다. 그뿐만 아니라 폭력단으로 지정된 사람은 휴대폰 개통은 물론 통장을 개설하는 것도, 집을 구하는 것도 불가능해졌다. 일본의 기초생활 수급 같은 그 어떤 복지 정책의 혜택도 받을 수 없다. 말 그대로 일본 국민으로 취급하지 않는 것이다. 일본의 그 어떤 혜택과 서비스도 이용하지 못한다. 폭력단 배제조례는 엄청난 파급을 불러 왔다. 시행된 지 2년이 지난 2013년 야쿠자 잡지인 〈야마구치구미 신보〉에는, '야쿠자로 먹고사는 시대는 끝났다'는 글이 실렸다. 곧이어 연일 기사가 터져 나왔다.

'돈이 궁한 야쿠자들이 내다 팔려고 멜론이나 포도, 망고를 호시탐탐 노리고 있다.'

'칼 대신 스쿠버 장비로 무장한 야쿠자들이 고속 보트를 타고 나타나 해삼 잡기에 열을 올린다.'

과장된 거짓 기사가 아니라 실제로 일어나는 일들이었다. 붙잡힌 야쿠자는 '조직이 너무 빈곤하다. 음식을 훔칠 수밖에 없다'는 말을 했다. 무엇보다 폭력단 배제조례의 가장 큰 수확은 젊은이들의 야쿠자 유입이 없어졌다는 점이다.

2022년 기준 야쿠자의 평균 연령은 54.2세다. 힘쓸 나이는 이미 지나갔다. 그러다 보니 동정의 눈길마저 받게 된 것이다.

실제로 2016년 〈야쿠자와 헌법〉이라는 다큐멘터리도 나왔는데, 재밌게도 다큐멘터리 촬영을 제안한 쪽이 야쿠자인데, 촬영 이유가 '우리도 인권이라는 것이 있다'이다. 야쿠자는 야쿠자 본인뿐만 아니라 가족들 모두 꼬리표가 붙어 버리기 때문이다. 그럼 야쿠자를 그만두면 되지 않느냐고 할 수도 있지만, 야쿠자 생활 기록이 남아서 사회생활을 할 수가 없다.

하지만 너무 숨통을 막아버리면 도리어 역효과가 날 수도 있기에 '5년 규칙'을 만들어 놓았다. 5년 규칙은 야쿠자를 이탈하고 5년이 지나면 일본 국민으로 대우해 준다는 것이다. 5년이 지나면 은행도 사용할 수 있고, 휴대폰도 만들 수 있다.

하지만 진짜 문제는 꼬리표다. 사회생활을 하게 해 준다는 것이지 기록을 지워 준다는 뜻은 아니다. 결국 야쿠자는 사회의 골칫덩어리가 되었다. 후쿠오카에서는 은퇴한 야쿠자를 채용하면 지원금을 주는 제도도 생겼다. 하지만 다른 쪽에서는 범죄자들을 왜 지원해야 하는지에 대한 불만도 터져 나오고 있는 것이 현실이다. '한 번의 잘못된 선택이 한 사람의 평생을 좌우해도 되는가?' 지금 일본의 야쿠자 문제의 핵심이다.

신기하게도 야쿠자가 몰락한 시기, 우리나라 조폭은 세대교체를 이루었다. 세대교체라기보다는 우리나라 조폭들은 큰 사건이 없었기에 변화했고, 시대에 뒤처진 이들은 사라졌다고 보는 것이 맞다. 우리나라는 'MZ조폭'이, 일본은 '한구레'라는 이들이 새로 득세하기 시작했다.

한구레의 정의를 보면 야쿠자에 속하지 않으면서 반사회적 행동이나 범죄를 저지르는 여러 신종 조직의 폭력배라고 정의되어 있다. 야쿠자는 간판을 걸고 말 그대로 가족이 회사가 된다. 한번 들어가면 나올 수도 없고 들어가기도 힘들다. 하지만 한구레는 대부분 점조직으로 활동한다. 합숙하고 뭉쳐 다니며 위계질서가 확실한 조직이 아니다. 평소에는 각자 흩어져서 살다가 큰 사건이 생기면, SNS를 통해 사람을 모집해 뭉쳐서 범죄를 저지르는 점조직이다.

그런데도 한구레는 한계가 있다. 회사도 아니고 완전한 조직도 아니기에 규모의 한계가 있다. 결정적으로 일본 정부가 야쿠자를 청산하며 엄청난 지지를 받으면서 범죄 조직에 대해 강경한 견해를 밝히고 있어서 대놓고 활동하지는 못한다. 신뢰로 이루어진 관계도 아니기에 보이스 피싱, 사채, 보험 사기와 같은 소수가 할 수 있는 범죄들만 한다. 일반 국민에게 피해를 주는 양아치나 하청 깡패 정도라고 볼 수 있다.

하지만 이들이 야쿠자를 넘어선 것이 하나 있다. 바로 잔혹성이다. 일반적으로 외부에 범죄가 드러나길 꺼리는 기존 야쿠자와는 달리 한구레는 사람들의 시선을 아랑곳하지 않고 원한을 가진 이를 무자비하게 때리거나 죽이는 것으로 유명하다. 한구레가 일으킨 사건 중 가장 유명한 사건이 바로 '롯

폰기 클럽 사건'이다. 게다가 한구레는 보통 '촉법소년'에 해당하여 처벌 수준이 미미한 10대 불량 청소년들을 고용해 일을 시킨다.

우리나라의 MZ조폭은 한구레와 다르면서도 비슷하다. 점조직이면서 SNS를 활용하는 점에서는 비슷하지만, 결이 조금 다르다. MZ조폭은 한구레에 비해 폭력적이지는 않지만, 혀를 내두를 정도로 돈을 중시한다. 오직 돈을 위해 움직일 뿐이다.

우리나라는 나름의 조폭 계보가 있다. 1세대는 유흥과 보호비로 돈을 충당했던 이들이고, 2세대는 건설업으로 돈을 벌었다. 3세대는 금융사업과 기업화를 진행했다. 금융사업이라고 해도 주가조작과 다단계라고 보면 된다. 4세대인 MZ조폭의 주 수익원은 사기라고 볼 수 있다. 보이스 피싱과 온라인 도박장, 리딩방, 사기, 대포통장을 비롯해 텔레그램을 통해 불법 약을 팔고 성 착취물을 만든다. 코인 사기도 이들의 수익원 중 하나다.

MZ조폭의 가장 눈에 띄는 점은 '과시욕'이다. 과거 조폭과는 달리 음지에, 자신들만의 세계에 머물지 않고 오히려 자신들의 존재와 일상이 외부 세계에 드러나는 걸 즐기며, 마치 특별한 존재가 된 것처럼 과시한다. 배상훈 프로파일러는 현재의 4세대 조폭들은 돈보다는 '겉멋'을 위해 뭉친다고 이야기하였다.

'아주 어리고 돈보다는 일종의 겉멋, 소위 가오를 잡는 것이 중요하다.'

'소셜미디어를 통해 집단 MT를 하고 전국 모임을 주도하는 등 위세를 과시한다.'

'치기 어린 것 같은데 자기들에게는 굉장히 중요하다.'

인스타그램이나 유튜브 등을 통해 자신들의 일상을 공개하고 인증 사진을 올리며 세를 과시하거나 공포심을 조장하기도 한다. 인스타그램에 '#00년생조폭'이라고 검색하면 문신과 명품, 현금을 자랑하는 글을 쉽게 찾을 수 있다.

단순히 과시로 끝난다면 그나마 좋겠지만, 문제는 박탈감과 동경이다. 착실하게 일하고 선량하게 사는 일반 시민에게는 합법적이고 착실하게 사는 것보다, 불법적인 일을 하는 데도 제재받지 않고 많은 돈을 벌고 과시하는 데서 오는 박탈감을 느낀다. 또한 정서적으로 민감한 청소년에게는 MZ조폭들이 활동하는 SNS와 선정적인 무용담, 범죄 미화를 통해 동경심을 갖는다. 돈을 최고로 생각하는 우리나라에서 생각보다 큰 문제다. 이들은 동경심을 바탕으로 어린아이들을 모집하고 범죄를 종용한다. 또한 모든 범죄를 덮어씌워 버린다.

범죄 초기 모이는 방식과 범죄를 모의하는 방식은 한구레와 비슷하지만 한구레와 달리 MZ조폭은 SNS를 굉장히 잘

활용한다. SNS가 사라진다면 MZ조폭이 운영하는 불법 사업들의 대부분이 큰 타격을 받을 정도다. 조직원 모집부터 사업 운영과 홍보까지 모두 SNS를 이용한다. 투자 리딩방 사기, 보이스 피싱 사기도 SNS의 역할이 크다. 요즘은 고수익을 미끼로 가짜 투자 사이트를 만들어 사기를 친다. 2023년 경찰은 투자 전문가를 사칭하며 가짜 투자 사이트를 만든 뒤 약 열 달 사이에 410억 원을 챙긴 일당을 검거했는데, 해당 사이트는 전국 아홉 개의 MZ 폭력 조직 조직원들이 가담하여 만든 사이트였다.

조폭은 시대의 변화에 따라 수사당국의 자세와 대처에 따라 진화해 왔다. 나날이 진화하고 발전하며 지능화되는 조폭들을 잡고, 최소한 범죄의 피해를 막으려면 한 발 더 앞서 나가야 한다. 특히 SNS를 통해 전 세계와 소통할 수 있게 된 지금, 자꾸만 영향력을 넓히는 범죄 조직을 그냥 두면 각 나라의 조직들과 연계해 더 큰 조직이 될 것이다. IS가 사실상 몰락하면서 한번 위기는 넘어갔으나 언제 또 SNS를 활용하는 첨단 범죄 조직이 등장해 세계화를 노릴지는 아무도 모른다.

2장

시대유감

신이 창조한 인간,
신을 만들어 낸 인간

지금의 인간, 나와 당신 크게 보면 인류와 문명, 문화 모두 신이 만든 것이 맞다. 아마 지금 책을 읽고 있는 여러분 중 종교가 있다면 자신이 믿고 있는 신을 떠올렸을 것이고, 무교나 무신론자라면 '시작부터 짜증 나게'라는 생각을 했을 수도 있다. 종교가 있는 사람에게는 아쉽게도, 무신론자인 사람에게는 다행히도 여기서 말하는 신은 특정 종교의 신이 아니다. 인류와 문명 문화를 만든 '신'이라는 존재는 인류의 시작부터 현재까지 존재했던 모든 종교와 모든 종교의 신이다.

　종교, 개인적으로 종교는 인간이 만들어 낸 마스터피스라고 생각한다. 인간은 나약하고 악하다. 동시에 선과 악은 입장에 따라, 상황에 따라 너무나도 쉽게 뒤집힌다. 혹시 나쁜 짓을 하고 양심의 가책을 느껴 본 적 있는가? 왜 양심의 가책을 느꼈는가? 어떤 사람에게 해를 끼쳤기 때문에, 아니면 자신의 신념과 어긋났기 때문에, 조금 더 깊게 살펴보면 선과 악, 착한 짓과 나쁜 짓이라는 것은 누가 정한 것인가?

인간은 야생에서 살아남기에는 너무나 나약하다. 그래서 힘을 합쳐야 한다. 힘을 합치기 위해 집단을 이루어서 산다. 그런데 이 집단을 이루어서 산다는 것이 말처럼 쉬운 일이 아니다. 규칙도 있어야 하고, 하면 안 되는 짓, 선과 악의 구분도 있어야 한다. 또한 단순히 힘을 합치려고 함께 사는 것이라면 공동체는 너무나도 쉽게 무너질 것이다. 이 모든 문제를 해결한 것이 종교 그리고 신이다.

혹시 이런 생각을 해 본 적이 있는가? 우리는 어디에서 왔는지, 우리를 둘러싼 지구와 우주, 이 모든 것은 어떻게 시작되었는지 말이다. 우리의 존재가, 나의 존재가, 나의 삶이 어떤 의미가 있는지, 아마 명쾌한 해답을 내리기는 쉽지 않을 것이다.

인류는 자신의 존재와 우리를 둘러싼 모든 것의 시작이라는 영영 풀리지 않을 질문을 던진 채 흐르고 있다. 당연히 아직도 모두가 이해할 만한 해답은 존재하지 않는다. 하지만 모두가 이해하지는 못하지만 명쾌한 해답과 진리를 갖고 사는 사람들이 있다. 심지어 현재보다 과거에 더 많았다. 바로 종교인들이었다. 종교는 아주 간단하게 모든 것을 설명했다. 우리와 우리를 둘러싼 모든 것의 존재와 시작은 신이 만들었고, 삶의 의미는 물론 진리까지, 심지어는 어떻게 살아야 하고 무엇을 목표로 해야 하는지까지 모두 설명해 주었다.

신을 믿게 된다면 인생은 단순해졌다. 지역마다 문화마다 각자 상황과 환경에 맞는 종교가 생겨나고 발전했다. 권력을 위해, 두려움을 없애기 위해, 통치 수단을 위해, 편 가르기를 위해, 집단의 도덕과 법규를 위해, 정당성을 위해 그리고 개개인의 행복을 위해 인간은 종교를 만들고 신을 만들었다. 종교는 결과를 나타나게 하는 근원이자 원인이다. 현대에는 오히려 종교가 발전을 가로막는 것처럼 묘사되지만, 적어도 과거에는 그렇지 않았다. 지금까지의 이야기가 전부 추상적으로 들렸을 수도 있다. 이제부터는 추상적이지 않도록 조금 깊고 구체적으로 이야기해 보자.

'종교는 인간 생활에 있어서 가장 깊은 근원과 접촉하고, 인간의 사상을 지배하며 인간의 감정을 자극하고 인간의 행동을 지도하는 것'이라고 미국의 신학자 루이스 벌코프는 말했다. 과학이 발전하기 전 인류의 눈에 자연 현상은 두렵고 신비한 것이자 예측할 수 없고 이해할 수 없는 일이었다. 번

개와 화산, 지진 심지어 과학적으로 설명이 되었음에도 사람들은 여전히 자연 현상에 의미를 부여한다. 인류가 발전한 원동력이자 모든 질문의 근본은 '이유'다. 인류는 '왜?'라는 질문에 '이유'를 답하기 위해 끊임없이 질문하고 연구하고 발전하고 답해 왔다.

지금은 과학이 이유를 말해 준다. 번개, 지진, 화산 등 모든 현상을 명쾌하게 설명해 준다. 심지어 예언까지 한다. 날씨를 예측하고 별의 움직임을 예측하며 태양의 수명이 얼마나 남았는지까지 이유와 예언, 과거 종교가 했던 역할까지 과학이 대체해 가고 있다. 율법과 도덕은 법이 정하고, 삶의 목표는 사회가 정해 준다. 귀신이 들렸다거나 정신에 문제가 생기면 병원에서 치료를 받는다. 의학은 엄청난 발전으로 앉은뱅이를 걷게 만든다.

하지만 이건 우리가 사는 현재다. 과거에도 이유는 필요했다. 인류가 무지할 때 상상력으로 만든 이유는 초월적인 힘의 존재였다. 서로 교류하지 않고 따로따로 무리 지어 살았던 먼 옛날 각 지역과 문화권에서는 각각의 종교가 생겨났다. 처음에는 눈에 보이는 것들인 나무와 물, 동물과 같은 자연물이 신의 역할을 했다. 토테미즘, 애니미즘, 샤머니즘의 등장이다.

우리나라의 시초로 알려진 단군 신화에서도 곰 토템과 호랑이 토템을 찾을 수 있다. 믿음을 공유하고 공감하면서 하나의 구심점이 된 종교는 사람들을 하나로 묶었고, 종교가 있는 부족들이 종교가 없는 부족들을 하나씩 흡수하면서 자연스럽게 모든 부족이 나름의 종교를 가지게 된다. 하지만 눈에 보이는 것들인 자연물에 기초한 대상에게 숭배하는 것은 사람을 모으는 데 한계가 있었다. 우리 지역에는 뱀이 많이 살지만, 다른 지역에서는 뱀이 존재하지 않을 수도 있으니 뱀이라는 숭배 대상은 명확한 한계가 존재했다.

과거 생산을 할 수 있고 싸울 수 있는 한 집단의 머릿수는 그야말로 '깡패'였다. 무기도 비슷하고 수준도 비슷한 상태에서 10명과 30명의 차이는 3배가 아니라 6배, 7배 차이의 전투력을 만들었다. 문명을 만들고 발전하기 시작하면서 더 많은 사람을 모으기 위해 인간은 신이라는 존재를, 물리적으로는 존재하지 않으며 눈으로 확인할 수 없는 환상의 존재로 만들었다.

인간이 만들어 낸 초월적인 존재는 대체로 인간과 같은 외모를 하고 다른 동물보다 더 특별하게 인간과 관계를 맺었다. 그래야 누구도 신적인 존재에게 태클을 걸지 못하고, 지역 문화에 상관없이 믿을 수 있기 때문이다. 인간과 같은 모습 그리고 사적이고 특별한 관계, 이것은 또 다른 특별한 의미가 있다. 본능적인 욕구인 생존 행위에 권위가 부여된 것이다. 인간은 신에게 부여받은 혹은 선택받은 동물로 도덕을 넘어

다른 동물을 해치고 먹으며, 키워도 되는 권위를 부여받은 것이다.

신이라는 존재의 등장으로 인간은 급속도로 발전하기 시작한다. 침팬지도 무리와 집단이 존재하고, 늑대도 집단을 이루어 사냥한다. 옥스퍼드 대학의 인류학 교수인 로빈 던바에 따르면 100마리가 넘는 집단은 사실상 존재하지 않고 사회적 동물이라고 자부하는 사피엔스도 자연 상태에서는 150명이 한계치다. 하지만 우리는 지금 몇천만 몇십억이 모여 도시를 이루고 국가를 이루어 살고 있다. 우리에게는 당연하지만, 자연적인 관점에서 천 단위를 넘어 몇만이 모여 살 수 있다는 것 자체가 인류가 지구를 지배할 수 있었던 이유다.

혈연 관계도 아니고 만나 본 적도 없는 사람들이 공통의 신화, 종교를 믿으며 함께 살아가기 시작했고 불가능했던 일들을 가능하게 만들었다. 그런데 하나둘 문제점들이 터지기 시작한다. 서너 명이 함께 사는 가정에서도 하루가 멀다고 일이 터지는데, 아무 규칙도 없이 100명, 200명이 모여 사는 데 문제가 생기지 않을 수 없다.

누가 지도자를 해야 할지, 소속감과 충성심은 어떻게 만들지, 무엇보다 범죄를 저질렀을 때 어떻게 해야 할지, 다른 말로 누가 '리더'를 할지, 어떻게 집단에 있는 사람들이 다른 집단으로 옮기지 못하게 만들 것인지, 공동체에 불화를 가져오면 어떻게 할 것인지, 아무리 힘이 세더라도 50명과 싸워서는 이길 수 없기에 한 명이 리더가 되더라도 마음대로 규칙을 정할 수는 없다. 지금이야 법과 교육으로 도덕을 어느 정도 규정하지만, 당시에 그런 것이 있을 리가 없다. 자연 상태에서 150명이 한계인 이유기도 하다.

　종교는 이 모든 것을 완벽히 해결했다. 앞에서도 말했지만, 도덕이란 것은 상당히 애매한 정의다. 지금도 사회에서 도덕의 기준은 변하고 있다. 선과 악이란 것 자체가 종교에서 나왔고 집단을 위해 만들어진 것이기도 하다. 종교는 입장에 따라 달라지는, 사회적 합의가 어려운 선과 악, 도덕이라는 것을 신의 말씀 그리고 가르침이라는 명목하에 명쾌하게 풀어냈다. 법률도 마찬가지다. 법도 도덕과 마찬가지로 현재도 변화하고 있다. 법의 최초 형태도 사실상 종교다. 소속감도 단번에 해결했다. 이는 설명이 필요 없을 정도인데, 현재도 종교는 소속감을 주고 커뮤니티를 형성하는 역할을 하고 있다.

　가장 쉽게 접할 수 있는 종교인 기독교의 십계명만 봐도 종교가 과거에 어떤 역할을 했는지 알 수 있다. 십계명은 모세가 하나님으로부터 받은 계명이다. 그런데 다시 한번 잘 보면 신이 직접 내려준 것들이라고 하기에는 너무도 당연한 말들이 적혀 있다는 생각이 들 것이다. '부모를 공경하라', '도적질하지 마라', '남의 아내를 탐하지 마라', '사람을 죽이지 마라'

등 이 구절들은 잘 생각해 보면 공동체가 살아가는데 필요한 기본적인 규칙들이다. 기독교뿐만 아니라 대부분 종교가 죄에 관해서 규정하고 죄를 짓지 말고 착하게 살라는 교리를 가지고 있다. 그렇지 않은 종교는 이단이나 사이비라고 불리며 사라졌다.

종교는 지도자도 자연스럽게 결정해 주었다. 부족에서 가장 높은 자는 보통 가장 나이가 많은 동시에 제사를 집행하는 제사장이다. 제사장은 나이가 많고 힘이 없음에도 종교를 기반으로 신에 대한 두려움을 무기로 권력을 행사하고 안위를 누렸다. 같은 종교를 믿던 부족은 번성해 국가가 되었고, 국가의 종교 지도자는 정치 지도자로 변화했다.

종교는 인류가 국가와 같은 큰 공동체를 형성하고 난 뒤에도 계속해서 등장했다. 이유는 간단하다. 종교만큼 쉽고 강력한 효율적인 수단이 없기 때문이다. 국가는 종교의 신성한 권위를 이용해 왕권을 강화하고 백성의 사상을 하나로 통일했다. 우리나라와 일본에서는 과거 왕실의 주도하에 지배이념으로 대승불교를 수용했는데 지배층에서 대승불교를 적극적으로 수용한 이유는 국왕이 곧 부처라는 '왕즉불 사상' 때문이다. 왕즉불 사상은 불교의 창시자 석가모니의 사상과 대치되는 이단이었음에도 말이다.

로마는 공화정 시절까지는 그리스·로마 신화를 바탕으로

한 다신교 사회였다. 하지만 제정이 선포된 이후 기독교를 받아들이고, 테오도시우스 황제 때는 기독교를 국교로 선포하기에 이른다. 특히 로마가 서로마와 동로마가 분열된 이후 동로마는 황제교황주의까지 내세우며 황제권을 강화했다. 로마가 다신교에서 유일신 기독교를 따른 것은 공화국에서 제국이 되었기 때문이다. 방대해진 영토와 다양한 인종의 사람들을 '로마'라는 이름으로 묶으려면 다신교는 부적합했기에 기독교를 받아들인 것이다.

중세의 십자군 원정 또한 여러 가지 이해 관계와 목적이 있었지만 가장 근본이 되는 목적은 성지 회복이었다. 성지 회복이 명분이라고 볼 수도 있지만, 적어도 수많은 서유럽의 황제들과 기사 영주들이 교황의 요청에 대규모로 군대를 조직한 것은 종교가 아니었다면 불가능했다.

이슬람교의 창시자 무함마드의 경우 고아에 빈민 출신이었다. 천시받는 지배층에 의해 박해받는 인물이었지만, 평등을 강조했던 무함마드의 사상에 사람들이 매료되고 따르는 사람이 점차 늘어나면서 집단을 형성하기 시작했다.

집단은 곧 힘이다. 하지만 대부분의 집단은 기존의 권력층이 있다면 쉽게 무너뜨리는 것이 가능하다. 돈이 목적이라면 돈을 빌미로, 돈이 아니더라도 핵심 몇 명에게 돈이나 원하는 것을 주면서 집단을 와해시키는 것이 큰 집단에는 그리 어려운 일이 아니다. 집단이 와해되지 않으려면 구성원을 묶는 특별한 무언가가 있어야 한다. 무함마드는 종교를 중심으로 사람들을 묶어 가르침을 전파했고, 무함마드는 지도자, 사람들은 추종자가 되었다. 이해 관계가 아닌 신으로 한데 묶인 사람들의 충성심과 결속은 엄청났다. 이슬람교는 도래 20년 만에 아라비아반도 전역을 손에 넣는 쾌거를 이루어 냈다.

초월적인 존재로 묶인 종교로 구성된 집단은 지도자가 사라져도 유지되었다. 신은 우리가 설명할 수 없을 정도로 전지전능한 불멸자이기에 지도자가 죽어도 신은 남았다. 무함마드 사후 이슬람 세력은 이베리아반도, 북아프리카, 중동, 서아시아를 아우르는 거대 제국으로 성장하게 된다.

종교는 경제적인 부분에서도 큰 역할을 했다. 지금 종교는 경제적으로 어떠한 역할도 하지 못하는 것처럼 보이고 인식되고 있지만 사실 현재도 어느 정도의 역할을 하고 있다. 만약 종교가 공동체를 이루는 것에서 그쳤다면 법과 교육, 도덕이 사회 구성원들의 합의로 도출되는 시점에서 쇠퇴했어야 한다.

종교가 가진 가장 큰 힘은 커뮤니티적 기능이다. 종교가 아니었다면 살면서 한 번도 볼일이 없는 사람들은 정보를 교환하고 문화를 형성하고 비즈니스도 하게 된다. 우리가 여행을 가고 다른 나라에서 살다 오면 세상을 넓게 볼 수 있다는 말처럼 나와 내 주변에서 벗어나 더 넓고 다양한 사람을 만날 수 있는 곳이 종교였고 현재도 그렇다.

하지만 영원한 것은 없다. 세상의 진리를 설명하던 종교는 현대가 되면서 많이 바뀌었다. 종교의 모습도 사람들의 인식도 많이 달라졌다. 과거 종교 자체가 사회를 유지하는 질서와 권력이었다면 과학과 사회가 발전하면서 종교와 사회는 분리되었고, 종교는 영적인 면을 과학과 사회는 삶을 담당하게 되었다.

여전히 종교인에게는 종교가 삶이지만 비종교인에게는 그렇지 않다. 물론 사우디아라비아나 이란 등 지금도 종교가 사회를 유지하는 질서와 권력인 사회도 있지만, 선진국이라 불리는 대부분 국가는 종교의 자유를 보장하고 있다.

선진국으로 갈수록 종교에 대한 열망이 줄어드는 것도 사실이다. 그렇다고 종교가 우리의 삶에서 완전히 영향력을 잃은 것은 아니다. 독일의 사회학자 막스 베버의 윤리와 자본주의 정신에 따르면, 기독교에 내포된 금욕적 합리성이 근대 서구에서 자본주의의 토대를 만들고 근대 자본주의를 끌어냈다고 설명하고 있다. 쉽게 말해서 기독교가 자본주의를 퍼지게 만들었다는 말이다.

현대 미국 정치에서 언급되는 신은, 과거 기독교적 덕목이 아닌 현대적인 인권, 자유, 평등 등 자유민주주의의 덕목을 상징한다. 스티븐 호킹은 우주가 얼마나 광대한지 그리고 그 안의 인간이 얼마나 하찮고 우연적인지를 고려하면 인간의 모습을 한 신의 존재는 상당히 믿기 어렵다고 말한 적이 있다. 미국 로체스터 대학의 심리학 교수 미론 주커만은 지능이 높은 사람은 종교 도그마에 대해 저항적(Resistive)이며 분석적인(Analytic) 사고 스타일을 가지고 있고 종교가 가지는 기능을 지능이 담당하기 때문에 종교에 대한 필요성이 낮다고 말한다.

하지만 앞서 말했듯이 종교의 커뮤니티적 기능은 여전히 남아 있고 마음이 병들어 가는 현대 사회에서 어쩌면 가장 필요한 기능을 종교가 할 수 있을지도 모른다. 그러려면 시대의 흐름에 맞게 종교도 변화할 필요가 있다. 이제 처음에 말했던 신이 지금의 인간을 만들었다는 말에 어느 정도 동의가 될 것이다.

오늘날 인간사회를 형성하고 문명을 이룩한 원동력은 존재하지 않는 것을 믿는 힘, '종교'에서 비롯되었다. 하지만 모든 것의 시작과 끝을 인간이 알게 된다면 종교는 언젠가 힘을 잃게 될지도 모른다. 아니면 정말 신이 우리를 만들었고 심판과 구원이 기다리고 있을지도.

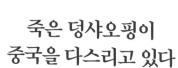

죽은 덩샤오핑이
중국을 다스리고 있다

"검은 고양이든 흰 고양이든 상관없이 쥐를 잘 잡는 고양이가 좋은 고양이입니다."

키 150cm의 작은 거인 중국의 3대 최고 지도자이자 지금의 중국을 만든 덩샤오핑이 중국을 개혁 개방하면서 한 말이다. 보통 '흑묘백묘론(黑猫白猫論)'이라고 부른다. 의미심장한 말 같지만 간단한 말이다. 당시 중국은 북한보다 못살았던 한마디로 당장 망해도 이상하지 않았을 때였다. 흑묘백묘론은 공산주의냐 자본주의냐 상관없이 인민을 잘살게 해 주면 그게 제일이라는 뜻이다.

'자본주의 국가에서 계획 경제가 존재하듯 사회주의 국가에서도 시장 경제가 존재할 수 있다.'

'부유할 수 있는 사람부터 먼저 부유해져라.'

덩샤오핑의 주도 아래 시작된 중국의 개혁 개방은 현재 세계 2위의 경제 대국 중국을 만들었다. 여러 가지 이유로 전 세계 사람들이 가장 싫어하는 국가기도 하지만, 동시에 무시할 수는 없는 국가가 되었다. 중국의 거대 자본 차이나 머니는 도저히 거부할 수 없는 유혹이기도 하다. 아직도 중국은 마오쩌둥을 중국의 영웅이자 국부라고 떠들지만, 사실상 진짜 국부이자 영웅은 '덩샤오핑'이다. 덩샤오핑의 실용주의 노선이 오늘날의 중국을 경제 대국으로 만들었다는 의미에서 '죽은 덩샤오핑이 중국을 다스리고 있다'라는 말도 있다. 덩샤오핑은 어떻게 지금의 중국을 만들었을까?

덩샤오핑은 1904년 8월 22일 지금의 충칭과 북쪽으로 인접한 청나라 쓰촨성 광안의 한 마을에서 장남으로 태어났다. 덩샤오핑의 집안은 할아버지가 과거에 급제한 조정의 고위 관리였던 명문 집안이었다. 덩샤오핑의 이름은 자라면서 여러 번 바뀌었다. 덩샤오핑의 첫 번째 이름은 공자보다 나은 사람이 되라는 의미인 '선성(先聖)'이었다. 학교에 다닐 때는 서당 훈장이 지어 준 '덩시셴(鄧希賢)'이란 이름을 썼다. 덩샤오핑이란 이름은 훨씬 더 후에 사용하기 시작한 이름이다. 중국인들은 개명을 어렵지 않게 여기기 때문에 그렇게 특이한 일은 아니다. 참고로 마오쩌둥은 이름이 26개나 된다. 덩샤오핑은 고향에서 초등교육을 받았고 이후 충칭에서 공부를 이어 갔다. 공부를 하던 중 덩샤오핑의 인생을 바꾸어 놓은 한 프로그램을 접하게 된다. '일하면서 배운다'는 프랑스 유학 프로그램이었다.

당시는 제1차 세계대전이 막 끝난 무렵이었고 프랑스는 산업 시설에서 일할 노동력이 부족한 상황이었다. 중국의 젊은이들은 서구문물을 배우고 싶어했다. 프랑스는 노동력을 받고 중국의 젊은이들은 서구의 문물을 배운다. 두 나라의 이해관계가 맞아떨어지면서 생긴 것이 '일하면서 배운다'는 유학 프로그램이다. 다만 가고 싶다고 다 보내 주는 건 아니었고 프랑스어를 배우는 비용과 프랑스까지 가는 비용은 스스로 부담해야 했다. 돈 좀 있는 집안만 갈 수 있었다는 말이다. 덩샤오핑은 꽤 사는 집이었기에 유학길에 오를 수 있었다.

덩샤오핑을 비롯해 중국의 유학생들은 파리에 도착했지만, 현실은 기대와 달랐다. 프랑스가 약속과 달리 유학생들에게 기술을 배울 기회를 주지 않았기 때문이다. 일하면서 자연스럽게 배우는 것이 기술 아닌가 싶지만, 프랑스가 중국인들에게 제공한 일자리는 단순한 잡무뿐이었다.

그래도 프랑스에 있는 학교에서 배우면 된다라고 생각했

지만, 프랑스는 의도적으로 먼 시골에 있는 학교로 유학생들을 배치했다. 일을 포기하고 학교만 다니든가 학교를 포기하고 일만 하든가 아니면 사비를 써서 사립학교에 다녀야 했다. 덩샤오핑은 아버지가 보내 준 돈으로 사립학교에 다녔다. 하지만 사립학교는 상상했던 것 이상으로 비쌌다. 결국 학자금 부족으로 자퇴하게 된다.

덩샤오핑은 학업은 거의 포기하고 일자리를 전전하기 시작했다. 르노에서 트랙터를 만드는 금속 노동자로도 일했는데 자본주의 국가에서의 노동 경험은 자본주의가 어떻게 유지되는지 이해하게 했다. 일자리를 옮겨 다니며 일을 하던 덩샤오핑은 프랑스에서 자신의 인생을 바꾸어 줄 인물을 만나게 된다. 추후 중국의 초대 국무원 총리가 되는 '저우언라이'다. 중국 역사에 대해 관심이 있다면 모를 수가 없는 이름이기도 하다.

저우언라이도 프랑스 유학 프로그램을 통해 프랑스에 왔다. 다른 점은 저우언라이는 부자였던 큰아버지 덕에 돈 걱정이 없었다는 것이었다. 저우언라이는 중국 공산당원이자 '이스바오'라는 신문사의 유럽 통신원 자격을 갖고 있었다. 저우언라이는 프랑스에 있으면서 듣고 보는 이야기들을 편집해 〈츠꽝〉이라는 기관지를 발행했다.

덩샤오핑은 저우언라이를 큰형님처럼 따르며 〈츠꽝〉의 편

집에 참여하게 된다. 이 과정에서 덩샤오핑은 세계 정세와 각종 지식을 배우게 된다. 시간이 지나 총명했던 덩샤오핑은 중국 유학생들의 중심에 서게 된다.

그런데 프랑스 측면에서 보면 당황스러운 일이다. 노동력이 필요해서 입국을 허가하였는데, 공산당 이념을 전파하는 데다 유럽의 소식들을 퍼 나르고 있으니 말이다. 얼마 안 가 프랑스는 덩샤오핑의 숙소를 수색했다. 신변의 위기를 느낀 덩샤오핑은 소련으로 탈출을 감행한다. 파리를 떠나 중국 공산당 유럽 지부가 있는 독일의 베를린을 거쳐 1926년 1월 덩샤오핑은 모스크바에 도착한다. 덩샤오핑은 모스크바의 중산대학에 입학하여 정치학을 배웠다.

하지만 정작 덩샤오핑의 관심을 끈 것은 정치학이 아닌 신경제 정책이었다. 농민들이 생산하고 남은 남은 생산물을 자유시장에서 거래하도록 허용하고, 소상공인의 자유로운 상거래 인정과 외국인 투자를 장려하는 시장 사회주의로 지금의 중국과 다를 바가 없다. 1927년 덩샤오핑은 7년 가까운 모스크바 유학 생활을 끝내고 중국으로 귀국했다.

당시 중국은 혼란한 상황이었다. 장제스가 이끄는 국민당인 우파(대만)와 중국 공산당(중국)이 내전을 벌이는 중이었다. 덩샤오핑은 중국 공산당 쪽에 섰다. 그가 공산당 쪽에 섰던 이유는 저우언라이의 영향이 컸다. 저우언라이는 공산당

일선에 서서 선동과 지휘를 하고 있었다.

그 무렵 중산대학에서 친분을 쌓았던 장시위안이란 여인을 중국에서 우연히 다시 만나 결혼한다. 덩샤오핑이 비밀 지하 공작 임무를 위해 이름을 '샤오핑(小平)'으로 고쳐쓰기 시작한 것도 이 무렵이었다. 덩샤오핑이 저우언라이를 돕느라 분주한 사이 아내 장시위안은 임신을 하게 된다. 하지만 아이를 낳은 후 아내 장시위안은 사망했고 태어난 아이도 며칠을 가지 못하고 사망했다. 한꺼번에 부인과 딸을 잃은 덩샤오핑의 상심은 말로 표현할 수 없었다. 결국 일 년 동안 방황했다.

그때 만난 여인이 진웨잉이다. 두 사람은 1931년에 결혼식을 올렸지만 헤어진다. 1933년 덩샤오핑이 당내에서 사상 문제로 비판받고 수감되면서 진웨잉은 덩샤오핑을 떠나 버린 것이다. 진웨잉은 덩샤오핑을 떠나 리웨이한과 결혼한다. 리웨이한은 덩샤오핑과 프랑스 유학 동기생이자 절친한 친구였던 인물이었다. 덩샤오핑은 배신감으로 충격을 받았다. 그런 그는 12살 연하의 여성 쥐린과 세 번째 결혼을 한다.

1934년부터 덩샤오핑의 본격적인 정치 활동이 시작된다. 당시에는 비교적 열세였던 마오쩌둥을 지지하였는데, 결국 이 일이 덩샤오핑의 인생을 바꾸어 놓았다. 1930년대 후반부터 1940년대까지 덩샤오핑은 항일전쟁에 참여하였고, 1945년 일본의 항복으로 제2차 세계대전이 종지부를 찍으면서 중국에서는 중국의 운명을 결정짓게 될 장제스가 이끄는 국민당과의 내전이 발발하였다. 이 내전에서 공산당이 승리하며 1949년 10월 1일 비로소 '중화인민공화국'이 탄생하게 된다. 우리가 아는 지금의 중국이 탄생한 순간이다.

공산정권 수립 후 덩샤오핑은 1952년 부총리에 임명되었고, 재무장관과 국방위원회 부주임 등을 역임하며 승승장구하기 시작했다. 그런데 얼마 가지 않아 덩샤오핑은 마오쩌둥에게 버려진다. 1966년부터 문화대혁명이 중국을 휩쓸기 시작한 것이다. 덩샤오핑도 여기에 휘말렸다. 마오쩌둥이 덩샤오핑을 '주자파(走資派)'라고 칭하며 공격했기 때문이다.

주자파란 중국 공산당 내에서 자본주의 노선을 주장하는 파라는 의미로 반대파를 매도하기 위해 마녀사냥식으로 자주 사용되었던 용어다. 그런데 마오쩌둥을 지지했던 덩샤오핑은 왜 주자파로 몰렸을까? 마오쩌둥의 대약진 운동이 실패로 끝나 3천만 명이 넘는 중국인이 굶어 죽는 사태가 일어났을 때 덩샤오핑이 흑묘백묘론을 제시했기 때문이었다.

마오쩌둥에 의해 해임된 덩샤오핑은 시골에서 유배 생활을 하게 되었다. 이때 덩샤오핑의 장남은 홍위병들에 의해 하반신 불구가 되기도 했다. 이대로 덩샤오핑의 정치 인생은 끝이 나는가 싶었으나, 1973년 마오쩌둥이 덩샤오핑을 부른다. 문화대혁명의 실패로 정치적, 경제적 혼란을 수습하기 위해 덩샤오핑을 복권한 것이다. 자신을 유배 보내고, 아들을 하반신 불구로 만들게 된 마오쩌둥이 미웠을 테지만, 덩샤오핑은 담담히 소임을 다한다.

오히려 마오쩌둥이 의심을 거두지 못한 채 마오쩌둥은 1976년 덩샤오핑에 대한 비판 운동을 전개한 뒤 다시 한번 덩샤오핑의 모든 직책을 박탈했다. 덩샤오핑은 끝까지 기회를 엿보았다. 자칫 목소리를 내었다가는 바로 제거될 수도 있는 상황이었기에 덩샤오핑은 숨을 죽이고 기다렸다. 그리고 1976년 9월 마오쩌둥이 사망하게 된다. 마오쩌둥이 사망하면서 1977년 문화대혁명의 광풍도 마침내 끝이 났다.

덩샤오핑도 다시 일선에 복귀하게 되었다. 중국인들은 덩샤오핑을 아무리 넘어져도 다시 일어서는 '오뚝이'라고 불렀다. 마오쩌둥은 죽기 전에 후계자로 '화궈펑'을 지목했다. 하지만 마오쩌둥이 사라지자 덩샤오핑은 일순간에 권력을 장악했다. 직함과 역할과는 별개로 덩샤오핑은 실질적인 1인자가 되었다. 이때부터 덩샤오핑은 본격적으로 움직이기 시작했다. 덩샤오핑은 마오쩌둥을 향한 앙금은 내려놓고 똑똑하게 움직였다. 중국 인민들은 가난과 굶주림을 겪고도 마오쩌둥을 여전히 중국의 국부로 존경했기 때문에 쉽게 움직일 수 없었다. 덩샤오핑은 마오쩌둥의 권위를 옹호하는 척하며 중국인들의 마음을 파고들었다. 하지만 마오쩌둥의 직계 인물들을 하나씩 끌어내리며 덩샤오핑은 입지를 다졌고, 본격적으로 자신이 하고 싶었던 것을 시작한다. 드디어 중국의 '개혁 개방'이 시작되는 순간이었다.

덩샤오핑은 중국 사회주의를 시장 경제와 결합하기 시작했다. 농민과 기업가들의 이윤 보장, 중앙 정부식이 아닌 지방 분권적 경제 운영, 외국인의 투자 허용과 현재와 미래를 이끌 인재 양성 등 엄청난 개혁을 했다. 1978년 일본과 중일 평화우호조약을 맺고, 1979년 미국과 정식으로 국교를 수립하기도 했다.

사람들은 사유재산이 인정되자 미친 듯이 돈을 벌기 시작했다. 자본주의의 맛을 봐 버린 것이다. 많은 인구와 개혁 개방으로 인한 엄청난 성장 속도와 게다가 투자까지, 중국은 말 그대로 기회의 땅이 되었다. 하지만 돈맛을 보고 자유의 맛을 본 외국의 상황을 보고 들은 사람들은 자본주의를 넘어 민주주의를 원하기 시작했다. 사실 당연한 순서로 볼 수 있다.

그렇게 '천안문 항쟁'이 일어나게 된다. '자유가 아니면 죽음을', '모든 권력은 인민의 것이다'를 외치며 각계각층의 사람들이 천안문 항쟁에 참여했지만, 결론적으로 천안문 항쟁은 실패했다. 중국 정부는 아니 덩샤오핑은 군대와 전차를 동원해 무자비하게 사람들을 진압했다. 천안문 항쟁은 실패로 끝났지만, 덩샤오핑은 살인자라고 불리며 민심을 잃게 되었다. 인민들뿐만 아니라 당내에서도 비판의 목소리가 꽤 커지게 되었다. 덩샤오핑은 개혁 개방의 속도를 조절하면서 새로운 후계자를 물색하기 시작했다. 당시 유력 후계자로 지목된 '자오쯔양'이 있었지만, 자오쯔양은 천안문 항쟁 당시,

"학생 여러분, 우리가 너무 늦게 왔습니다. 학생 여러분, 미안합니다. 군대가 오니 대피해 주세요."

라고 말하며 덩샤오핑의 반대편에 서면서 버림받게 되었다.

결국 후계자는 시위대에게 강경하게 대응했던 장쩌민으로 결정났다. 그리고 덩샤오핑은 1989년 11월을 끝으로 권력의 중심에서 물러나게 된다. 말년까지 개혁 개방을 외치며 장쩌민을 권력의 중심에 올려놓은 덩샤오핑은 1997년 2월 19일 베이징에서 사망했다. 향년 93세였다. 중국의 경제 부흥을 이끈 인물이면서 인민들을 잔인하게 탄압했던 빛과 어둠이 공존하는 말 그대로 지금의 중국을 만든 인물이라는 말이 딱 맞는 인물이다.

돈의 신, 재물의 신으로
숭배받는 마윈

마윈은 세계 최대 규모의 전자상거래 기업인 알리바바 그룹의 창업주이자 회장, CEO를 역임했던 인물이다.

'35살까지 가난하면 네 책임이다.'

'세상에서 가장 같이 일하기 힘든 사람은 가난한 사람이다.'

마윈이 남긴 어록으로, 말에서 느낄 수 있는 자신감처럼 2020년 기준 588억 달러로 중국 재산 순위 1위에 등극하며 자수성가한 중국 최대의 갑부로 이름을 날렸다. 단순히 돈만 많은 것이 아니라 마윈은 전 세계에서 주목하는 기업가였다. 중국 전역에 현금이 아닌 QR코드 결제를 퍼뜨린 것도 마윈의 혁신이었고, IT 분야 온·오프라인 유통 혁신도 마윈이 이루어 낸 것이다. 물론 아직도 알리바바는 아마존의 카피이고 다른 사업들도 모두 서양에서 먼저 유행하거나 상용화된 기술을 중국으로 가져온 것뿐이라는 시선이 존재하지만, 마윈은 패스트 팔로우로 쌓은 부를 사용해 이 시대의 혁신가들과 동일 선상에 섰고 이들과 함께 미래를 준비하려 했던 인물이다.

마윈이 주목받은 건 단순히 돈 때문만은 아니다. 2020년대 마윈이 미국에서 뱉은 말들을 보면 마윈은 중국을 현대적이고 신사적이며 혁신적인 국가로 바꾸려는 것처럼 보였다. 대표적인 발언이,

'좋은 혁신가들은 감독을 두려워하지 않지만 뒤떨어진 감독을 두려워한다.'

'미래의 시합은 혁신의 시합이어야지 감독 당국의 기능 경연 시합이어서는 안 된다.'

'중국 은행들의 저당을 잡는 '전당포'식의 사고방식은 향후 30년 세계 발전에 필요한 금융을 뒷받침할 수 없다.'

등인데 중국 정부를 겨냥한 발언이 대다수다. 이 발언은 순식간에 전 세계 뉴스를 탔고 미국을 비롯한 선진국은 '중국도 이런 발언을 공식적으로 할 수 있을 만큼 열린 건가?'라는 생각을 들게끔 했다. 하지만 발언 이후 마윈은 3년 동안 시진핑에게 미운털이 박혀 한화로 1,100조에 해당하는 거액의 손

실을 보며 현재는 10위까지 순위가 떨어진 상황이다. 도대체 마윈에게는 무슨 일이 일어났던 걸까?

마윈은 1964년 9월 10일 저장성 항저우에서 태어났다. 마윈 하면 따라붙는 '자수성가'라는 키워드로 유추되지만, 마윈의 유년 시절은 평탄하지 않았다. 마윈의 아버지는 가난한 경극 배우였다. 시대적 상황도 혼란했다. 마윈이 태어났을 때는 공산주의 체제를 택한 중국이 서구로부터 점점 고립되는 시기였고, 마윈이 태어난 지 2년 후에는 문화대혁명이 일어나 경극 배우들은 일자리를 잃게 되었다.

마윈의 집안은 더 기울었다. 가난했던 마윈에게 위로가 되었던 것은 영어였다. 마윈은 유난히 영어에 관심이 많았고, 영어를 배우기 위해 매일 자전거를 타고 27km나 떨어진 항저우 국제 호텔에 찾아갔다. 호텔에서 영어권 관광객들에게 말을 걸고 가이드 노릇을 하며 영어로 대화를 나누기 위해서였다.

그러던 어느 날 마윈은 한 외국인과 펜팔을 하게 되는데, 이때 외국인이 '마윈'이라는 중국 이름을 발음하기 어렵다며 '잭(Jack)'이라는 이름을 붙여 주었다. 이게 마음에 들었는지 알리바바로 세계적인 명성을 얻은 뒤에도 마윈은 '잭'이라는 이름을 계속 사용했다. 그래서 영어권에서는 마윈을 '잭 마'라고 부른다.

여기까지만 보면 마윈은 어린 시절 학구열이 뛰어난 모범

생으로 보이는데, 사실 영어에만 관심이 있었을 뿐 모범생은 아니었다. 마르고 작은 체구에도 불구하고 자주 싸움을 일으킨 탓에 전학을 가야 했을 정도였으니 말이다. 영어 실력과 성적은 좋았지만, 그의 관심을 받지 못했던 과목은 부진했다. 특히 마윈은 수학에 약했다. 고등학교 입학시험 때는 수학 점수가 31점 밖에 나오지 않아서 고등학교에 입학하는데 2년이 걸렸다. 수학은 1982년 마윈이 18살이었던 당시 대학 입학시험을 준비할 때도 발목을 잡았다. 대학 입학시험에서 받은 수학 점수가 1점이었다. 당연히 대학은 다 떨어졌다. 이듬해인 1983년 마윈은 다시 한번 대학에 도전했지만, 수학 때문에 또 대학에 떨어졌다. 가족들은 포기하고 다른 진로를 택하길 바랐지만, 마윈은 포기하지 않았다.

그렇게 1984년 세 번째 입학시험을 보게 되는데 이번에는 89점을 받았지만, 그해 입학 요건보다는 5점이 낮은 점수였기에 이번에도 대학에 떨어졌다. 좌절하던 그때 운 좋게 항저우사범대학교 영어학과에 결원이 생기면서 대학에 입학하게된다. 비로소 대학생이 된 마윈은 마치 염원이라도 풀듯 영어 실력을 바탕으로 영어학과 내에서 두각을 나타낸다. 학생회 회장으로 선출되는가 하면 명문대 학생이 아님에도 항저우 학생 연맹 회장직을 맡을 정도로 뛰어난 리더십을 보여 주기도 했다. 대학에 들어간 이후 마윈의 인생은 술술 풀리는 것만 같았다.

하지만 취업은 쉽지 않았다. 사범대학교를 졸업한 후 31개나 되는 회사에 지원했지만 모두 떨어졌다. 그중에는 KFC도 포함되어 있었는데 24명의 지원자 중 23명이 합격했으나 나머지 한 명인 마윈만이 '너는 별로 좋지 않다'는 평가를 받으며 떨어졌다. 결국 마윈은 한 달에 12달러라는 적은 임금을 받고 항저우전자과학기술대학 영어 강사로 들어갔다.

비록 좋은 직장은 아니었지만, 그 안에서 마윈은 최고가 되려 최선을 다했다. 뛰어난 영어 실력과 재치 있는 수업으로 단숨에 우수 강사가 되었다. 마윈은 더 큰 꿈을 꾸며 영어 실력을 펼치려 영어 강사를 하는 동안 하버드 경영대학원을 10번 정도 지원했지만, 결과는 실패의 연속이었다. 1992년 영어 강사로 일하며 동시에 '하이보'라는 이름의 통역 회사를 창업했다. 마윈의 회고록에 따르면 마윈은 통역 회사 사업에 사활을 걸었다고 한다. 그 대단한 마윈이 사활을 걸었다니 성공했을 것 같지만, 크게 실패하고 만다. 그즈음 친구들과 함께 미국 출장을 갔을 때 마윈은 처음으로 인터넷을 접했고 사업 아이디어를 얻었다.

당시 마윈이 인터넷 검색창에 처음 입력한 단어는 '맥주'였다. 맥주를 검색하자 전 세계에서 검색 결과가 쏟아져 나왔으나 중국에서는 그리고 중국어로는 어떠한 결과도 나오지 않았다. 당시만 해도 중국에는 인터넷이라는 신기술이 널리 보급되지 않은 상태였다. 마윈은 박봉이지만 안정적인 강사직을 내려놓고 중국 최초의 인터넷 회사 '차이나 페이지스'를 설립한다. 마윈은 코딩은커녕 컴퓨터 자체에 대해서도 잘 몰랐을 만큼 비전공자지만, 인터넷 사업에 대한 확신이 있었다.

자금난에 시달리던 마윈은 1998년 잠깐 중국 정부의 스카우트를 받아 대외경제무역합작부에 취직해 공무원이 되기도 했지만, 이 일도 쉽지 않았다. 마윈과 팀원들은 중국 정부 기관이 만든 첫 웹사이트인 '온라인 중국 상품 거래 시장'을 제작하는 임무를 맡았는데, 중국 공공기관 특성상 규제와 간섭이 심하고 모든 성과는 경제무역부 간부들의 이름으로 발표되는 바람에 마윈은 간부들과 갈등을 겪으며 공무원을 그만두어야 했다.

이듬해인 1999년 공무원을 그만둔 마윈은 자신의 허름한 아파트에서 다시 인터넷 회사를 설립했다. 좁은 아파트에서 아내를 포함한 18명의 친구와 함께 설립한 이 회사의 이름은 '알리바바'였다. 마윈은 알리바바 설립 당시 동료들에게 말했다.

"우리 경쟁 상대는 중국 기업이 아니다. 바로 미국의 실리콘밸리에 있는 기업들이다. 그래서 우리는 글로벌 기업이 돼야 한다. 실리콘밸리 사람들을 보라. 정말 열심히 일한다. 우리가 그들을 이기려면 오전 8시에 출근해 오후 5시에 정확히 퇴근하는 자세로는 불가능하다. 그렇게 하려거든 지금 당장 그만두는 게 낫다. 믿자. 우리한테는 머리가 있고 강한 정신력이 있다."

지금의 성공을 보면 사업 초기부터 큰 성과를 보였을 것 같지만, 사업 초기 마윈은 자금난 때문에 아파트 단지를 돌며 꽃바구니를 팔아 생계를 유지할 정도였다. 사실 알리바바에 투자하겠다는 회사는 적지 않았지만, 대부분 말도 안 되는 낮은 가격에 회사의 지분을 요구했다. 마윈은 제안을 모두 거절했다. 자금난에 시달리고 회사는 적자를 보고 생계유지도 어려웠지만, 마윈에게도 기회가 찾아온다. 아시아 기업의 성공 신화에 자주 등장하는 인물이자 유명한 손정의를 만난 것이다. 마윈은 야후 창업자인 제리 양을 우연히 알게 되어 제리 양의 소개로 소프트뱅크 회장 손정의를 만났다.

마윈을 직접 만난 손정의 회장은 사업 설명을 시작한 지 5분도 안 돼서 2,000만 달러의 투자를 결정했고, 골드만삭스도 500만 달러 투자를 제의하면서 마윈은 순식간에 2,500만 달러의 자본을 확보하게 된다. 참고로 손정의 회장은 이때 투자한 2,000만 달러로 최소 3,000배의 이익을 얻은 것으로 알려져 있다.

2001년 알리바바는 손익 분기점을 넘기며 잠깐 적자를 벗어나는가 싶었으나 또다시 찾아온 재정난으로 한 사업부의 직원 전체를 해고하는 어려움을 겪는가 하면, 2003년에는 당시 중국 이커머스 시장을 장악했던 이베이와 치열하고 고통스러운 경쟁을 치르기도 했다. 마윈은 이베이를 이기기 위해 중국 현지 사정에 어두웠던 이베이의 약점을 집요하게 물어뜯었고, 동시에 '수수료 무료'라는 무기를 꺼내 들며 적자를 보면서까지 공격적인 마케팅을 진행했다. 덕분에 2007년 타오바오의 중국 전자상거래 시장 점유율은 80%에 육박했고 이베이는 쫓겨나듯 중국 시장을 떠나게 되었다. 이 일로 미국 언론에서는 마윈을 '미친 잭'이라 부르기도 한다. 비전공자인 데다 뛰어나지 않은 학벌로 IT 기업을 이끌었기 때문에 '중국의 스티브 잡스'라는 별명 또한 얻게 되었다.

이후 알리바바는 그야말로 승승장구했다. 2014년에는 뉴욕증권거래소에 상장하는 데도 성공했다. 마윈의 자수성가 이야기는 중국을 넘어 미국 전역을 감동을 줬다. 하지만 이때도 중국 공산당은 중국 내의 증권 시장에서 상장하지 않고 외국 시장에서 상장하는 것에 반감을 드러냈고, 마윈을 매국노로 취급하기도 했다.

하지만 마윈은 이를 무시했다. 영어를 공부하고 하버드를 지원하며 글로벌 기업이 되자는 말을 하는 등 마윈의 행보를 보면서 어쩌면 마윈은 중국을 별로 좋아하지 않는 게 아닐까 싶기도 했다.

알리바바는 전날 공모가를 68달러로 정했으나 실제로는 평균 90달러 초반에 거래됐는데, 이는 공모가 대비 약 38% 오른 것으로 알리바바의 자금 조달 규모는 250억 달러까지 늘어나게 되었다. 이는 미국 기업 공개 역사상 가장 큰 규모였다. 알리바바를 세계적인 기업으로 성공적으로 키워 낸 마윈은 자선가로서도 활발히 활동했다.

마윈은 2010년부터 연간 수익의 0.3%를 환경 보호, 그중에서도 특히 수질과 대기질 개선 프로젝트에 할당했는데, 당시 마윈은 이런 말을 남겼다.

"우리의 과제는 더 많은 사람이 건강한 돈, 지속 가능한 돈, 즉 자신에게 좋을 뿐만 아니라 사회에도 좋은 돈을 벌 수 있도록 돕는 것이다. 이것이 우리의 목표다."

그뿐만 아니라 2016년부터 매년 전국에서 우수한 시골 학교 교장 20명을 선발해 각각 10만 위안의 기부금을 지급하고 있다. 뉴욕증권거래소에 성공적으로 상장한 이후에도 호주의 한 대학에 장학금을 기부하고 장학재단을 설립하는 모습을 보여 주었다.

중국인들은 마윈의 이야기와 그의 활동 그리고 공산당도

바꾸어 놓지 못했던 자신들의 삶의 변화에 열광했다. 어느 순간 마윈은 절대적이어야 하는 공산당보다 위가 되었다. 중국인들이 마윈을 돈의 신, 재물의 신으로 숭배하기 시작했다. 반은 장난이었지만 실제로 마윈의 얼굴을 걸어 놓고 기도를 하는 사람도 있을 정도다.

그런데 2018년 9월 8일 '50대에는 후배들을 가르치는 일에 힘을 쏟겠다'는 말과 함께 돌연 은퇴를 선언한다. 마윈의 은퇴 선언은 매우 뜻밖이었지만, 업계에서는 마윈의 은퇴를 두고 평소 별난 성격의 소유자였던 마윈다운 퇴장이라고 보았다. 어릴 적부터 태극권을 좋아했던 마윈은 평소 협객이 되고 싶어 태극권 고수를 경호팀으로 선발하고 광장에서 갑자기 스스로 태극권 시연을 벌여 사람들의 관심을 끌기도 했을 만큼 독특했기 때문이다.

일각에서는 마윈이 중국 당국에 미운털이 박혀서 은퇴를 결심했다고 보았다. 실제로 마윈과 중국 당국 사이의 균열은 오래전부터 존재했기 때문에 근거 없는 시선도 아니었다. 2015년부터 중국 국무원 산하 국가공상행정관리총국은 알리바바를 짝퉁 판매 플랫폼으로 낙인을 찍으며 이례적으로 공개 지적하였는데, 당시 마윈은 당국을 찾아 직접 해명에 나서며 백서까지 만드는 성의를 보이며 사태 확산을 막았으나, 중국 당국과 마윈의 관계가 소원해지고 있다는 말은 지속해서 흘러나왔다. 이런 상황에서 마윈이 기습적으로 은퇴를 발표하니 중국 수뇌부의 치열한 권력 다툼의 흔적이라는 주장에 무게가 실린 것이다.

미국으로 도피한 중국 부동산 재벌 궈원구이의 폭로에 따르면, 중국 공산당이 마윈에게 알리바바 지분을 포기하라고 종용했다고 전해진다. 궈원구이는 심지어 마윈을 '장쩌민 전 총서기 가족의 자산 관리인'이라 말하며 시진핑 시대를 맞이한 중국으로서 마윈은 불편한 존재로 여기며 그를 압박해 은퇴 선언을 끌어냈다고 주장했다.

하지만 오히려 마윈은 중국 공산당을 옹호했다. 그러나 얼마 안 가 마윈과 공산당의 갈등은 극에 달한다. 은퇴 선언 당시 공산당과 마윈 사이에 갈등이 있었는지 아니면 이후로 촉발된 것인지는 확실하지 않으나, 앤트그룹에 대한 일이 수면 위로 떠 오르면서 공산당과 마윈은 확실하게 척을 지게 된다.

앤트그룹은 알리바바의 금융 부문 자회사로서 알리바바의 간편 결제 서비스인 알리페이를 운영하는 회사다. 알리페이도 중국을 장악했지만, 담보나 저당이 없어 은행들로부터 대출이 불가능한 서민층을 위한 대출 사업으로 중국 서민들의 영웅으로 떠올랐다. 앤트그룹의 대출 사업은 이전의 다른 사업들과 결이 달랐다. 중국 정부 즉 공산당의 역할을 자신들이 하겠다는 말과 다름없었다. 마윈은 중국의 시스템을 지적하 우리의 과제는 더 많은 사람이 건강한 돈, 지속 가능한 돈, 즉 자신에게 좋을 뿐만 아니라 사회에도 좋은 돈을 벌 수 있도록 돕는 것이다. 이것이 우리의 목표다.

-<돈의 신, 재물의 신으로 숭배받는 마윈> 중에서

며 '혁신에 뒤떨어진다', '추세에 맞지 않다'며 대놓고 비판했다. 중국 정부에게는 비효율적이라는 말을 하고 민간 기업인 앤트그룹은 효율적이라는 뉘앙스로 말이다.

그리고 2020년 앤트그룹의 상장은 고작 48시간을 남기고 기습적으로 중단된다. 이는 마윈이 상하이에서 열린 한 컨퍼런스에서 중국의 금융 시스템을 공개적으로 비판했기에 벌어진 일로 보인다. 마윈은 상하이에서 열린 컨퍼런스에서,

'혁신의 시합이어야지 규제가 있어서는 안 된다.'

'너희들 중국 정부가 원하는 제로 리스크가 가장 큰 리스크다.'

'규제 좀 작작 해라.'

'은행 개혁을 20년 동안 이야기했는데, 봐라 아무것도 바뀌지 않았다.'

라고 말했다. 물론 이렇게까지 직설적으로 이야기하지는 않지만, '전당포식의 사고방식은 향후 30년 세계 발전에 필요한 금융을 뒷받침할 수 없다'와 같이 돌려 말하기는 했다. 하지만 내용은 별반 다를 바가 없다. 이때 마윈이 한 말들은 듣기에는 통쾌했지만, 그만큼 중국 정부를 비난하는 말이었기에 역린을 건드린 것이다.

일각에서는 시진핑이 정적인 장쩌민 전 주석 일파를 견제하기 위해 앤트그룹의 상장을 막았을 것이라는 분석도 존재한다. 〈월스트리트 저널〉에 따르면 장쩌민 전 주석의 손자와

그 외 몇몇 장쩌민의 측근들이 앤트그룹 지분을 보유했는데, 만약 앤트그룹이 상장된다면 이들이 막대한 이득을 볼 수 있으므로, 즉 장쩌민 일파의 영향력이 확대될 수 있기에 상장을 막은 것이라는 이야기도 있다.

어떤 이유든 마윈은 확실히 중국 정부와 척을 졌고, 컨퍼런스가 끝나고 일주일이 막 지난 11월 3일 마윈과 앤트그룹 경영진은 예약 면담을 받게 되었다. 중국에서의 예약 면담은 말이 면담이지 그냥 중국 정부가 사람을 불러서 잘못을 추궁하는 것이다. 이후 알리바바의 주가는 중국 정부의 집중 조사를 받으면서 곤두박질쳤고, 3조 원 대의 반독점 벌금을 물고 앤트그룹의 홍콩 증시 상장도 중단됐다.

앤트그룹의 상장은 인류 역사상 가장 큰 상장으로 전 세계에서 주목받고 있었다. 앤트그룹의 상장이 물거품이 되면서 알리바바의 주가는 또 한 번 곤두박질쳤다. 여담으로, 이때 세계의 주목을 받던 앤트그룹이 정부에게 밉보였다는 이유로 상장이 물거품이 되면서 중국에 투자하려는 외국 자본도 주춤하게 되었다. 코리아 리스크처럼 중국 정부 자체가 리스크인 차이나 리스크가 된 것이다. 이는 중국 경제가 전체적으로 몰락하는 것에도 영향을 끼치고 있다. 괜히 시진핑이 직접 나와서 중국에 투자해 달라는 호소를 하는 것이 아니다.

마윈과 친한 사이로 알려진 첸펑레이라는 인물도 홍콩에

서 괴한에게 습격당하는 사건이 벌어진다. 첸펑레이는 앤트그룹의 주주기도 하다. 12월에는 앤트그룹에 대한 중국 정부의 감시 조사가 들어오기도 했다. 마윈은 사실상 알리바바에 대한 경영권을 잃었고 2년여간 공식 석상에 모습을 드러내지 않으며 잠적에 들어갔다. 모습을 비추지 않으니 누군가는 죽었다고 누군가는 공산당에 감금되어 있다고 추측했다.

3개월 뒤 마윈은 모습을 드러냈다. 이때 '마윈은 중국의 기업가들은 국가 비전에 봉사해야 한다고 결론을 내렸다'는 말과 함께 공동체 번영 같은 단어들을 썼다. 공산당 회의 때나 나올 말들이다. 이전에 마윈이 했던 경쟁 글로벌 무대와는 너무 다른 말들이었다. 사실상 공산당에 굴복했다고 봐야 한다. 이후로도 간혹 모습을 드러내기는 했으나 이때마다 한층 수척해진 모습으로 나타나 이목을 끌었다.

그러다 잠적 생활 2년만인 2023년 6월 마윈은 일본 도쿄대 강연과 알리바바 산하 아카데미 행사에 참석하면서 활동을 재개했지만, 예전 같지는 않았다. 이미 알리바바는 2020년 시가총액 980조에서 2023년 7월 기준 305조가 되었고, 앤트그룹은 다른 의미로 힘들어하고 있었다. 앤트그룹 자체는 건재하지만, 이제 앤트그룹을 움직이는 것은 마윈이 아니었다. 마윈은 앤트그룹의 의결권 50% 이상을 보유했고, 지분 보유율 자체는 10% 정도였지만, 앤트그룹의 지분을 가지고 있는 법인들이 어차피 마윈 혹은 친마윈 성향의 회사들이었기에 사실상 마윈의 회사였다.

하지만 잠적이 끝난 뒤 들린 소식은 마윈의 앤트그룹 지배권 포기였다. 마윈의 지배권 포기는 단순히 중국 정부의 압박이 마윈에게 먹혀들었다는 것보다 훨씬 더 큰 의미다. 앤트그룹은 알리페이를 쓰는 모든 중국인의 사생활 데이터를 보유하고 있다. 중국은 앤트그룹을 핀테크 기업이 아닌 금융지주사로 전환하라는 압박을 계속해 왔는데, 금융지주사가 되면 중국 중앙은행의 통제를 받아야 하기 때문이다. 유일하게 각을 세우던 마윈이 사라진 앤트그룹은 금융지주사가 되지 않더라도 사실상 중국 공산당 손아귀에 있는 상황이다.

사실 마윈의 이야기에서 주목해야 할 것은 성공한 개인이 공산당에게 졌다가 아니다. 중국 1위의 기업을 일구어 내며 유일하게 공산당에 대적할 수 있었던 인물이 결국 공산당에 무릎을 꿇었다는 것이다. 공산당이 마윈을 길들이는 데 성공하면서 따라오는 2등, 3등 기업들은 알아서 자세를 낮추게 되었다. 자신이 마윈을 넘어서는 선구안과 능력을 갖추지 못했다면, 재물의 신으로까지 여겨지는 범 중국적인 인기를 끌지 못한다면 공산당을 이길 수 없다는 것을 모두가 알아 버린 순간이었다.

유일하게 공산당을 넘어 중국의 변화를 꿈꾸었던 마윈은

결국 중국 정부에 굴복하면서 그의 성공스토리는 끝났다. 물론 마윈의 개인 재산은 평생 쓰고 살아도 못 쓸 정도로 많다. 그래서 성공 신화가 끝났다기보다는 변화를 꿈꾸었던 야망이 끝났다고 보는 것이 맞다. 현재 마윈은 자신이 했던 말대로 경영보다는 교육에 더 힘을 쏟고 있는 것으로 보인다. 도쿄대의 교수로 초빙되어 강의하고 있고, 자선 사업도 꾸준히 할 것으로 보인다.

최근 중국 경제가 안 좋아지면서 규제가 끝날 것이라는 예측과 함께 알리바바의 핵심 인원들이 마윈의 측근으로 교체되면서 다시 마윈이 경영에 뛰어드는 것은 아니냐는 시선도 있긴 하다. 하지만 아직은 이렇다 할 움직임을 보이지 않고 있고, 한번 치욕을 맛보았던 마윈이 굳이 다시 경영에 나서려 할지는 모르겠다.

제3차 세계대전의
불쏘시개가 될지도 모른다

2022년 2월 러시아는 우크라이나를 침공해 현재도 전쟁이
지속되고 있다. 우크라이나의 전쟁 위기는 2014년 돈바스 전
쟁과 크림반도 병합부터 시작되었다. 하지만 주변 국가들과
세계는 설마하며 전쟁은 발발하지 않을 것이라고 애써 부인
했다. 하지만 현대에도 국가 간 전쟁이 발발할 수 있다는 게
증명되었다. 마찬가지로 동아시아에도 전쟁 위기가 고조되
고 있는 지역들이 있는데, 그곳을 지켜보는 사람들의 시선도
많이 달라졌다. 정말로 전쟁이 발발할지도 모른다는 생각이
피부로 와닿기 시작했다.

우리나라도 여전히 북한과의 휴전 상태로 늘 군사적인 긴장 관계에 놓여 있는 대표적인 국가다. 하지만 우리나라와 북한의 관계처럼 위태로운 관계를 맺은 나라가 있다. 바로 중국과 대만이다. 엄밀히 따지면 중국도 국공내전으로 대만으로 철수한 중화민국과 대륙의 중화인민공화국으로 분단된 상태다. 실제로 중국의 중화인민공화국과 대만의 중화민국 사이에는 무력 충돌도 몇 번 발생했다. 그래도 과거에는 충돌 정도였지만 이제는 전쟁의 위협을 겪고 있다.

2021년 베이징 인민대회당에서 열린 신해혁명 110주년 기념식에서 시진핑은 중국 통일 즉 대만의 침공을 역사적인 과업으로 내세우며 전쟁의 의지와 야욕을 공공연하게 드러냈다. 실제로도 중국과 대만 국경 지역의 긴장 강도는 높아지고 있다. 2022년에는 낸시 펠로시 미 하원의장이 대만을 방문하자 중국이 대만을 포위하는 대규모의 군사 훈련을 벌였고, 중국 미사일이 대만 상공을 날아다니기도 했다. 미국 CIA에서는 첩보를 통해 '중국 지도층에서 2027년 이전까지 대만을 침공해 중국 통일을 이루라'는 지시를 내렸다는 사실도 확보했다.(2023년 미 공군 대장 마이클 미니헌은 중국의 대만 침공이 2025년에 시행될 것으로 보고 전쟁 대비를 지시했다)

중국과 대만의 전쟁은 단순히 둘만의 문제가 아니다. 작게는 아시아, 넓게는 세계의 기류가 바뀔 전쟁이다. 영향력으로만 보자면 우크라이나-러시아 전쟁보다 훨씬 규모가 크고 위험한 전쟁이 될 것이다. 중국과 대만의 대립은 일본도 민감하게 반응하고 있다. 대만 침공으로 영향을 받을 위험이 있는 지역인 오키나와의 주민과 관광객 12만 명을 규슈로 피난시키는 계획도 공개되었고, 자위대 합동 훈련도 주기적으로 실시하고 있다.

그런데 역사적으로 이미 둘은 갈라선 나라인데, 왜 자꾸 이빨을 드러내며 싸우려 드는 것일까? 둘의 관계에 대해 살펴보자.

1911년 신해혁명이 일어나고 2,200년 이상 중국을 다스린 황제 중심의 군주제는 종말을 고하게 되었다. 중국사 최초로 근대적 공화국인 중화민국이 세워지고 1912년부터 중국은 중화민국에 의해 통치되었다. 하지만 군벌들의 막장 행보로 인해 대륙을 제대로 통치하지 못하는 상황이었다. 작은 나라에서도 별의별 정치적 대립이 생기는데, 넓고 넓은 중국을 하나로 묶는다는 것은 사실 힘든 일이다.

그러던 1937년 장제스는 상하이에서 쿠데타를 일으켜 국민당 내 권력을 장악했다. 장제스는 좌파와 중국 공산당과의 연합 정권인 우한 정부와 치열하게 대립하며 공산당과 노동조합, 농민조합을 불법화했다. 중국 공산당과 국민당의 뿌리 깊은 갈등과 대립이 시작되는 시점이라고 볼 수 있다. 이때 장제스의 반대편에 있던 인물이 '마오쩌둥'이다. 마오쩌둥은 난창 폭동, 광저우 폭동을 일으켰으나 실패하고 국민당은 대대적으로 공산당 토벌 작전에 나서게 된다.

마오쩌둥과 공산당은 농촌을 중심으로 장제스의 진영과 유격전을 펼쳤다. 국민당의 대대적 토벌로 인해 마오쩌둥과 공산당은 2만 5천 리에 달하는 거리를 이동하는 대장정을 통해 서북부로 피신하여야 했다. 동남부에서 출발할 때는 10만 명이었지만 대장정이 끝나고 살아남은 인원은 6,000명 정도였다. 어쨌든 마오쩌둥의 대장정은 성공했고 그의 입지는 올라갔다. 오히려 장제스는 일본의 공격에도 불구하고 공산당 토벌에만 집중한다며 비난받았다.

그러던 1937년 중일전쟁이 발발했다. 그제야 국민당과 공산당은 서로 협조체제를 구축해 일본에 저항해야 한다는 국공합작이 이루어졌다. 공산당은 겉으로 충성을 맹세하는 것처럼 일본에 맞서 싸웠지만, 실제로는 뒤에서 세력 확장을 꾀하며 국민당 측 인사들을 공산당으로 끌어들이고 있었다.

제2차 세계대전이 끝나고 중국은 혼란에 빠졌다. 전쟁이 끝났지만 해결되지 않은 문제가 많았다. 전쟁 중에는 '일본'이라는 공동의 적에 대항하기 위해 서로 뭉친 상태였지만, 공동의 적이 사라지면서 다시 대립하는 과거로 돌아가게 되었다.

1945년 10월 장제스와 마오쩌둥은 쌍십협정으로 민주적이고 자주 독립적인 중국을 건설하고자 서로 합의했다. 하지만 마오쩌둥은 합의를 이행할 마음이 전혀 없었다. 두 개의 태양은 있을 수 없는 법이다. 두 개의 태양인 공산당과 국민당, 둘 중 하나는 사라져야 끝나는 싸움이다.

시작은 장제스의 선방이었다. 1946년 7월 미국의 지원 아래 국민당의 장제스가 전면적으로 공산당을 공격하면서 내전이 발발했다. 미국의 든든한 지원 덕에 초기에는 국민당이 우세했다. 그것도 압도적으로 말이다. 하지만 여론이 반전되면서 상황도 역전됐다.

공산당은 국민당이 정전협정을 깨고 미국의 로비를 받아 내전을 일으켰다고 국제 사회에 알리기 시작했다. 국제와 국내 여론 모두 미국에 불리한 쪽으로 굴러갔고, 결국 전쟁은 중단되었다. 그 사이 공산당은 다시 전열을 가다듬고 반전의 기회를 만들었다. 그때 국민당은 부정부패로 민심까지 잃었다. 결과적으로 공산당이 승리하고 대륙을 완벽히 장악하게 됐다.

대륙을 빼앗긴 중국 국민당은 탈출해 타이완섬 지금의 대만 섬으로 철수하게 됐다. 국부천대(國府遷臺), 대만이 탄생했다. 하지만 공산당은 대만까지 점령해 중국의 완전한 통일을 원했고, 대만은 빼앗긴 대륙을 다시 찾고 싶었다. 실제로 중국은 대만 침공을 준비했지만, 6.25 전쟁에서 북한을 지원하면서 미루게 됐다.

6.25 전쟁이 끝나고 1958년 진먼 포격전을 통해 대만 점령을 다시 한번 시도했지만, 대만의 막강한 저항으로 실패했다. 70년대까지 교전은 계속되었다. 언제든지 다시 전쟁이 발발할 위험이 곳곳에 도사리고 있었다.

대만은 1949년부터 1987년까지 세계 역사상 두 번째로 길었던 계엄령 상태에 있었다. 그런데 중국의 개방 이후 차이나 머니를 무시할 수 없었던 다른 국가들은 대만과 단교하고 중국과 수교하기 시작했다. 대만의 입지는 점차 줄어들기 시작했다. 대만의 입지가 점차 줄어들수록 중국의 침략 야욕은 점차 노골적으로 변해갔다. 그렇게 지금까지 오게 된 것이다.

현재 중국은 대만 침공을 목표로 대만 인근 지역인 동부 전구에 군사력을 집중해 두었다. 동부 전구의 전력은 아시아에서 가장 강력한 수준으로 평가받고 있다.

대만의 정치 세력은 크게 중국국민당을 중심으로 하는 보수 세력인 범람연맹과 민주진보당을 중심으로 하는 진보 세력인 범록연맹으로 나누어져 있다. 아이러니하게 중국과 싸웠던 국민당은 하나의 중국 정책을 지지하고 있다. 민주진보당은 중국과 대만의 분리를 내세우고 있다. 대만 내에서도 중국과의 통합을 원하는 세력이 크다는 말이다.

게다가 중국의 패권을 내세우며 영구 집권을 시도하는 시진핑이 중국 주석으로 집권하면서 대만을 가져오겠다는 중국의 야욕은 노골적으로 드러내고 있다. 이때 대만의 국민당이 정권을 잡았다면 정말 대만과 중국이 하나가 될 수도 있었지만, 홍콩의 반환 이후를 보며 대만 사람들은 국민당에 등을 돌렸다. 총통 선거에서도 민주진보당의 차이잉원이 총통에 당선됐다. 차이잉원은 대대적으로 반공, 반중국 노선을 내세우며 중국과 대만의 갈등은 극에 달하게 됐다.

그렇다면 시진핑은 정말로 대만을 침공할까? 러시아가 전쟁에 고전하면서 대만 침공을 재검토한다는 말도 있었지만, 미국 CIA 국장 윌리엄 번스는 러시아가 침략 전쟁을 벌이고도 푸틴의 독재 체제가 굳건하다는 점을 들어 오히려 대만 침공의 가능성이 커졌다고 말했다. 그리고 몇 년 전까지만 해도 중국이 미국을 추월한다 어쩐다 말이 많았지만, 지금은 누구도 이런 말을 하지 않는다.

미국의 제재로 중국의 경제는 비교적 약해졌고 내부에서는 시진핑 반대 운동까지 일어나고 있다. 시진핑은 내부적인 위험을 외부로 돌려 해결하려고 하고 있다. 앞에서도 계속 말했지만, 시진핑이 대만을 침공하고 중국을 통일해 업적을 내세우며 영구 집권의 길을 걷고자 한다는 말이다. 미국에서 나오는 보고서와 시진핑의 입장 등 모든 것을 고려해 보면, 대만을 침공할 가능성은 매우 크다.

중국이 대만을 침공하게 된다면 어떻게 될까? 일단 군사력은 대만이 압도적으로 중국에 밀린다. 미국 국방부 보고서에 따르면, 미군의 지원이 없다는 가정하에 전쟁이 시작되고 24시간 이내에 대만 공군이 중국 공군에 괴멸되어 제공권을 아예 상실한다고 한다. 대만 국방부에서도 전쟁이 시작되면 18일 만에 대만이 완벽히 점령될 것이라 평가했다. 외국 군사 전문가들은 그보다 짧은 7일, 더 적게는 72시간 이내에 대만이 일방적으로 패배할 것이라는 평가를 했다.

그러나 모든 일이 그렇듯 중국이 생각하는 것만큼 상황이 낙관적이지는 않다. 바로 미국 때문이다. 우크라이나와 달리 대만에서 전쟁이 발발하면 미국이 적극적으로 개입할 가능성이 크다. 이념적인 논리, 진영 문제도 있고, 우크라이나는 나토 회원국도 아니기 때문에 군사적으로 지원할 명분이 떨어지는 반면, 대만은 대만 관계법까지 제정되어 있다는 점이다.

그리고 대만의 세계적인 반도체 산업 때문이다. 대만은 세계 최대의 독립 파운드리 업체인 TSMC를 비롯해 세계 최대 전자제품 OEM 기업인 폭스콘까지 있다. TSMC의 주요 고객은 애플과 AMD, 엔비디아와 같이 IT 업계에서 선두를 달리는 미국 회사들이다. TSMC에 문제가 생기면 CPU나 그래픽 카드의 생산에 엄청난 문제가 생긴다. 거기다가 폭스콘은 애플의 아이폰을 위탁 생산하고 있다. 즉 대만의 기업들이 없으면 전 세계 전자제품 반도체 시장이 제대로 돌아갈 수 없는 아니 사실상 멈추게 된다. 대만의 반도체 산업이 파괴되면 대만을 대체할 수 있는 국가가 사실상 없을 정도로 엄청난 영향력을 자랑한다.

실제로 2022년 9월 미국 바이든 행정부는 중국이 대만을 침공하면 미국이 전격으로 대만을 방어할 것임을 공표했다. 전쟁에는 명분도 중요한데, 앞에서 말했던 대만 관계법이 제정되어 있어서 명분도 충분하다. 대만에서는 중국과 전쟁이 발발하면 일본과 우리나라도 연계해 지원할 것으로 보고 있다. 그래서 중국의 대만 침공은 우리와도 연관이 크다. 실제로 미국의 참전이 확정되면, 우리나라도 무시하기 힘들 것이다.

미국은 위험성만큼이나 위성과 전략적인 감시망으로 중국의 군사적 동향을 계속해서 실시간으로 감시하고 있다. 미국의 세계 최강 태평양 함대가 참전한다면, 아무리 아시아에서 가장 강한 중국이라도 상대하기 힘들 것이다. 거기다 일본의 지원까지 받으면 중국군의 승리를 점치기에는 매우 어렵다. 우크라이나와는 확실히 상황이 다르다는 것이다.

하지만 자칫 잘못하면 국제 전쟁으로 확전되어 제3차 세계대전이 발발할 수 있다. 핵을 가지고 있는 중국과 미국이 붙으면, 전쟁이 예측할 수 없는 방향으로 나아갈 수 있다. 대만과 중국과의 전쟁이 세계대전으로까지 확전된다면, 7일

이내에 2억 명에 달하는 사람들이 목숨을 잃을 것으로 보고 있다.

제3차 세계대전까지 확전되는 상황은 아무도 바라지 않는다. 중국으로서는 승리 확률을 높이기 위해서 미국의 개입이 최소화되어야 한다. 그래서 2024년 대만의 총통 선거, 2025년 미국의 대통령 선거에 맞추어 침공을 준비한다는 예측이 나오는 것이다. 대만과 미국의 정치적 격동기에 압도적인 전력 차와 기동을 앞세워 신속하게 대만을 포위, 상륙해 점령한다는 계획이다. 그럼에도 중국의 뜻대로 되기는 힘들다.

대만도 완강히 저항할 것이고, 현재 중국에 건설된 원전과 핵 시설을 대만이 정밀 타격할 수도 있다. 중국의 군사력과 영토에 비해 방공망은 체계적이지 못하다. 시진핑이 모든 부담을 안고 전쟁의 길을 선택할 것인지는 아무도 모른다.

하지만 대내외적으로 중국 공산당은 대만 침공의 당위성, 중국 통일의 필요를 계속해서 선전하고 있다. 무엇보다 시진핑은 장기 집권을 위해서 대만 침공을 이용하려는 의도가 다분하기에, 권력에 대한 욕심을 끝까지 내려놓지 못하고 침공할 가능성이 상당히 큰 것으로 보이기도 한다.

미국이
최강대국인 이유

2022년 12월, 미국의 권위 있는 랭킹 조사 업체 'US 뉴스 &
월드 리포트'가 세계에서 가장 강력한 국가 순위를 발표했다.
지난해 세계 1위 강대국은 과연 어느 나라였을까? 볼 것도
없이 미국이었다. 'US 뉴스 & 월드 리포트'는 미국이 '세계에
서 가장 지배적인 경제 군사 강국'이라며 '문화 역시 음악, 영
화, 텔레비전 등 대중문화를 크게 주도하고 있다'고 말했다.
반박할 부분이 하나도 없다. 미국은 현재 가장 강력한 국가일
뿐만 아니라 역사상 가장 강력한 국가로 불리기도 한다.

그런데 역사가 200년밖에 안 되는 미국이, 고작 영국의 식

민지에 불과했던 미국이 왜 그리고 어떻게 세계의 패권을 쥐게 됐을까?

미국이 강대국이 될 수 있었던 첫 번째 이유는 바로 영토 때문이다. 한마디로 엄청난 영토를 가지고 있다. 미국은 위도 48도의 온난한 기후를 가지고 있다. 지나치게 추운 캐나다와 황량한 멕시코와는 다르다. 전 세계 1등급 토지의 절반이 미국에 있다. 그레이트플레인스처럼 막힘없이 광활하게 펼쳐진 평야 즉 곡창지대를 갖고 있어서 지금처럼 엄청난 양의 농산물을 생산할 수 있다. 그 덕분에 미국은 인도와 중국에 이어 세 번째로 인구가 많은 나라지만 식량 자급자족이 가능하다.

미시시피강 역시 미국이 받은 지리적 축복 중 하나다. 강 주변에서 고대 문명이 탄생한 것처럼 미시시피강 역시 미국의 문명과 역사에 지대한 영향을 끼쳤다. 나일강, 아마존강, 양쯔강 다음으로 세계에서 가장 큰 강인 미시시피강은 전체 길이가 6,000km에 달한다. 미시시피강은 미국 전역으로 강 줄기가 뻗어 있는데, 미국의 50개 주 중 31개 주가 미시시피 강역에 걸쳐져 있을 정도다.

그래서 운하를 따로 건설할 필요도 없었다. 미시시피강이 국토의 3분의 1에 이르는 유역에 풍부한 물을 공급해 준 덕분에 농사가 수월해진 것은 물론이고, 미국은 이 강을 통해 자국 전역에 생산물을 운송할 수 있게 되었다.

농산물뿐만 아니라 유류와 건축 자재를 포함한 수많은 물품이 미시시피강을 통해 운반되기 때문에 미시시피강은 거대한 유통 자원으로도 불린다. 또한 강 덕분에 각 도시 간의 교역이 증폭됐다. 수로 운송은 가장 운송료가 저렴하므로 미국은 막대한 경제적 효과를 누리며 성장할 수 있었다.

그리고 영토의 확장도 성공적이었다. 미국은 원래 북아메리카 대륙 동해안에서 13개의 주로 시작했다. 약 100년 동안 전쟁으로 땅을 뺏거나 돈을 주고 구매해서 서쪽으로 서서히 영토를 넓히기 시작했다. 그중에서도 가장 현명한 선택은 프랑스로부터 루이지애나 지역을 전부 구매한 일이다. 이 루이지애나 구입으로 미국은 '서부 개척 시대'를 열었다.

당시 미국 남부에서 생산되는 농산물은 미시시피강을 통해 운반됐다. 원만한 물류 수송을 위하여 미국은 1795년 스페인과 핑크니 조약을 맺고 미시시피의 운항권과 뉴올리언스에 기항권을 보장받았다. 그런데 1800년에 문제가 발생한다. 루이지애나의 소유권이 프랑스로 바뀌면서 미국의 처지가 난처해진 것이다.

당시 대통령이었던 토머스 제퍼슨은 프랑스로부터 뉴올리언스를 매입하기로 하고, 나폴레옹과 협상하기 위해 사절단을 보냈다. 한편 프랑스는 7년 전쟁의 여파로 재정적인 어려움을 겪고 있는 데다, 루이지애나 지역을 유지하고 보호할 여력이 없었다. 프랑스도 루이지애나 지역을 어떻게 처리할까 고심하던 와중에, 때마침 미국 사절단이 방문한 것이다. 프랑스는 미국 사절단에게 뉴올리언스뿐만이 아니라 루이지애나 전체를 매입하라고 제안했다. 미국은 당황스럽기는 했지만 결국 루이지애나를 통째로 매입하게 됐다. 그것도 1,500만 달러라는 헐값에 말이다.

루이지애나는 한반도의 10배 정도 되는 212만km²에 달하는데, 1km²당 단돈 7달러에 불과한 가격에 땅을 산 것이다. '미국 역사상 가장 현명한 구매'라는 평가를 받을 만한 사건이었다. 프랑스로부터 루이지애나 땅을 구매한 미국은 하루아침에 영토가 2배로 늘어났다. 단순히 땅이 늘어난 것도 좋은 일이지만, 수송로를 확보한 건 물론이고, 무엇보다 루이지애나는 농사짓기에도 아주 좋은 땅이었다. 씨앗만 뿌려 놓으면 식물이 알아서 자랄 정도로 매우 비옥한 경작지였다.

경작부터 수송에 이르기까지 자급자족이 수월한 환경은 미국의 무역 의존도를 낮췄다. 무역 의존도란 말 그대로 한 나라의 경제가 무역에 얼마나 의존하고 있는지를 조사한 것이다. 무역 의존도가 높은 나라일수록 해외 경기 변동에 큰 영향을 받는다. 미국은 주요 수출 수입국이면서도 경제협력개발기구(OECD) 국가 중 무역 의존도가 가장 낮은 나라다.

그리고 신의 축복처럼 미국이 다른 나라로부터 뺏거나 사들인 땅에는 자원이 넘쳐났다. 미국은 1848년 멕시코-미국 전쟁에서 승리하여 뉴멕시코, 캘리포니아, 콜로라도, 애리조나, 유타, 네바다주에 해당하는 서부 지역을 갖게 되었는데, 여기에서는 대규모 유전과 지하자원이 발견되었다. 석탄의 매장량만 전 세계 매장량의 27%다.

비교적 최근에는 오클라호마, 오하이오, 뉴욕, 펜실베이니아 등 미국 전역에서 셰일가스층이 발견되고 있다. 이 셰일가스 덕분에 미국은 세계 최대 석유 수출국에 올라섰다. 미국 에너지 정보원의 평가에 따르면, 미국은 현재 100년 이상 사용할 수 있는 오일과 천연가스를 보유하고 있다.

지리적으로 고립되었다는 점 또한 미국에는 큰 이점이다. 미국의 북쪽에는 산맥과 숲이 자리하고 있어 캐나다와 단절되어 있고, 남쪽으로는 광활한 사막과 고지대가 있어 멕시코와 분리되어 있다. 동쪽으로는 대서양이, 서쪽으로는 태평양이라는 거대한 바다가 있다. 다른 나라의 군대가 육지를 통해 미국을 침략하기 힘든 환경이다. 태평양과 대서양을 끼고 있으므로 침략이 어려운 동시에 해상 무역을 통해 세계 시장에 접근이 쉽다는 것도 큰 장점이다.

이민자들의 국가라는 점도 미국이 강대국으로 발전하는데 큰 이바지를 했다. 개인적인 생각인데, 아마도 이 부분이 미국이 강대국으로 발전한 가장 큰 이유일 수 있다. 미국은 아인슈타인 같은 인재들을 포함한 많은 이민자를 받아들였고, 과학, 스포츠, 교육, 예술 등 여러 분야에서 큰 성공을 거두며 위상을 떨쳤다.

그리고 또 다른 재미있는 이야기로, 미국의 경제학자 리처드 플로리다가 개방성과 다양성을 측정하기 위해 동성애자를 지표로 삼았는데, 동성애자가 많이 거주하는 도시일수록 첨단 산업이 발달해 있는 것으로 나타났다. 미국의 샌프란시스코와 워싱턴DC, 오스틴, 애틀랜타, 샌디에이고, 시애틀 등이 대표적이다. 리처드 플로리다는 이 결과를 두고 이렇게 주장했다.

'게이 공동체를 받아들이는 지역은 모든 종류의 사람들을 환영한다.'

'첨단 산업에 종사하는 사람들은 사고의 다양성과 개방성을 갖춘 지역에 이끌린다.'

중요한 것은 게이가 얼마나 많느냐가 아니라 성소수자까지 포용할 수 있는 정도의 개방적이고 자유로운 환경과 풍토라는 것이다. 동성애자는 마지막까지 차별받는 사람들이기 때문이다. 왜 미국이 동성결혼을 합법화하고 허용하는지를 알 수 있는 대목이다.

이 밖에도 훌륭한 지도자와 정부의 개입 없는 자유시장 경제 체제도 미국이 강대국으로 발전하는 데 한몫했다. 미국은 일차적으로는 거침없이 영토를 늘려 나갔고, 뺏거나 사들인 땅이 운 좋게도 비옥한 데다 자원까지 풍부하며, 여러 지정학적 장점 덕분에 외세의 침입이 거의 불가능하다. 게다가 무역하기에도 좋으며, 전쟁 특수로 자국의 화폐가 기축 통화가 되었고, 다양한 능력을 갖춘 이민자들을 수용한 덕분에 나라가 다방면으로 발전했다. 또한 이 모든 상황을 시대에 맞게 굴릴 수 있었던 지도자들이 있었기에 강대국이 되었다. 방장 사기 맵이라는 말이 괜히 나온 게 아니다.

총기 규제,
하지 않는 것이냐 못하는 것이냐

미국은 전 세계 국가 중에서도 특히나 총기 소지가 자유롭고 제약이 거의 없다. 미국 시민권이나 영주권을 가지고 있으면 정신 병력이나 중범죄 처벌 기록이 없다는 가정하에 누구나 총기를 법적으로 소지할 수 있다. 정신 병력이나 중범죄가 있다 하더라도 암거래 시장을 통해 구할 수 있다. 심지어 나이 제한을 두지 않는 주도 30개나 있다. 제한을 두지 않는 30개 주에서는 법적으로 초등학생과 유치원생도 총기를 소지할 수 있다.

미국의 인구는 전 세계 인구의 4% 정도지만 전 세계 소형

총기의 40%가 미국에 있다. 인구 100명당 121정의 총기를 보유하고 있는 수준이다. 압도적인 세계 1위인 만큼 총기 관련 사고도 압도적이다. 동시에 미국 경찰이 사람들을 강경하게 진압할 수 있는 명분이기도 하다. 상대방이 총기를 소지하고 있는지 알 수가 없으니 현장에서 활동하는 경찰들은 강한 권력을 가지고 있다. 미국 질병 통제 예방센터에 따르면 미국은 연간 15,000명 이상의 사람들이 무기로 목숨을 잃고, 그중 11,000여 명이 총기로 인해 사망한다.

특히 팬데믹 이후에는 총기 살인이 더 급증해 2020년 한 해에만 약 2만여 명에 달하는 미국인이 총기로 사망했다. 미국 비영리단체 총기폭력아카이브(GVA)는 2023년 미국에서 42,151명이 총기 사고로 목숨을 잃었다는 통계를 내놓기도 했다. 미국은 수많은 사람이 매년 총기로 목숨을 잃는 데도 불구하고 왜 강력한 총기 규제를 하지 못하는 걸까?

우리나라는 유독 총기 규제가 엄격하다. 엄격한 걸 넘어서서 우리나라에서 총을 보기란 쉽지 않다. 군대에 가거나 예비군 훈련 때나 만지고 쏴 보는 것이 총이다. 우리나라에서는 수렵이나 스포츠 목적이라도 제한적으로 규제하며 그것도 살상력이 비교적 약한 엽총, 공기총만을 소지할 수 있다. 이것마저도 경찰서에 보관하고 허락을 맡아야 불출 받을 수 있다.

미국은 돈이 없거나 총기에 관심이 없는 집이라도 안전을 위해 총을 두는 집이 많다. 특히 2020년 조지 플루이드 사망 항의 시위가 격화되자 총기를 구매하려는 사람들이 크게 늘었다. 내 몸은 내가 지키겠다는 것이다. 특히 치안이 안 좋은 동네에서는 필수다.

미국은 총기를 규제할 생각이 없는 것일까? 사실 미국도 총기 규제에 대한 생각이 없는 것은 아니다. 총기 관련 사고가 발생하면 미국 내의 여론도 총기 규제를 찬성하는 목소리가 커지고 총기 규제를 원하는 시민들도 상당히 많아진다. 특히 학교에서 총기 사건이 발생하면 총기 구매율이 확 올라간다. 이유야 여러 가지가 있지만 지금 살고 있는 주에서 총기를 규제할 수도 있다고 생각해서 미리 사두는 것이다.

'매년 사건이 터져도 여전히 미국이 총기를 규제하지 못하는 이유는 미국의 역사와 정체성, 법과 문화 그리고 행정 제도까지 다양한 원인이 복잡하게 얽혀 있기 때문이다'는 말은 총기 규제를 반대하는 쪽에서 항상 나오는 말이다. 실제로도 이런 생각을 하는 사람이 많고 틀린 말은 아니다. 그래서 총기 사고가 벌어진 뒤 여론 조사에서 일시적으로 규제 찬성 비율이 높아져도 얼마 가지 않아 다시 역전된다. 미국을 상징하고 미국이 자부하는 자유와 권리를 정부로부터 침해당하는 것은 미국인들 입장에서 절대 용납할 수 없는 일이다.

총기 규제를 하지 못하는 가장 표면적인 이유는 역사 때문이다. 미국의 역사에서는 총이 빠진 적이 없다. 총으로 건국되어 총으로 개척하고 발전한 나라이기 때문이다. 미국의 역사는 개인의 총기 소지가 사회적으로 자연스럽게 된 이유기도 하다.

역사 속에서 미국은 영국의 식민지에서 독립하는 과정과 서부 개척 시대 때 원주민과의 충돌, 맹수와의 조우, 생존을 위한 여정 속에서 모두 총을 소지하고 다녔다. 현재의 미국이 영국의 식민지였을 당시 미국은 총을 들고 영국으로부터 독립을 쟁취했던 이른바 독립 전쟁까지 겪었기에, 미국에서 총기는 곧 자유민주주의와 미국의 독립과 건국을 상징하는 하나인 셈이다.

미국이 얼마나 총기를 중요하게 생각했는지는 미국 헌법에도 잘 드러나고 있다. 미국 수정헌법 제2조는 '잘 규율된 민병대(militia)는 자유주(free state)의 안보에 필수적이므로 무기를 소장하고 휴대하는 국민(people)의 권리는 침해될 수 없다'라고 명시되어 있다. 이는 과거 식민지인들이 자유를 위해 총기를 들고 단결한 역사를 계승한 문장이라고 볼 수 있다. 일부 주에서는 수정헌법 제2조를 근거 삼아 총기 휴대 금지 조치 명령조차도 위헌이라고 판단한 사례가 있다.

2012년 샌디훅에서 총기 사건이 발생한 이후 코네티컷주와 메릴랜드주, 뉴욕주에서는 소총의 구매를 금지하는 행정 명령을 발효시켰는데 법원이 행정 명령을 무효화시켰다. 결국 미국에서 전국적인 총기 규제를 하기 위해서는 헌법을 수정해야 한다는 말이다. 미국 헌법상 개헌을 위해서는 상·하원의 3분의 2가 동의해야 하는데 큰 이변이 생기지 않는 한 기준을 충족할 가능성은 매우 희박하다. 총기 규제를 찬성하는 쪽에서 항상 나오는 말이 수정헌법 제2조는 과거의 기준으로 작성된 것이니 시대가 달라진 지금은 다르게 해석해야 한다는 것인데, 이 주장은 헌법이 수정되지 않는 한 총기 규제 반대쪽의 의견을 이길 수 없을 확률이 높다.

총기 규제 반대에 강하게 목소리를 내려면 자신이 쌓아 온 경력과 정치 인생을 걸어야 하는 것도 반대하지 못하는 이유 중 하나다. 미국은 도시보다는 시골이, 잘사는 동네보다는 못사는 동네가 총기 규제에 반대하고 있다. 현재 미국에는 도시보다 시골 선거구가 더 많고 도시보다 시골에 사람이 더 많이 살고 있다. 또한 총기 소지 확대를 지지하는 과격 무장단체도 미국 사회에 존재하기 때문에 정치인이 나서서 헌법을 바꾸는 시도를 한다면 협박도 당한다.

만약 개헌했다고 해도 규제는 쉽지 않다. 총기를 규제한다는 말은 공식적으로만 3억 5,000만 정이 풀려 있는 총기들을 모두 회수해야 함을 의미하는데, 이는 공식적으로 집계된 것만 나타낸 숫자다. 정부에서 집마다 찾아가서 개인이 가진 총기들을 회수해야 한다는 말인데, 적당한 비용을 주고 매입하는 형태로 회수한다고 해도 모두가 정부의 방침을 순순히 따르지는 않을 것이다. 게다가 집안의 가보로 내려오는 총기들은 쉽게 가치를 매기기도 어렵다.

만약 정부에서 무력을 동원하여 시민의 무장을 해제하려고 한다면 미국 정부는 시민을 억압하는 독재 정권으로 비추어지게 된다. 개인의 자유를 중시하는 미국 사회에서는 용납할 수 없는 통제다. 자칫 정부에 대항하는 시민과의 대규모 내전 사태가 벌어질 위험도 있다. 자유민주주의의 발상지인 미국에서 자국민을 향해 무력을 행사하는 모습을 보인다면 경찰국가를 자처해 온 미국의 위상이 엄청나게 떨어질 것은 자명하다.

총기 암시장도 무시하지 못한다. 실제로 합법인 현재도 암시장을 통해 총기가 거래되고 있다. 암시장에서 나돌아다니는 총기들은 정품이 아니며, 개인 혹은 몇 명이 모여 불법적인 총기를 만들고 판매하고 있다. 이는 지금 미국 총기업체에서도 자신들이 매출이 줄어들다 보니 미국 정부에 규제해 달라고 요청하는 상황이다.

3D 프린터까지 상용화된 지금, 총기를 만들어 내는 것은 과거보다 더 쉬워졌다. 마치 금주법과 같은 현상이 벌어질 가능성이 크다는 말이다. 1920년부터 1934년까지 존재했던 미

국의 금주법은 연방 헌법부터 주 헌법까지 모두 바꾸는 데 성공했음에도 시민들은 오히려 이전보다 술을 더 많이 마셨고, 법으로 보호조차 되지 않아서 결과적으로는 알 카포네를 비롯한 마피아의 배를 불리게 되었다. 우리에게 술과 총기는 하늘과 땅처럼 다르게 느껴지지만, 개인의 총기 소지가 당연하고 자연스러운 것으로 여겨온 미국 사회는 한동안 큰 혼란에 빠질 가능성이 크다.

무엇보다 현실적인 가장 큰 걸림돌은 로비다. 미국은 로비가 합법으로, 미국 정치권 최대의 로비 단체가 총기 규제 완화와 총기 사업자들의 권익을 보호하는 단체인 전미총기협회(NRA)다. 전미총기협회는 1871년 소총 사격을 활성화하고 장려하기 위해 설립된 레크리에이션 단체에서 현재 미국에서 가장 강력한 정치 단체 중 하나로 성장했다. 전미총기협회는 총기가 많을수록 나라가 더 안전해진다고 주장하고 있다. 이는 좌우 정치이념의 문제도 아니고 보수와 진보의 문제도 아니다.

전미총기협회는 미국의 공화당, 민주당 가릴 것 없이 막대한 비용을 들여서 정치인들을 후원하고 있다. 미국이 로비를 합법화한 근본적인 이유는 어차피 불법이어도 어딘가에서 로비가 이루어질 것이기 때문에 정치인이 합법적으로 돈을 받을 수 있는 대신 국민에게 후원 내용을 투명하게 공개하도록 하였기에 가능한 일이다. 로비가 합법이기 때문에 기업들이나 단체는 각자의 이익을 위해 경쟁적으로 막대한 정치 로비를 한다. 사실상의 금권 선거가 이루어지고 있다. 전미총기협회는 회원 수만 500만 명에 달하고 한 해 예산만 2,800억 원 규모인 거대한 단체다. 예산의 많은 부분은 정치인 로비와 정치 활동 그리고 총기 관련 사업자들의 법률 활동 지원 등에 사용된다.

전미총기협회의 로비력은 1980년 레이건을 대통령으로 당선시키고, 1994년 중간 선거 때는 공화당과 민주당을 가리지 않고 하원의원 후보 276명에게 로비해 그중에서 211명을 당선시키기도 했다. 당선된 정치인들은 당연히 전미총기협회에 후원받은 만큼 눈치를 볼 수밖에 없다. 아이러니하게도 전미총기협회는 설립 당시에는 총기 규제에 앞장섰던 단체였다.

하지만 60년대 들어서 흑인 민권 의식이 올라간 뒤 위기감을 느낀 보수 성향의 백인들이 진보적인 성향의 수뇌부를 뒤엎었다. 수뇌부 자리는 전부 보수 성향의 인물들이 차지했다. 레이건 대통령의 대변인이었던 제임스 브래디가 레이건을 노리고 쏜 총탄에 맞아 반신불수가 되는 사건이 있었는데, 이때 총기 규제 운동이 거세지며 1993년 브래디 법이라는 '공격 소총 금지법'을 통과시킨 적이 있다. 전면적인 규제도 아니고 공격 소총만을 금지하는 법안이었음에도 전미총기협회의 막강한 반대와 로비를 받은 정치인들의 영향으로 브래디법은 10년 한정으로 시행되고, 2004년 법안이 만료되자 더 연장되지 않고 폐기되었다. 대통령 저격 사건이었음에도 총기 규제에 불을 붙이기란 힘들다는 것이다.

1990년대까지만 해도 총기 규제에 찬성했던 공화당 정치인들도 있었지만, 전미총기협회에서 주로 공화당 정치인들을 로비하기 시작하면서 현재는 공화당 당론 자체가 총기 규제 완화로 바뀌었다. 총기 문제와 관련해 공화당과 민주당이 대립하는 것처럼 보이기도 하는데 사실 민주당도 그렇게 적극적인 반대를 취하지는 못하는 처지다. 정치 생명과 암시장의 존재, 이 두 가지를 들어 민주당에서도 총기를 아예 막자는 주장을 하지는 않는다. 총기 종류를 제한하자는 정도다.

민주당에서도 민주당원의 40%에 달하는 비율이 총기 규제에 반대한다는 여론 조사의 결과로 민주당도 총기 규제에 과감하게 접근할 수 없는 처지기도 하다. 실제로 2016년 대선에서 총기 규제를 시행하겠다는 말을 한 힐러리 클린턴에게 투표하지 않은 민주당원들도 많았다.

그래도 2022년 이후 조금의 변화는 생겨났다. 2022년 미국 사회 곳곳에서 총기 관련 사고들이 심각한 수준으로 많아지면서 바이든이 총기 규제를 시도하고 있다. 2022년 6월 23

일에는 1993년 이후로 23년 만에 상원에서 총기 규제법이 통과되었다.

하지만 미연방대법원에서 위헌으로 무효화시킬 가능성이 커서 실효성이 있을지는 의문이다. 또한 이 법도 이름만 총기 규제법이지 그렇게 강력하지는 않다. 공화당의 반대를 어느 정도 완화해 법을 통과시키기 위해 강력한 내용들은 전부 뺀 법안이기에 명목상의 규제일 뿐이다.

2022년에 들어서 미연방대법원은 행정부의 입장과는 정반대로 공공장소에서 총기 소지 권리를 확대하는 판결을 대폭 내리고 있다. 공화당에서는 법을 준수하는 시민들의 자유를 침해하는 법안이라며 비난도 많았다. 미국 역사와 문화의 이유도 있지만, 총기 규제를 시작으로 다른 자유도 억압하려 할지 모른다는 불안감이 미국의 총기 규제를 막아서고 있다. 미국 총기 문제는 어떻게 돌고 돌아도 결국 규제가 불가능한 쪽으로 가지 않을까 싶다. 역사가 짧은 미국의 정체성과 관련된 것이기 때문이다.

멕시코 정부도 손을 놨다, 마약 카르텔

마약 카르텔은 마약 제조, 판매로 돈을 버는 범죄 조직이다. 2022년 넷플릭스에서 인기를 끌었던 시리즈 〈수리남〉에서도 마약 카르텔에 대해 다뤘다. 〈수리남〉뿐만 아니라 마약 조직을 다룬 작품은 셀 수 없이 많다. 우리에게는 그저 흥미진진한 스토리지만 마냥 웃고 넘어갈 수 없는 나라가 있다. 바로 마약 카르텔이 지배하는 무법지대, 멕시코다. 멕시코에서 마약 관련 범죄로 창출되는 수익 규모는 최소 19억 달러(2조 1,385억)에서 최대 39억 달러(5조 1,577억)다.

중국과 펜타닐 동맹을 맺고 원료를 수입해 무시무시한 양의 펜타닐, 헤로인, 코카인을 생산하고 유통한다. 미국과 국경을 맞대고 있어서 멕시코가 유통하는 마약의 최대 시장은 미국이며, 미국에서는 펜타닐 과잉 복용으로 7분에 1명꼴로 사람이 죽는다.

멕시코에는 세계 최대 마약 조직인 시날로아 카르텔 외에 수많은 마약 카르텔이 존재하며 주둔 지역을 지배한다. 카르텔의 세력 다툼, 정부군과의 무력 충돌로 나라는 개판이다. 올해 1월에는 미국의 공공의 적이자 멕시코 최악의 마약왕이라 불리는 '호아킨 구스만'의 아들인 '오비디오'를 체포하는 과정에서 총격전이 벌어졌고, 멕시코 도심은 쑥대밭이 되었다.

멕시코는 어쩌다 이 지경이 되었을까? 멕시코에서 대마가 재배되기 시작한 건 1860년대부터다. 돈 좀 벌려다 되려 아편에 중독된 중국인 이민자가 양귀비 씨앗을 남미에 들이며 멕시코로 퍼져 나갔다. 미국과 국경을 맞대는 멕시코는 원래 불법 생산 유통의 요충지로, 아주 골치 아픈 존재였다. 미국 금주법 시대에는 술을, 금주령이 끝나자 헤로인과 대마를, 미국에서 마약이 판을 치자 콜롬비아와 손잡고 코카인까지 신나게 실어 날렸다. 한번 고객은 '죽을 때까지' 고객인 것이 마약 시장이다. 수요가 있는 한 금지되고 숨길수록 값은 비싸진다.

20세기 초반 미국에서 마약의 수요는 걷잡을 수 없이 늘어났고, 1980년대 미국 마약 밀매 시장은 1,000억 달러를 넘었다. 미국 정부도 가만히 있지 않았다. 닉슨 대통령은 마약과의 전쟁을 선포했고 1970년대 미국 마약단속국(DEA)과 멕시코 정부가 협력하여 대대적인 마약 재배지 소탕 작전인 콘도르 작전을 벌였다.

하지만 이 작전은 멕시코 마약 시장에 일시적인 타격을 줄 뿐이었고 정보 누설로 마약 조직의 우두머리는 도망갔으며, 오히려 조직의 마약 생산지와 돈세탁 범위를 넓히는 결과가 되었다. 그러다 1984년 멕시코는 외환 위기에 직면했다. 미국은 경제 지원을 약속하면서 DEA의 마약 수사에 협조할 것을 요구했다.

그렇게 DEA와 멕시코 정부가 협력해 멕시코 최대의 마약 재배지였던 과달라하라 카르텔의 대마밭을 불태웠다. 이에 극히 분노한 과달라하라의 우두머리는 DEA의 비밀 요원 카마레나를 납치해 온갖 고문을 가한 끝에 살해했다. 이 사건으로 미국은 멕시코의 마약 카르텔을 공격하고 보스를 살해하거나 체포하는 응징에 나섰다. 자국민을 해하면 절대 용서하지 않는 것이 미국이다. 미국은 카마레나의 죽음과 연관된 모든 사람을 죽이고 연방 보안국을 해체했으며, 멕시코에 경제 보복과 행정 보복을 가했다.

멕시코 마약 카르텔의 덩치가 본격적으로 커지기 시작한 건 미국이 9·11 테러를 겪은 이후였다. 9·11 테러 이후 미국은 해상과 공중 경계를 강화하자 승승장구하던 콜롬비아를 비롯한 남미 마약 카르텔의 유통 경로는 막혀 버렸다. 남미의 마약 카르텔은 어쩔 수 없이 육상 경로를 이용할 수밖에 없게 되었다. 멕시코의 마약 카르텔 입장에서는 득이 되는 상황이 되었지만 매우 위협적이었다.

멕시코 정부도 손을 못 썼고 미군이 나서도 오랫동안 진전이 없었다. 이런 상황의 이해하기 위해서 멕시코의 내부적인 역사를 알 필요가 있다. 1910년 멕시코 혁명 이후 사회민주주의를 내걸고 등장한 제도혁명당은 무려 70년간 멕시코의 지배 정당으로 군림했다. 제도혁명당은 멕시코 혁명 정신을 바탕으로 민주주의를 이루고 노동자, 농민, 대중의 지지를 받아왔던 정당이었다. 대통령의 권한은 막강했지만 6년 단임이 철저히 지켜졌기 때문에 독재는 물론 반란도 일어나지 않았다. 제도혁명당은 안정된 정치로 멕시코의 기적적인 경제 발전을 이끌었지만, 고인물, 썩은 물이란 말이 괜히 있는 게 아니었다.

장기 집권으로 안정된 정치의 이면에서는 부정부패가 자라나고 있었다. 제도혁명당은 신자유주의의 도입으로 점차 우경화되었고, 고위 관료부터 노조 지도자까지 특정 집단의 이익만을 보장하는 정경 유착과 부패가 심각해졌다. 나라의 모든 분야에서 부패가 일어났고 공권력과 범죄 조직은 한패가 되었다.

하지만 멕시코 정부는 모든 것을 알고도 따로 손을 쓰지 않았다. 오히려 뇌물을 받아 먹고 그들을 풀어 줬다. 범죄 조직을 언제든 쓸 수 있는 정적 제거, 탄압용으로 이용했다. 그래서 범죄 조직은 정치권의 비호 없이는 살아남기 힘들어졌다. 마약의 불법 제조, 유통이 방관된 이유기도 했다. 국경을 접하고 있는 미국은 멕시코의 주요 시장이었고 그런 미국이 마약을 금지하기 시작했지만, 제도혁명당은 크게 신경 쓰지 않았다. 마약 카르텔이 규칙을 잘 지켰기 때문이었다.

제도혁명당과 마약 카르텔 사이에는 지켜야 할 불문율이 있었는데, 바로 국내 마약 소비는 늘리지 않을 것 그 외 연방 정부의 결정에 무조건 따를 것, 마약 관련 폭력 사건이나 사회적 이슈를 만들지 않을 것 등이었다. 미국의 눈치도 봐야 했기에 카르텔 내부에 연방 정부 요원을 두고 수시로 정보를 전달했다. 그래서 콘도르 작전도 돈만 날리고 실패했다.

하고 싶은 대로 다 하고 살던 제도혁명당이었지만, 집권 50년이 넘으면서 외환 위기를 겪게 되었다. 멕시코는 미국의 경제 지원을 받을 수 없었고, 미국의 마약 수사 협조 요구에 따랐지만, 자신의 꽃밭이 쑥대밭이 된 사실에 분노한 카르텔 두목이 DEA 요원을 고문하고 살해하면서 멕시코 자체도 큰 보복을 당했다. 범죄 조직과 내통하며 양다리를 걸친 잘못이었다.

2006년에 멕시코 대통령으로 취임한 칼데론 대통령이 마약과의 전쟁을 선포했고 마약 조직 소탕을 위해 군과 연방 경찰을 투입했다. 이 전쟁의 주체는 정부와 마약 카르텔이었지만 오히려 조직 간의 치열한 다툼만 늘어났다. 하나를 없애면 불법 수송 통로를 차지하기 위해 끝없이 새로운 조직이 탄생하고 살상하는 사태가 반복됐다. 범죄는 오히려 늘어나고 이 과정에서 20만 명이 넘는 사람이 사망했다. 그만큼 마약은 확실하고 막대한 수익이 보장되는 장사인 셈이다.

몇십 년 동안 공고히 유지된 공권력과 범죄의 유착은 이미 손을 쓸 수 없는 지경이고, 덕분에 기반이 잘 다져진 범죄 세계는 더욱 막강해졌다. 국가 공권력과 일부 경찰들은 지역 세력과 연대해 지역을 유지하였고, 일부 정치인도 카르텔을 무시할 수 없었다. 미국 감옥에 수감 중인 멕시코의 마약왕 호아킨 구스만은 '멕시코 외채를 다 갚아 주겠다'고 할 정도였다.

게다가 카르텔은 마약 제조 유통뿐만 아니라 합법적인 민간 사업도 운영하고 있어 지역의 문화, 경제, 정치 안정에도 큰 영향을 미쳤다. 또한 카르텔이 지배하는 지역은 카르텔 이외의 범죄는 잘 일어나지 않았다. 멕시코의 범죄, 사건 사고는 거의 조직끼리 싸우거나 공권력과의 충돌이다. 한마디로 없앨 수 없다.

멕시코의 카르텔은 다른 나라에 비해 악랄하고 잔인하기로도 유명하다. 그러나 카르텔 세계에서도 지켜져 왔던 불문율이 있었다. 예를 들면 '상대 조직 두목의 모친을 공격하지 않는다', '상대 조직 두목의 부인과 자식을 건드리지 않는다' 등이다.

하지만 멕시코 카르텔에서는 이 무언의 약속이 깨진 지 오래다. 방해되거나 협조하지 않거나 아무 이유 없이 남녀노소를 가리지 않고 폭행하고 잔인한 고문까지 서슴지 않는다. 사회에 공포심을 조장하기 위해 도로에 시체를 매달아 놓거나 강간한 여성의 속옷을 나무에 걸어 놓기도 한다.

현재도 카르텔의 영향력은 막강하다. 실제로 마약과의 전쟁을 주도한 멕시코 치안 수장이 카르텔로부터 뇌물을 받아 유죄 판결을 받은 적도 있었다. 마약 밀매는 막을 수 없다. 수요가 있는 한 공급은 계속될 것이다. 카르텔을 먼저 없애는 것은 불가능하다. 마약 수요는 세상을 더욱 타락시키는 데 일조하여 남는 것은 죽음과 불행뿐이다.

이미 마약과의 싸움은 개별 국가만의 문제가 아니라 전 세계적인 과제다. 각국은 자신들의 사회적, 문화적, 법적 배경에 맞춰 다양한 접근 방식을 시도하고 있다. 그러나 궁극적으로 마약 문제의 해결은 단순히 법의 강화와 집행만으로는 충분치 않다. 교육, 예방, 재활 지원 등 종합적인 접근 방식이 필요하며, 이는 국가적 차원뿐만 아니라 국제적 협력을 통해서도 이루어져야 한다. 마약 문제는 결국 사회 전반에 걸친 근본적인 해결책을 요구한다. 이에 대한 인식의 전환과 지속 가능한 대책 마련이 절실히 필요한 시점이다.

중동의 전쟁터,
예멘의 아픔

2018년 우리나라 사회를 뜨겁게 달궜던 '제주 예멘 난민 사태'가 발생한 지 어느덧 6년이 흘렀다. 예멘은 국가 인구의 대부분이 현재도 절대 빈곤에 처해 있다. 심지어 석유가 나는데도 말이다. 아랍 국가 중에서도 가장 빈곤한 나라이자 일반적으로 망하기 직전의 나라보다 더 못사는 나라가 예멘이다. 약 2,000년 전이기는 하지만 축복받은 아라비아라 불리며 중동에서도 부유했던 예멘은 어쩌다 이 꼴이 난 걸까?

배경을 알기 위해서는 1990년대로 거슬러 올라가야 한다. 예멘은 1990년 5월 이전까지만 해도 우리나라와 마찬가지로 분단 국가였다. 사나를 수도로 한 북예멘과 아덴을 수도로 한 남예멘이 대립하는 상황이었다. 그러다 냉전 시기 남예멘은 소련 편에 섰다.

하지만 알다시피 소련은 망했고 공산주의는 몰락했다. 공산주의가 몰락한 시기에 대부분의 공산국가는 먹고 살길을 찾지 못했다. 특히 근대 이후 스스로 산업을 일으킨 적이 없는 국가들은 매우 힘들어했다. 남예멘도 이 중 하나였고, 다른 나라들보다 더 극심한 가난에 시달렸다. 지금처럼은 아니지만, 예멘은 분단 이전부터 분단 이후에도 경제가 계속해서 안 좋았기에 남예멘은 복구 불가능 수준의 경제 타격을 받았다.

결국 남예멘은 북예멘과 통일 논의에 나섰고 1990년 5월 21일 예멘은 통일을 선언한다. 하지만 통일이 반드시 평화와 화합을 의미하는 것은 아니었다. 북예멘이 주도한 통일이었기 때문에 남예멘에는 불리한 것들이 많았다. 당연히 남예멘 사람들은 불만을 품게 되었다. 결국 통일 4년 만인 1994년 북예멘의 살레 정권과 남예멘의 예멘사회당 사이에 1차 내전이 발발한다. 결과는 북예멘의 살레 정권의 승리였다. 살레 정부는 남예멘의 남은 세력을 제도권에서 퇴출하고 1인 군 위주의 체제를 구축했다.

내란은 끝이 났지만 질서가 정리된 것은 아니었다. 만약 이때 예멘이 후퇴한 경제를 회복하는 데 모든 힘을 쏟았다면 지금 상황이 달라졌을 테지만, 예멘은 부패와 부정 그리고 갈등 때문에 성장을 할 수 없었다. 이런 혼란한 상황 속에서 '후티'라는 조직이 성장하게 된다.

후티는 예멘 북부 사우디아라비아와 접경한 지역의 가문 이름인데, 가문의 유력 인사였던 후세인 바드레딘 알후티가 중심이 되어 정치 운동을 시작하면서 유명해지기 시작했다. 후티는 10년간 활동하면서 강력한 무장 단체가 되었다.

아무리 후진국이라도 10년간 무장 단체가 활동하는데 나라에서 단속을 하지 않은 건가라는 생각이 들지만, 예멘의 국민은 부패와 부정을 일삼아 온 살레 정부를 좋게 보고 있지 않았다. 꽤 많은 사람이 살레의 반대파인 후티에 찬성했고 지지가 있었기에 성장할 수 있었다.

후티 반군은 살레 정권과 2004년부터 2011년까지 다섯 차례의 내전을 벌였다. 동시에 거리에 나선 시민들은 살레 대통령의 하야를 외쳤다. 그 결과 2012년 살레 대통령은 하야하게 되는데 대통령직을 그냥 내려놓지는 않았다. 자신의 2인자로 있던 아부라부 만수르 하디 부통령에게 대통령직을 이양했다. 하디는 국방부 장관으로, 살레를 도와 남부 반군들을 소탕한 주역이자 살레의 둘도 없는 심복이었다. 살레는 물러났지만 물러난 게 아닌 상황이 되었다.

하지만 언제나 반전은 있는 법, 예상과 달리 하디는 살레의 말을 듣지 않고 자기만의 정치를 시작했다. 살레는 부패를 척결하고 민주주의를 시행하겠다는 선언과 함께 예멘을 하나로 뭉치려고 했다.

예멘은 여러 부족이 존재하고 각 부족장이 지방에서 큰 영향력을 행사하는 국가다. 국가가 성장하려면 이 부족들을 국가 단위로 통합해야 했다. 하디는 부족들을 하나로 통합하면서 불만은 잠재우기 위해 예멘 전역을 여섯 개 주로 나눴다. 그리고 주별로 자치권을 허용하는 연방 정부안을 공포했다. 한마디로 미국처럼 중앙 정부의 힘도 가져가면서 주별로 디테일한 부분은 알아서 하게 해 주겠다는 생각이었다.

그런데 예상치 못한 문제가 일어난다. 예멘은 이슬람교 국가다. 예멘의 이슬람 인구 분포는 수니파가 65%, 시아파가 35% 정도다. 부족의 통합만 생각했던 하디는 종교를 고려하지 못한 것이다. 시아파는 자신들의 인구와 세력을 봤을 때 최소한 두 개 주 이상에서 지분을 인정받아야 한다고 주장했다. 단순하게 계산해도 3분의 1이 시아파이니 여섯 개 중 두 개를 주는 것이 맞기는 하다. 하지만 하디 정부는 한 개 주에만 시아파의 관할권을 인정했다. 참고로 하디는 수니파다. 분노한 시아파는 결국 총을 들었다. 그렇게 예멘의 2차 내전이 시작된다.

여기서 주목할 점은 두 가지다. 한 가지는 시아파 반군이 살레 정권과 다섯 차례의 내전을 벌였던 후티 반군이라는 점 그리고 권력에서 물러난 줄 알았던 살레가 후티와 동맹을 맺었다는 점이다. 시아파 반군 즉 후티 반군은 수도 사나를 점령한 뒤 세력을 확장해 예멘 전체 영토의 4분의 1가량을 차지하고 있었고, 살레도 대부분의 지지를 받지 못했다는 것이지 그런대로 지지층은 있었다.

그렇게 둘이 합쳐 거대한 세력이 된 시아파 반군 살레와 후티 동맹은 예멘의 도시를 하나하나 장악해 갔다. 하디는 사우디아라비아로 피신하려다 후티 반군에 잡혀 자택 감금을 당하기도 했다. 여기까지만 해도 충분히 어지러운 국가다. 비교적 평화롭고 번영한 나라에서 사는 우리에게 어떻게 저 상황을 겪으며 살고 있나 싶을 정도다.

하지만 예멘 내전은 시간이 흐를수록 더 복잡해져 간다. 하디 정부군과 후티 반군 외에도 여러 세력이 내전에 뛰어들기 시작했다. 그 세력 중 하나가 '남부운동' 세력이다. 남부라는 이름에서 눈치챈 사람도 있겠지만, 남부운동 세력은 통일로 인해 남예멘이 손해만 보았다고 믿는 그룹이다. 남부운동 그룹은 과거 남예멘의 수도였던 아덴을 중심으로 구세력을 결집해 따로 독립하려는 목표를 가지고 일어나기 시작했다.

그런데 여기서 끝이 아니다. 사우디아라비아까지 개입하기 시작했다. 사우디아라비아의 국왕 살만 빈 압둘은 살레와 후티의 동맹이 사우디아라비아에 위협을 줄 수 있다고 생각해 예멘 내전에 뛰어들었다.

또한 사우디아라비아와 사이가 좋지 않았던 이란까지 합세하였다. 사우디아라비아는 수니파의 맹주, 이란은 시아파의 맹주다. 종교를 제쳐두더라도 정치적으로 중동의 패권을 잡기 위해 사우디아라비아와 이란은 서로 으르렁거리고 있다. 이런 상황 속에서 사우디아라비아가 예멘에 개입하자 이란은 후티 반군을 지원하기 시작했다. 결국 예멘 내전은 국제전으로 번지게 된다. 이렇게 얽히고설킨 복잡한 내전은 현재까지도 이어지고 있다.

이런 상황이니 사실 경제는 뒷전이 된 지 오래다. 가장 피해를 보고 있는 사람들은 예멘의 국민이다. 각 세력이 자신들의 정치적 이익을 위해 칼을 빼든 사이 1,000만 명에 가까운 사람들이 기근에 시달리고 백만 명 이상이 콜레라 위험에 노출되어 있고, 400만 명에 가까운 사람들이 집을 떠나 강제로 이주했으며 2,400만 명은 도움이 없다면 당장 죽어도 이상하지 않은 상태다.

특히 아이들은 사실상 지옥에 살고 있다고 해도 과언이 아니다. 기본적인 약품조차 공급이 안 되고 있어 매주 약 1,000명의 아이들이 질병으로 사망하고 있다. 세계식량계획(WFP)은 2021년 3월 사우디아라비아가 주도하는 봉쇄와 전쟁이 계속되면 국가는 더 황폐화되어 5세 미만 예멘 어린이 40만 명 이상이 급성 영양실조로 사망할 수 있을 것이라 발표하기도 했다.

당연한 말이지만 극심한 인플레와 실업 문제로 예멘은 경제적, 사회적으로도 심각하게 후퇴하고 있다. 지금은 한강의 기적처럼 세계 경제가 끝없이 올라가는 시대가 아니다. 물론 기회를 잡는 것도 능력이지만 과거와 달리 그렇게 많은 기회가 있는 상황이 아니다. 세계의 경제를 움직이는 것들이 점점 더 첨단화 되어 가면서 과거와 달리 교육을 통한 인재가 양성되지 않는다면 국가의 경제는 살리기 힘들다.

반면에 국가가 경제에만 집중하여 시대에 맞는 전략을 펼친다면 새로운 기회를 만들 수 있는 시기기도 하다. 하지만 예맨은 교육 시스템도 망가진 지 오래다. 학교는 난민 수용소로 사용되고, 아이들은 학교에 다니지 못하고 있다.

그래도 일말의 희망이 생기기는 했다. 후티가 장악한 사나에서 사우디아라비아로 향하는 상업용 항공기가 내전 발발후 처음으로 운항을 시작했다. 얼마 전까지만 해도 사우디아라비아가 이끄는 아랍 동맹군이 공항과 항만을 봉쇄해 왔는데, 사우디아라비아와 이란이 관계 정상화에 합의하면서 아슬아슬했던 긴장감이 완화되고 있는 징후로 보인다. 전문가들도 예멘 내전이 비로소 정전을 향해 한 걸음 내딛고 있다고 긍정적인 평가를 하고 있다. 그런데 화합에 이른다고 해도 예멘이 과연 다시 일어설 수 있을지도 의문이다. 정치가 안정되지 않으면 경제는 일어설 수 없다. 앞에서 주구장창 나왔듯이 워낙 관계가 복잡하니 모두가 만족하는 합의점은 사실상 존재하지 않는다. 만약 선거를 통해 지도자를 선출하더라도 반대 세력이 가만히 있지 않을 것이기 때문이다.

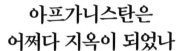

아프가니스탄은
어쩌다 지옥이 되었나

2021년 아프가니스탄은 충격의 도가니에 빠졌다. 아니 전 세계가 충격에 휩싸였다. 미국-아프가니스탄 전쟁에서 미국이 이기고 이슬람 공화국이 세워졌지만, 미국이 이라크와 전쟁을 하러 간 사이에 아프가니스탄은 다시 혼란스러워졌고, 2001년부터 올해 8월까지 무려 20년이라는 기간 동안 이어진 난투는 미국과 전 아프가니스탄 정부의 패배로 끝났다.

미국이 아프가니스탄 전선에서 철수하며 아프가니스탄은 이슬람 공화국에서 현재는 탈레반이 주도하는 군사독재 국가가 되었다. 헌법이나 법률 제도도 정립되어 있지 않아서 사실상 탈레반이 운영한다 뿐이지 무정부 상태와 크게 다르지도 않다. '억압적인 무정부 상태 독재 국가'라고도 부를 수 있겠다.

아프가니스탄이 지옥으로 바뀌게 된 근본적인 이유를 보려면 19세기 한창 영국과 소련이 대치하던 그레이트 게임 당시로 가야 한다. 그레이트 게임을 간단하게 말하면 1813년부터 영러협상인 1907년까지 두 국가가 유라시아의 패권을 두고 경쟁을 펼친 시대를 말한다.

그레이트 게임 당시 혼란스러운 내전을 겪던 아프가니스탄에서는 바라크자이 왕조의 도스트 모하마드가 두라니 왕조를 몰아내고 아프가니스탄 제국을 건설했다. 다만 바라크자이 왕조가 아프가니스탄 제국을 세울 당시 견제 세력인 두라니 왕조를 확실히 없애지 못해서 내부로 투쟁이 끊이지 않는 상태였다. 지금 아프가니스탄의 상황과도 비슷하다고 볼 수 있다.

어쩌면 아프가니스탄의 비극은 바라크자이 왕조가 아프가니스탄 제국을 건설하던 때부터 시작됐을지도 모르겠다. 혼란에는 더 큰 혼란이 더해지기 마련이듯 아프가니스탄 제국은 영국과의 전쟁에서 패하며 안 그래도 혼란한 정국에 영국의 개입까지 감당해야 했다.

영국이 아프가니스탄에 미친 영향으로는 '듀랜드 라인'을 빼놓을 수 없다. 듀랜드 라인은 당시 파슈툰족이 살던 파슈투니스탄 정중앙에 영국이 제멋대로 선을 그으며 파슈툰족의 거주 지역을 둘로 나눠 버린 사건이다. 이 선을 듀랜드 라인이라고 한다.

영국이 제멋대로 그어 버린 듀랜드 라인으로 인해 파키스탄과 아프가니스탄은 찢어진 땅을 두고 사이가 틀어졌고, 이때 생긴 갈등과 분쟁은 아직도 이어지고 있다. 아프가니스탄은 듀랜드 라인 이후에도 계속 이어진 반란과 진압으로 어지러운 와중에 세계적인 사건을 맞이하게 된다. 바로 제1차 세계대전이다. 제1차 세계대전에서 아프가니스탄은 중립적인 자세를 취했다.

아프가니스탄 왕들이 전체적으로 중립적인 태도를 유지하려 노력했던 것도 있겠지만, 사실은 내부 반란으로 왕이 시도 때도 없이 바뀌다 보니 정치 성향이 통일될 수가 없었기 때문이다. 왕위를 지키는 시간도 짧고 왕위에 올라도 불안한 상태가 계속되었던 시기지만 유일하게 행동을 보여 준 왕도 있다. 바로 아마눌라 칸이다.

아마눌라 칸은 거대한 세계 전쟁의 혼란으로 영국이 정신 없는 틈을 타 영국령 인도를 공격했다. 세 번째 영국과 아프가니스탄의 전쟁이었다. 당시 영국은 제1차 세계대전의 영향으로 이미 큰 피해를 봤었기 때문에 아프가니스탄과의 전쟁까지 이어지면 위험할 수도 있다는 판단으로 전쟁을 회피했고, 아마눌라 칸은 아프가니스탄의 완전한 독립을 얻어냈다. 하지만 내부에서 개혁을 시도하다가 보수파의 극심한 반발을 사게 된 아마눌라 칸은 결국 영국으로 망명하게 된다.

아프가니스탄은 다시 혼란에 빠졌지만 아마눌라 칸이 영국으로부터 얻어 낸 완전한 독립은 의미가 컸다. 아프가니스탄의 완전한 독립 그리고 아마눌라 칸이라는 인물이 등장할 수 있다는 대중들의 기대는 다우드 칸이라는 인물이 등장하며 비극에서 절망으로 바뀌게 된다.

사실상 다우드 칸이 아프가니스탄을 지옥으로 만든 장본인이다. 1933년 자히르 샤가 19세의 어린 나이에 왕위에 오르면서부터 아프가니스탄에서는 총리의 권력이 강해지기 시작했다. 아무것도 모르는 조카를 왕으로 세운 아프가니스탄의 총리들은 자신들의 힘을 더 강하게 만들 장치들을 계속 설치했다. 아프가니스탄은 국제 연맹에 가입했고, 영국과 소련 외의 다른 세계의 열강들과 접촉하려는 움직임을 보이는 등 갑작스러운 변화를 일으켰다.

여전히 세계대전에서는 중립적인 태도를 보였지만, 왕위가 자주 바뀌지는 않게 되었다. 아프가니스탄이 영국과 소련 사이에서 선택을 한 건 1947년 파키스탄이 인도에서 독립했을 때다. 영국이 그어 놓은 듀랜드 라인을 바탕으로 찢어져 있는 파키스탄의 파슈툰 지역들이 어디로 귀속될지를 두고 파키스탄과 다투면서 갈등이 심화하던 중 자연스럽게 친미적인 성향이 강했던 파키스탄과는 반대되는 소련 쪽으로 치우치면서 시작되었다.

아프가니스탄이 친소적인 성향을 보이기 시작할 무렵인 1953년 모하마드 다우드 칸이 아프가니스탄 제국의 총리 자리에 오르게 된다. 다우드 칸은 극한의 친소 성향을 가지고 있었다. 총리가 되고 나서는 아프가니스탄 남서부에서 소련과 함께 농업을 개편하거나 당시 이슬람의 영향으로 처지가 좋지 않았던 여성들의 권리를 보장하는 등의 활동을 했다.

이 시기에 파키스탄과 아프가니스탄은 떨어져 나온 파슈툰 지역을 두고 분쟁이 심해져 총격까지 오갈 정도로 긴장이 고조되었다. 분쟁이 심해진 것은 많은 이유가 있었지만, 파슈툰 지역 일부를 차지한 다우드 칸이 공산주의 정서에 맞지 않는 이슬람을 배척하고자 파키스탄 세력을 견제했던 것이 가장 큰 이유다. 이런저런 소음에도 다우드 칸은 힘없는 국왕 자히르 샤를 대신해 10년이라는 기간 동안 아프가니스탄을 독단적으로 개혁했다. 특히 다우드 칸의 선택으로 불러온 파키스탄과의 관계 악화는 아프가니스탄에 큰 위기를 불러온다.

아프가니스탄 처지에서 경제적인 활동을 위해서는 인도 쪽으로 나아가야 했고 인도로 가려면 어쩔 수 없이 파키스탄을 거쳐야 했는데, 파키스탄과의 관계가 이미 국교 단절로까지 치달은 상황이었기에 아프가니스탄은 고립되어 경제 위기를 맞이하게 된다. 경제 위기의 책임은 사태를 이 지경까지 벌린 다우드 칸에게 돌아갔고, 1963년 자히르 샤는 보수파의 힘을 빌려 다우드 칸을 총리직에서 해임했다.

다우드 칸이 해임되고 다음 해인 1964년부터 아프가니스탄은 새로운 헌법이 만들어지고 입헌 군주제를 채택하며 조금씩 왕정의 모습에서 벗어나려는 움직임을 보였다. 입헌 군주제가 채택되면서 다양한 정당도 만들어졌는데, 아프가니스탄의 정당 중에 가장 거대한 좌익 세력인 인민민주당도 이때 만들어졌다. 인민민주당은 공산주의를 내세워 농민과 노동자 빈곤층에게 큰 호응을 얻었고, 아프가니스탄의 최대 좌익 세력으로 성장했다.

하지만 어느 세력이나 갑작스러운 성장을 하게 되면 권력 다툼을 피해 가기 어렵다. 아프가니스탄의 인민민주당도 별반 다르지 않았다. 처음에는 공산주의라는 성향으로 뭉쳤던 인민민주당이지만 성장을 이뤄내면서 약간씩 달랐던 사상이 부딪히기 시작했고, 결국은 내분으로 이어졌다. 이후 내분의 영향으로 인민민주당은 온건한 성향의 할크파와 극단적인 성향의 파르참파로 분열하게 된다.

게다가 인민민주당의 내분으로 혼란한 시기에 아프가니

스탄은 극심한 가뭄을 겪으며 왕정에 대한 백성의 분노가 높아지자 아프가니스탄 백성의 분노와 인민민주당 파르참파의 권력욕에서 나온 혼란은 불러서는 안 될 인물을 다시 불러들이게 된다.

1963년 자히르 샤가 이탈리아에 치료를 목적으로 들리며 왕좌가 비어 있는 상황에 맞춰 다우드 칸과 파르참파는 쿠데타를 일으켰다. 피 한 방울 보지 않고 성공한 쿠데타로 다시 한번 권력을 손에 넣은 다우드 칸은 바라크자이 왕조가 세운 아프가니스탄 제국을 무너뜨리고 아프가니스탄 공화국을 세우며 초대 대통령 자리에 올랐다.

다우드 칸이 대통령 자리에 오르자마자 한 건 아프가니스탄 남부에 거주하는 파슈툰족을 억압하고 반파키스탄 정책을 내세운 것이다. 다시 갈등을 일으킨 것이다. 파키스탄뿐만 아니라 다우드 칸의 정책으로 아프가니스탄에 있는 이슬람 세력은 나라에 적대심을 가지게 되었다. 게다가 자신이 쿠데타로 정권을 잡아서 그런 것인지 다우드 칸은 쿠데타를 도왔던 파르참파까지 견제했다.

결국 다우드 칸 즉 아프가니스탄의 정부는 아프가니스탄의 핵심이라고 볼 수 있는 이슬람과 공산주의자 모두를 적으로 돌리게 되었다. 적만 늘리는 격인 다우드 칸의 정책은 1978년에 들어서면서 화룡점정을 찍었다. 인민민주당의 파르참파 대표 미르아크바르 카이바르를 암살하고 인민민주당의 지도부 인사들을 대거 체포했다. 크게 분노한 인민민주당은 할크파, 파르참파 할 거 없이 반란을 일으켜 대통령 왕궁을 포위하고 자신들의 손으로 만들어 낸 대통령을 끌어내린다.

다우드 칸의 아내와 자식들도 이때 희생되었다. 암 덩어리 같던 다우드 칸의 죽음으로 비극이 끝난 것처럼 보일 수도 있으나 안타깝게도 여기서부터 비극의 시작점이다. 앞에서 아프가니스탄 남부에 거주하는 파슈툰족에게는 다우드 칸이나 인민민주당이나 이슬람을 배척하려는 것은 똑같았다.

그래서 이들은 반군 성향의 이슬람 세력으로 변질하게 된다. 드디어 우리에게 익숙한 이름인 탈레반 시작이다. 이후 정권을 잡은 공산주의자와 삐뚤어진 무장 단체의 뒤집고 뒤집히는 혈전으로 아프가니스탄은 더욱 막장으로 치닫는다.

아프가니스탄은 약 40년 동안 네 번이나 이름이 바뀌었다. 이것은 단순하게 나라 이름만 바뀐 게 아니라 나라의 주인이 바뀐 것을 의미한다. 그렇다는 말은 약 40년 동안 안정기 없이 전쟁이 계속되고 있다는 뜻이기도 하다. 미국이 철수하고 탈레반이 나라를 차지한 지금도 내전은 끊이지 않고 있다. 탈레반은 2021년 멸망한 아프가니스탄 이슬람 공화국을 완전히 뿌리 뽑지 못했고, 아프가니스탄 국민저항전선(NRF)라는 이름으로 여전히 탈레반과 내전 중이다.

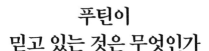

푸틴이
믿고 있는 것은 무엇인가

우크라이나와 러시아의 전쟁은 현재 진행형이다. 21세기 그 누구도 국가 간의 전면전이 일어날 것으로 생각하지 못한 우리에게 큰 충격으로 다가왔다. 제2차 세계대전 이후 혼란스러웠던 과거를 지나 세계는 나름의 규칙과 질서, 법이 있는 것처럼 보였다. 마치 한 국가가 말도 안 되는 이유로 혹은 사익을 위해 전쟁을 일으키면 전 세계가 나서서 도와주고 전쟁을 일으킨 국가는 전범국이 되며, 주동자는 처벌받을 것이라 믿었다. 과연 푸틴은 전쟁 범죄로 처벌받을까?

푸틴이 전범으로 처벌받을지 안 받을지는 먼저 전쟁 범죄라는 것이 어떻게 적용되는지 봐야 한다. 보통 전쟁이라고 하면 온갖 권모술수가 난무하고 이기는 쪽이 모든 쪽의 우위에 서는 법을 넘어선 싸움이라고 생각하기 쉽다. 사실 그렇게 틀린 말은 아니다.

하지만 전쟁에도 엄연히 규칙이라는 것이 존재한다. 전쟁 중이라도 민간인을 공격해서는 안 된다. 더불어 아무 건물이나 막 공격해서도 안 된다. 집단 살해를 해서도 안 되고, 생존에 필요한 기반 시설들을 건드려서도 안 된다. 자세한 법규는 국제형사범죄법에 명시되어 있다. 제9조에서 제12조를 보면 강제 노동과 성폭행 그리고 인체 실험, 확인 사살 등 생각보다 많은 것이 전쟁 범주 안에 포함되어 있다. 제네바 협약을 위반해도 처벌받는다.

그런데 사실 전쟁 범죄라는 개념이 생긴 것은 얼마 되지 않았다. 몇백 년 전까지만 하더라도 약탈은 병사들의 보급으로, 민간인을 대상으로 한 공격을 포함한 만행들은 사기 진작과 동시에 적군에게 공포심을 심어 주려는 의도로 당연하게 행해지던 것들이었다. 제네바 협약이 성사되고 나서야 전쟁 범죄라는 개념이 생겼다.

우리는 전쟁 범죄라는 법이 존재하는 시대에 살고 있기에 최근 러시아와 우크라이나 전쟁에 관련된 뉴스를 보면 푸틴은 당연히 처벌받을 것처럼 보인다. 우크라이나의 수도인 키이우에서도 러시아군이 민간인을 학살했다는 뉴스가 넘쳐나고, 마리우폴에서는 임산부와 아동 병동을 향한 폭격도 있었다. 실제로 아이 3명과 환자와 직원 포함 17명이 숨졌다.

부차 학살의 경우에는 거의 명백한 전쟁 범죄에 속한다. 체르노빌을 통해 들어온 러시아군은 키이우를 포위하기 위해 부차를 점령했는데, 러시아군이 철수한 뒤 부차에는 민간인들의 시신과 동물들의 사체까지 발견되었다. 우크라이나 쪽에서는 부차의 사진을 보여 주며,

"이것이 해방된 도시들의 모습입니다. 공포 영화나 포스트 아포칼립스적 그림의 한 장면 같죠. 러시아군이 겁탈하고 불태워 버리려던 여성, 살해당한 공무원들, 아이들과 노인들, 남성들 등의 전쟁 범죄의 희생자들이 이미 발견되었습니다. 대다수는 손이 묶였고, 고문당한 흔적이 남아 있었으며 후두부에 총상이 있었습니다."

라고 발표했다. 크라마토르스크 기차역 미사일 공격도 부차 학살과 마찬가지로 명백한 전쟁 범죄다. 키이우 전투 이후 러시아군은 마리우폴과 돈바스 지역 공세에 집중했다. 키이우와 다르게 이 지역들은 사방이 뚫려 있어 수비하기가 어렵고 돈바스 지역에는 도네츠크 인민공화국과 루간스크 인민공화국이 존재했다.

도네츠크와 루간스크 인민공화국은 러시아 우크라이나 전

쟁 후에 생겨난 미승인 국가다. 이름에서 알 수 있듯이 친러
시아 성향의 국가로, 우크라이나로서는 반군인 셈이다. 안 그
래도 어려운 방어 지형에 반군까지 발생하며 우크라이나는
지역의 민간인들을 우크라이나 서부와 키이우로 대피시키려
했다. 이때 민간인들이 집결한 곳이 크라마토르스크 기차역
이었다.

4월 8일 민간인들이 모여 있는 크라마토르스크역에 러시
아군의 미사일이 떨어졌다. 결국 어린이 5명과 민간인 50명
이 사망했다. 그러나 러시아는 자신들은 크라마토르스크역
을 공격한 적이 없다고 주장하며 세계의 여론을 선동하기 위
한 우크라이나의 자작극이라고 발표했다. 정말 자작극이 아
닐까 하는 의심도 있었지만, 미국 국방부에서 공격 초기 러시
아가 직접 자신들이 공격했다고 밝히며 여론이 안 좋아지자
거짓말을 한 것이라고 발표하며 논란은 일단락된다.

크라마토르스크역에서 발견된 미사일 잔해의 옆면에는 러
시아어로 '어린아이들을 위하여'라고 적혀 있었다고 한다. 몇
몇 병사의 탈선이라고는 보기 힘든 행동이다. 사실 이런 것들
을 제쳐두고서라도 러시아의 침공 자체가 공격적 전쟁 개념
에 속하는 범죄라고 볼 수 있다.

하지만 현실적으로 푸틴이 처벌을 받는 것은 고사하고 재
판에 설 가능성은 거의 없는 것이 현실이다. 미국 정부는 러

시아가 전쟁 범죄를 저지르고 있다고는 말하지만, 대상을 푸틴이 아닌 러시아군으로 한정했다. 이는 무엇을 의미할까?

재판소는 네 개의 범죄 즉 집단 살해와 인도에 반한 죄 그리고 전쟁 범죄와 침략 범죄를 심판할 수 있다. 침략 범죄의 경우에는 협약에 사인한 국가만 적용되는 법이다. 러시아와 우크라이나 두 국가 모두 협약에 비준하지 않았기 때문에 심판할 수 없다. 유엔의 조사는 가능하지만, 상임 이사국인 러시아가 거부하면 조사가 진행되지 않기 때문에 사실상 의미가 없다. 나머지 집단 살해와 인도에 반한 죄 등의 전쟁 범죄는 조사할 수 있고, 실제로 현재 조사에 착수한 상태지만, 푸틴을 법정에 세워 처벌하기는 사실상 어렵다.

국제형사재판소는 다른 법정과 같이 원칙을 적용하고 있다. 우리가 잘 알고 있는 무죄추정의 원칙도 철저하게 적용된다. 그래서 전범재판을 열고 싶다면 재판을 시작하는 쪽에서 빼도 박도 못할 정도로 확실한 증거와 자료를 제시해야 한다. 만약 입증할 만한 자료도 있고 증거들이 있어서 헤이그에서 전범재판을 열어 기소한다고 해도 푸틴이 출석할 가능성은 없다.

푸틴이 출석하려면 심적인 변화가 생겨 자기 발로 직접 오거나 체포해야 하는데, 직접 출석하는 것은 사실 불가능하고 체포 역시 전쟁을 하자는 말이니 둘 다 어렵다. 우크라이나의 젤렌스키도 이런 내용을 알고 있어서 CBS 인터뷰에서 '저들을 적절히 처벌하는 것은 달성하기 힘든 일'이라고 했다.

만일 푸틴이 출석하는 일이 생긴다고 해도 '나는 지시한 적도 없고 이런저런 일은 전시 중에 일어난 일이라 잘 모르겠다'라고 해 버리면 거의 모든 범죄에서 혐의를 부인하고 빠져나갈 수 있다. 실무자의 책임으로 떠넘기는 것이다. 푸틴이 직접 지시한 직접적인 자료가 없으면 의미가 없다는 이야기다. 누군가가 러시아의 군사 기밀을 빼내거나 푸틴 측근이 배신하지 않는다면 어려운 일일 것이다.

그래서 전쟁 범죄 사건은 대부분 최고 정치 지도자보다는 현장 지휘관들 선에 머문다는 말이 있다. 재판소가 현직에 있는 국가 지도자를 기소한 것은 리비아의 무아마르 카다피와 수단의 오마르 알바시르 밖에 없다. 그런데 이 두 명은 소위 죽은 권력이어서 가능했던 것이고, 러시아는 유엔 상임 이사국으로 강력한 거부권을 지니고 있다. 유엔 상임 이사국이 아니더라도 살아 있는 권력에 손을 댄 역사는 한 번도 없다.

그리고 전범재판의 한계에 대해서도 다들 쉬쉬하지만 명확한 것은 승자는 법정에 서지 않는다. 전쟁 범죄가 아무리 끔찍해도 승전고를 울린 정부와 군인들이 국제법정에 서는 경우는 거의 없다. 기소뿐만 아니라 범죄를 단죄하는 것은 승전국이다.

르완다와 코트디부아르는 내전의 승자가, 세르비아와 같은 나라에서는 권력 싸움에서 이긴 정부가 패배한 권력자에게 심판을 내렸다. 제2차 세계대전이 끝나고 나서도 재판소에서는 패배한 추축국의 범죄에 대해 재판만 했지, 승리한 연합국은 각국이 알아서 하도록 놔 두었다.

국제형사재판소는 법을 투명하게 적용한다고는 하지만 사실은 그렇지 않은 것이다. 권력이 유지되기만 해도 처벌하는 것이 현실적으로 불가능한데, 러시아가 승전국이 된다면 전쟁 범죄에 대해 '사실 이때 이랬다' 하는 것이 전부가 될 것이다.

푸틴을 처벌할 수 있는 현실적인 방법은 한 가지뿐이다. 푸틴이 몰락하는 것이다. 푸틴이 러시아의 국가 원수 자리에 있거나 푸틴의 후계자가 원수 자리를 이어받는다면 전쟁이 끝나더라도 앞에서 말했던 현실적인 이유로 푸틴의 처벌은 불가능하다. 또한 이때까지 러시아의 행보를 보면 정권 교체도 사실상 불가능하다.

결국 쿠데타가 일어나거나 국민이 푸틴을 끌어내려야 처벌이 가능하다는 것이다. 실제로 유고슬라비아의 대통령 밀로셰비치는 계속된 전쟁과 경제까지 무너지는 것을 본 국민들이 그를 끌어내렸고, 전쟁 범죄에 대한 재판을 받게 했다.

기후 재난이
코앞으로 다가왔다

언제부터 기후변화가 심상치 않다고 느껴지기 시작했다. 기후변화에서 기후 위기, 이제 기후재앙이라는 말까지 나오고 있다. 사실 개인적으로는 기후라는 것이 직접적으로 와닿지 않아서 관심이 많지는 않았다. 아마 대부분이 위기다 뭐다 말은 많지만, 그렇게 관심을 많이 가지지는 않았을 것이다. 생활에서 느낀 것이라고 해 봐야 카페에서 종이 빨대를 쓰거나 물건을 살 때 종이봉투를 주는 정도다. 뉴스에서 '기후 위기다', '진짜 큰일 난다', '빙하가 녹는다'고 해도 '아, 그렇구나' 정도였다. 하지만 현실로 목도하고 우려하는 기후변화, 기후

위기, 기후재앙은 훨씬 더 무섭게 우리에게 다가오고 있다.

지금 우리가 살아가는 주변 환경에서 기술이 들어가지 않은 것들이 있을까? PC, 휴대폰 등이 모두 기술 발전의 산물이다. 우리가 이용하는 대중교통, 일상에서 먹는 음식과 입는 옷 등에도 문명 발전의 역사가 깃들어 있다.

지금 우리가 살아가면서 누리는 다양한 것들은 과거에는 당연한 것이 아니었다. 기술 발전의 핵심은 '주어진 환경을 얼마나 잘 다루고 이용하느냐'에 달렸다고 해도 과언이 아니다. 그리고 그 발전 단계 중 기념비적인 변화를 일으킨 시기를 '산업 혁명'이라고 부른다. 산업 혁명을 통해 대량 생산이 가능해지면서 인류는 기술의 산물을 저렴한 가격으로 누릴 수 있게 되었다.

그런데 돈과 상품들로 파티를 여는 동안 잊은 것이 하나 있었다. 바로 자연과 기후변화였다. 우리가 태어나기 전부터 자연재해는 자연스러운 현상이었다. 과거에는 '신의 천벌이다'와 같은 말로 설명했지만, 현대에서는 거의 다 과학으로 설명할 수 있게 되었다. 그런데 최근 자연재해는 규모도 강도도 과거보다 더 심각해졌다. 학자들은 하나같이 기후변화 때문이라고 말한다.

그렇다면 기후변화란 정확히 무엇일까? 조금 풀어서 이야기해 보자. 기후라고 하는 것은 수십 년 동안 한 지역의 날씨를 평균화한 것이다. 기후는 지역에 따라 개성을 가진다'. '사계절이 뚜렷하다', '추운 날씨가 많이 이어진다', '더운 날씨가 많이 이어진다' 등 대체로 수십 년 또는 그 이상 동안 지속되는 자연 현상이다.

기후의 평균 상태에서 통계적으로 유의미한 변동이 발생하면 이를 바로 '기후변화'라고 부른다. 지구의 기후가 바뀌는 것은 크게 두 가지 요인이 있다. 자연적인 요인과 인위적인 요인이다. 자연적인 요인은 화산 폭발로 화산재가 발생하고, 화산재가 해당 지역의 햇빛을 차단하는 현상이 발생하면 햇빛을 제대로 받지 못하기 때문에 기온이 떨어지는 것과 같이 자연 현상 때문에 생긴 것을 말한다.

지구온난화와 함께 알고 있는 온실 효과도 사실 지구가 지닌 자연적인 현상이다. 인간이 지구에서 살아갈 수 있는 이유 중 하나는 대기 중의 온실가스가 온실의 유리처럼 작용하여 지구 표면의 온도를 평균 15도로 일정하게 유지해 주기 때문이다.

지구온난화 현상이 있기 전에도 온실 효과는 항상 있던 현상이다. 그럼 지금 왜 문제가 되는 것일까? 온실가스의 농도가 짙어지며 지구의 평균 기온이 비정상적으로 높아져 문제가 되는 것이다. 바로 지금 우리가 직면하고 있는 '강화된 온실 효과로 인한 지구온난화'다.

자연적인 변화보다 더욱더 급진적이고 빠른 변화를 만들어 내는 요소가 바로 두 번째 요소인 인위적인 요인이다. 인위적인 요인이란 우리가 흔히 알고 있는 것들이다. 화석 연료 과다 사용, 삼림 파괴로 인한 자정 능력의 저하, 온실가스 배출 증가 등에 의해 기후가 변화하는 것을 말한다.

　인간 활동이 기후에 영향을 미치기 시작한 것은 산업 혁명 초기인 18세기다. 기술이 발전함에 따라 인류는 자연을 더욱더 많이 개발했다. 삶이 윤택해지면서 인구는 증가하게 되었고, 인구의 증가는 경제 규모가 커졌다는 것을 의미했다. 경제 규모가 커진 만큼 더 빠르고 급격하게 자연을 파괴하며 기술은 발전했다. 결론적으로 현재의 기후변화는 인위적인 요인 때문에 자연적인 요인이 급격하게 진행되고 있다.

　그렇다면 인류가 개발을 멈추지 않고 계속해서 나아간다면 어떻게 될까? 지구의 온도가 상승한다. 지구 온도가 좀 상승하는 것이 큰 문제인가 싶지만, 엄청나게 큰 문제다. 과학자들은 입을 모아 지구의 평균 표면 온도 상승 폭이 산업화 이전인 19세기 후반과 비교해 1.5도 이내로 억제하지 못하면 재앙이 닥칠 것이라는 말을 한다. 마지노선을 1.5도로 잡아 놓은 것이다.

　현재 세계기상기구(WMO)는 5년 안에 마지노선인 1.5도가 깨질 확률이 66%라고 발표했다. 지구의 온도가 1도만 상승해도 전 세계적으로 매우 심각한 수준의 가뭄, 폭염, 폭우 등의 기상이변이 발생하고, 사막화 현상으로 인해 미세먼지 발생이 심화한다. 모든 자연재해도 더 심각해지고 자주 일어난다.

2도 상승 시에는 그린란드 빙하가 녹아 해수면이 상승한다. 북극곰과 같은 북극 생물이 멸종 위기에 처하게 된다. 사실 북극 생물만 멸종하는 건 그렇게 문제가 안 된다. 진짜 문제는 생태계가 다 망가진다는 것이다.

지구의 온도가 3도가 오른다면 지구온난화는 우리가 생각하는 그 속도 이상으로 가속화되기 시작한다. 인간이 감당할 수 없는 수준의 가뭄과 기후 재난이 찾아와 많은 사람과 생물이 기근으로 사망하거나 멸종하게 된다.

지구의 기온이 4도 이상 상승하면 해수면이 지금보다 훨씬 높아져 많은 도시가 가라앉게 된다. 우리나라도 예외는 아니다. WMO는 〈2021 기후 상태 보고서〉를 통해 지구 평균 온도가 산업화 이전보다 약 1.09도 높아졌다고 밝혔다. 산업화 이전보다 약 1도 높아졌지만, 이미 수많은 재난은 곳곳에서 발생하고 있다.

남태평양 국가인 투발루의 경우 이미 국토가 물에 잠기고 있다. 2022년에는 파키스탄 대홍수가 발생해 국토의 3분의 1이 물에 잠겼다. 그런데 사실 이걸 하나하나 따지는 건 딱히 의미가 없다. 결론은 지금 이대로 가다가는 다 죽는다는 것이다. 인류뿐만 아니라 지구가 멸망할지도 모른다. 영화에서 보는 아포칼립스를 맞이하는 것이 우리가 될 수도 있다.

그렇다면 이를 막을 방법은 있을까? 재난에 대해 이미 인지하고 있는 국가들은 지구온난화에 따른 기후변화에 대처하기 위해 많은 것들을 하고 있다. 하지만 사실 지금까지 그렇게 큰 성과는 없다. 2015년 11월 발효된 파리기후변화협약 등 탄소 배출 감소를 위해서 노력은 하지만 의미가 크지 않다. 종이 빨대에다 에코백까지 쓰지만 왜 의미가 크지 않을까? 그 이유는 각 국가의 이해 관계와 이기성 때문이다.

사실 이기성이라고 하기에도 애매하다. 인도처럼 산업이 발전하는 단계인 국가에서는 환경보다 발전에 중점을 두고 있다. 이제 성장하는 국가들에게 환경 보호는 소위 배부른 소리로 인식되고 있다. 기후 때문에 하지 말라는 말은 평생 선진국 반열에 오를 생각하지 말고 가난하게 살라는 말과 같다.

정말 방법은 없을까? 방법은 지구의 온도 상승을 늦추는 것이다. 종이 빨대, 대체육, 재활용까지 전부 지구의 온도 상승을 늦출 수 있는 것이다. 하지만 근본적인 해결책은 아니다. 인도의 대기과학과 교수인 아츄타라오는 온실가스 배출량이 제로가 될 때까지는 어찌 되었든 상승할 것이라고 말한다.

기후변화가 무서운 진짜 이유는 과거로 돌아갈 수 없다는 것이다. 그렇다면 현재 상태를 유지하는 게 최선의 방법인데, 교수의 말처럼 제로로 만들지 않는 이상 멈추지는 않는다.

그래서 해결 방법은 두 가지다. 첫째, 조금 아이러니하게도 기술의 발전이다. 〈인터스텔라(2014)〉의 명대사가 있다.

"우리는 답을 찾을 것이다, 늘 그랬듯이."

기술로 답을 찾는 것이다. '온실가스 배출량이 제로가 될 때까지는 어찌 되었든 상승할 것' 이 말을 반대로 생각하면 제로가 된다면 현상 유지가 가능하다는 말이다. 간단하게 생각하면 인간이 이룩해 낸 발전과 기술 문명을 제로(0)로 돌려 버리는 것이다. 하지만 이것을 받아들일 수 있는 지구상의 생명체는 없다. 아무리 극단적인 환경단체, 시민단체도 이런 주장은 하지 않는다.

앞에서 말했듯이 종이 빨대, 대체육, 재활용 대중교통 타기와 같은 것은 해결책이 아닌 시간을 버는 용도다. 개인적으로, 국가적으로, 세계적으로 시간을 버는 동안 기술이 해내야 한다. 사실 이미 친환경 산업에 대한 바람은 불고 있다. 전기차는 이미 돌아다니고 있고, 신재생 산업과 친환경 산업 기업들도 큰 기대와 함께 투자받고 있다. 지금의 기술들, 발전의 산물들을 이용할 수 있으면서 모든 것들을 친환경 기술로 대체한다면, 인도를 위시한 성장하는 국가도 이 기술을 사용하게 한다면, 제로로 만드는 건 불가능이 아닐지도 모른다.

마지막 방법이 하나 더 있다. 역시나 〈인터스텔라(2014)〉의 명대사를 빌어, 인류는 지구에서 태어났지만, 이것이 지구에서 죽어야 함을 의미하지는 않는다. 지구의 종말이 우리의 종말은 아니다. 우리는 하늘을 올려다보며 별들 사이에서 우리가 어디에 있는지 궁금해하곤 했다. 하지만 이제는 아래를 내려다보며 우리가 자리 잡을 땅이 어딘지 찾아야 한다. 다른 행성을 찾아 떠나는 것이다.

아픈 건 지구가 아니라 사람이다. 다른 행성을 찾는 일론 머스크의 말대로 인류가 다른 행성으로 이주할지도 모르겠다.

하지만 앞서 말했듯이 종교의 커뮤니티적 기능은 여전히 남아 있고 마음이 병들어 가는 현대 사회에서 어쩌면 가장 필요한 기능을 종교가 할 수 있을지도 모른다. 그러려면 시대의 흐름에 맞게 종교도 변화할 필요가 있다.

-⟨신이 창조한 인간, 신을 만들어 낸 인간⟩ 중에서

3장

사회악감

이제는 정말 아무도 없어,
대한민국이 사라진다

최근 몇 년 동안 '지방소멸'이란 단어가 유독 자주 보인다. 우리나라는 지방소멸 위기에 처해 있다며, 지방에는 빈집이 늘고 지방 경제의 큰손인 외국인마저 빠져나가 지방에는 돈이 돌지 않을 거라며 당장이라도 무슨 일이 날 것처럼 이야기하고 있다. 도대체 얼마나 심각하길래 이토록 많은 언론과 전문가들이 하나같이 목소리를 높이고 있는 걸까?

일단 '지방소멸'이 정확히 무엇인지 알아보자. 지방소멸이란 말은 일본에서 시작된 용어다. 정확히는 2014년 출간된 일본의 정치인 마스다 히로야의 《지방소멸(마스다 히로야 지음, 김정환 옮김, 와이즈베리, 2015)》을 통해 퍼지기 시작했다. 책에서 정의하길 지방소멸은 저출산과 고령화, 지방 도시에서 대도시로의 인구 유출로 인해 지방의 인구는 감소하고 쇠퇴하는 것을 말한다. 마스다 히로야는 지방소멸의 원인으로 인구가 일본의 수도인 도쿄로만 집중되는 극점사회와 젊은 이들이 결혼과 출산을 포기하는 저출산 현상을 꼽았다.

수도권 집중 현상과 저출산은 일본보다 우리나라가 훨씬 더 심각한 상태다. 일본의 수도권 인구 집중도가 30.12%지만 우리나라는 50.24%로 월등히 높고, 출산율은 0.78명으로 전 세계에서 가장 낮다. 2020년부터 우리 사회는 수도권의 인구가 비수도권 인구를 넘어선 상태다. 우리나라 국민 두 명 중 한 명이 수도권에 살고 있다.

지방소멸의 주요 원인 중 하나는 20세에서 39세의 젊은 가임기 여성 인구의 감소다. 지난해 발표된 우리나라 고용정보원의 지방소멸 위험 지수에 따르면 지방소멸 위험 지수는 '지역의 65세 이상 고령 인구수 대비 20~39세 여성 인구수'로 정의되는데, 이 값이 1.0 이하일 때 다시 말해 젊은 여성 인구가 고령 인구보다 적은 상황일 때 해당 지역은 인구학적 쇠퇴 위험 단계에 진입하게 된다. 더 나아가 이 지수가 0.5 미만으로 젊은 여성 인구가 고령 인구의 절반 미만인 지역은 극적인 전환의 계기가 없다면 소멸 위험이 큰 소멸 단계라고 할 수 있다.

2022년 3월 기준 0.5 미만인 소멸 위험 지역은 113곳으로, 전국 228개 시군구의 약 절반(49.6%) 수준으로 나타났다. 즉 우리나라의 절반이 소멸 위험 지역이라는 것이다. 진짜 문제는 지방소멸이 지방 소도시만의 골칫거리가 아니라는 것이다. 비수도권 대도시들도 대체로 인구 정체와 감소 문제를 겪으면서 쇠퇴하고 있다.

일례로 국회입법조사처가 최근 내놓은 〈지방소멸 위기 지역의 현황과 향후 과제〉라는 보고서에 따르면 2022년 8월 기준 부산의 경우 읍·면·동 205곳 중 99곳(48%)이 인구 소멸 위험 지역으로 분류되어 있다. 우리나라의 제2 도시인 부산과 같은 큰 광역시도 지방소멸 문제에서 자유롭지는 않다.

서울에 사는 사람은 체감하지 못하겠지만 지방 대도시가 가지는 의미는 생각보다 훨씬 크다. 지방 대도시가 제대로 굴러가야 주변 위성 도시들은 물론 인근 중소 도시 농촌 지역이 일정 수준의 인구를 유지할 수 있다.

저출산과 수도권 집중 이동, 이 두 가지가 원인이라면 해결하면 될 일이 아니냐는 생각이 들 것이다. 하지만 복잡하고 힘든 문제기에 쉽게 답할 수는 없다. 일단 애를 안 낳겠다는 건 수도권만의 문제가 아니다. 저출산은 우리나라의 문제뿐만 아니라 전 세계적으로 결혼과 출산을 꺼리는 추세다. 지방소멸에 더 직접적인 관련이 있는 수도권 집중 이동에 대해 알아보자.

현재 수도권 집중 이동 현상은 20대가 중심이 된 현상이다. 2021년 기준 20세 이상 40세 미만 청년 인구 1,367만 명 가운데 55%에 달하는 745만 8,000여 명이 수도권에 사는 것으로 집계되었다. 왜 20대들은 수도권으로 몰려드는 것일까? 20대들이 수도권으로 몰리는 주된 이유는 대학 진학과 구직 활동 때문이다. 가고 싶은 대학과 일자리가 모두 수도권에 몰려 있으니 청년들은 달리 선택지가 없다. 과거와는 달리 지방에서 태어나 쭉 자라서 일자리를 구해 살아가는 것이 녹록지 않다.

대부분의 청년은 수도권으로 일자리를 구하러 올라오거나 수도권에 취직한 상태다. 지방에서도 찾아보면 일자리가 많지 않겠냐 싶지만, 구직자가 원하는 '좋은 일자리'는 수도권에 몰려 있는 게 현실이다.

공정거래위원회의 2021년도 공시 대상 대기업 71개 중 62개의 본사는 수도권으로 집계되었고, 200대 기업 중 144곳 1,000대 기업 가운데 743개가 수도권에 있다. 창업도 수도권에서 활발했다. 2019년 기준 전국에서 128만 5,259개 기업이 생겼는데 그중 55%인 70만 3,690개가 수도권에서 만들어졌을 정도다. 거기다 지방의 기업들도 조금 성장했다 싶으면 수도권으로 향했다. 고급 인력이나 다른 기업과의 협업 문제 때문이다.

수도권을 중심으로 좋은 일자리 기회, 교육 기회, 문화생활의 기회까지 쏠리면서 청년들의 수도권 집중은 선택이 아닌 당연한 것이 되어 버렸다. 사실 지방에서는 청년들을 붙잡아 둘 구실이 없는 상황이다. 세금 감면이나 창업 지원금 같은 정책을 내는 지방이 있기는 하지만, 서울을 따라잡기에는 한계가 있다. 집값이 비싸고 생활 물가가 아무리 비싸도, 음식도 마음대로 먹지 못하는 반지하에서 궁핍한 생활을 자처하면서까지 괜히 서울에 몰려드는 것이 아니다.

서울 집값이 비싸다 비싸다 하지만 사람들은 서울을 떠나지 않는다. 서울 아파트의 반의반 값만 내도 훨씬 좋고 넓은 집이 지방에 많은 데도 말이다. 아이의 교육 때문에, 직장 때문에, 문화생활, 삶의 질, 편의성 때문에 이유는 많다.

한때 귀농 바람이 분 적이 있다. 그러나 지금은 대부분 다시 수도권으로 돌아왔다. 굳이 멀리 떨어진 지방까지도 살필 필요 없이 경기도권의 전원주택 폭락을 눈으로 확인할 수 있다. 수도권으로 한번 들어온 인구는 다시 빠져나가지 않고, 지방에서는 출산에 가장 주가 되는 청년 인구가 계속 빠져나가 일하고 아이를 낳는 청년 인구가 줄어드니 세수가 적게 걷혀 무언가를 하기도 힘들어지는 악순환이 반복되고 있다. 언뜻 이런 생각이 들 수도 있다.

'지방소멸이 심각한 건 알겠는데 그렇게 큰 문제인가? 난 서울에 살고 있고 지방은 나랑 전혀 상관없는 문제 같은데.'

하지만 큰 문제다. 이러한 상황이 지속되면 지방뿐만 아니라 수도권, 더 나아가 우리나라 전체가 도미노처럼 큰 타격을 입게 된다. 지방소멸이 진행되면서 지역 경제가 붕괴한다. 지역의 인구가 감소하면 음식, 숙박업, 유통업 등 지역의 상권이 붕괴할 뿐만 아니라 고령자가 증가하면서 지역 경제가 위태로워진다. 세금 낼 사람이 줄어들면 결국 지방의 재정 악화로 이어진다. 재정의 악화는 평균적인 복지와 공공서비스의 질이 낮아지게 만든다. 학교는 폐교되고 공공 인프라가 축소되어 세수가 줄어드니 개인이 부담할 세금은 증가할 것이다.

복지를 중앙 정부에서 해결하면 된다고 생각할 수도 있지만, 그다음이 문제다. 어찌어찌 복지는 이루어지더라도 지역 공동체 존립은 이미 위태로워진 상태가 된다. 고령사회는 초고령사회로 나아가고 출산은 희박해진다. 그나마 그 지역에서 자란 아이들은 다시 그 지역을 떠나는 유출 인구가 된다. 그렇게 다음 단계는 정말 아무도 없어진다.

지역에서 유출된 인구는 당연히 수도권으로 향하며 수도권 집중 현상이 더 심각해지는 것이다. 수도권에 인구가 집중되면 오히려 수도권은 좋아지는 것이 아닌가 싶겠지만, 사람이 많아지면 그만큼 경쟁자가 많아진다는 뜻이 된다. 가장 먼저 취업이 어려워진다. 게다가 한정적인 땅과 집에 비해 사람은 물밀듯이 밀려들어 주택 시장이 악화하여 집값이 천정부지로 치솟게 된다. 어려워진 취업과 과열된 주택 시장은 다시한번 비혼, 만혼, 저출산을 유발한다.

실제로 인구 밀도와 출생률은 역의 관계다. 지금도 출산율, 집값, 수도권 집중, 고령화로 인한 세금을 걱정하고 있는데, 지방소멸을 그냥 놔둔다면 지금보다 더 낮은 출산율, 더 높은 집값, 더 집중된 수도권, 더 심각한 초고령화를 마주하게 될 것이다. 그렇다면 이러한 문제를 해결할 수 있을까? 간단하게는 수도권 집중과 저출산을 막으면 되는 것이지만, 생각처럼 쉽지 않은 일이며 이렇다 할 해결책이 보이지 않는 것이 현재 상황이다.

가끔 장난처럼 달린 '지금까지 우리나라를 사랑해 주셔서 감사합니다'라는 댓글을 보며 이렇게 가다가는 진짜 우리나라의 소멸을 볼지도 모르겠다는 생각이 든다. 곧 선택이 필요할 것이다. 다른 나라처럼 대규모 이민 정책으로 외국인을 대거 받아들이던가, 기술의 발달로 인공 자궁 또는 인간 복제를 통해 국가에서 아이를 기르는 세상을 만들던가, 그대로 소멸을 선택하던가 말이다. 더 이상 영화 속의 이야기가 아니다.

지역 갈등은
그들 때문에 시작되었다

지역감정의 정의는 연구자마다 다르지만 대체로 지역적 연고를 바탕으로 한 지역 집단이 다른 지역 집단에 가지는 부정적이고 차별적인 태도라고 할 수 있다. 우리나라에서는 경상도와 전라도로 대표되는 영남과 호남이 지역감정의 대표주자로 꼽힌다. 사실 지역 갈등, 지역감정은 우리나라에만 있는 특이한 현상은 아니다. 나라가 오래되고, 굳어지며, 땅이 넓을수록 생기기 쉬운 게 지역 갈등, 지역감정이다. 지역감정은 인종 갈등, 민족 갈등, 문화 갈등과 같은 맥락이다.

그도 그럴 것이 지금처럼 교통, 통신이 발전하기 전에 사람들은 지역 단위로 모여 살았다. 인간이란 한 집단을 형성하면 자기들에게 이득이 되는 것들은 챙기고 하고 외부를 경계하게 된다. 집단이 되면 자기들만의 언어, 사투리, 은어가 생기고 자기들만의 문화도 생긴다. 국가가 성장하면서 받게 되는 혜택 배분에 따라 갈등이 생기기도 하고 역사적인 이유도 있다.

지금까지 말한 것을 크게 두 가지로 정리해 보면, 집단을 형성하면서 생기는 내부 집단 편애와 좀 더 발전한 형태이자 과격해진 적대적인 집단 갈등으로 나누어진다. 지금 젊은 사람들에게는 많이 없어졌지만, 영호남의 갈등은 적대감을 기반으로 한 내부 집단 편애다.

도대체 영남과 호남은 왜 서로를 싫어하게 됐을까? 지역 감정이 왜 생겨났는지는 생각보다 다양한 학설이 존재한다. 당연히 한 가지 이유만으로 생겼다면 해결 방법도 명확해서 진작에 해소됐을 테니까.

가장 많이 언급되는 이유는 세 가지다. 첫 번째는 앞에서도 말했던 경제적 불평등이다. 우리나라는 산업화 과정에서 발생한 지역 간 불균형이 이에 해당한다. 두 번째는 정치 동원론이다. 아마 가장 많이 와닿는 이유일 것이다. 정치인들이 선거에서 승리하기 위한 전략으로 지역감정을 자극하고 동원했다는 말이다. 마지막 세 번째는 자연스럽게 지역의 이익을 위해 생긴 것이다. 유권자들이 자신의 지역 출신 정치인이 있어야 자원 분배에서 이득을 볼 것이라는 합리적 판단에서 생긴 것이라는 말이다. 이외에도 언론이 부추겼다고 보는 시각도 있다. 사실 이 모든 것이 복합적으로 적용한 것이다.

영호남의 지역 갈등은 꽤 오래전부터 있었지만, 또 그렇게 오래되지는 않았다. 이게 무슨 말이냐면 과거에는 서로를 혐오하기보다는 견제한다는 느낌이었다.

삼국시대에는 신라와 백제가 대립하며 서로를 견제했다. 두 왕조가 멸망한 뒤에도 백제 문화권, 신라 문화권은 계속됐다. 둘은 가까이 살았지만 먼 이웃이었다. 당장 우리나라와 가까운 일본이나 중국의 문화도 우리와 천지 차이인 것처럼 말이다.

고려의 《훈요 10조》를 보면 '차현 이남의 공주강 밖의 사람들을 벼슬자리에 두지 말아야 한다'고 기록되어 있다. 호남 지역 사람을 등용시키지 말라는 말이다. 하지만 정작 왕건 시대를 보면 전라도 출신의 사람들이 요직에 많이 등용됐다.

조선이 건국되고 나서는 지역의 넓이와 인구수에 따라 조세를 매겼는데, 영남과 호남은 비슷한 비율을 차지했다. 과거 합격자의 수도 비슷했고 인재도 비슷하게 등용됐다. 임진왜란 때는 경상도가 일본에 넘어갈 때 전라도 사람들이 도왔다. 1894년 동학농민운동 때에는 영남과 호남이 연대해 투쟁에 나섰다. 일제강점기가 끝나고 우리나라가 광복하고 나서도 지역감정은 크게 두드러지지 않았다. 전라도 출신 조재천이 대구에서 국회의원이 되는 것도 전혀 이상하지 않은 일이었다.

여기까지만 보면 두 지역에는 문제가 없었다. 두 지역의 갈등은 우리나라의 경제가 성장하면서 시작됐다. 전통적으로 전라도 지역은 곡창 지대로 농업이 발전한 지역이다. 특히 주식인 쌀을 많이 생산하는 한반도의 식량을 책임지는 곳이었다. 농업을 하는 곳이다 보니 당연히 인구도 많았다. 실제로 해방 직후 호남과 영남의 인구는 큰 차이가 없었다. 지금은 차이가 커서 2022년 기준 전라권은 500만 명, 경상권은 1,200만 명이다.

보통 영호남의 지역감정은 제3공화국 시대, 그러니까 1960년대 박정희 정권부터 시작됐다고 생각하는 사람들이 많다. 제1차, 제2차 경제개발 5개년 계획에서 수도권과 영남이 집중적으로 개발되기 시작했기 때문이다. 대규모의 공장 시설과 기업은 영남 지역에 들어서기 시작했다. 주요 공단과 산업 단지는 영남 지역 항구 근처에 세워졌다. 부산항과 울산항은 동남아시아, 일본, 미국과 교류하는 세계적인 항구로 성장했다.

그래서 영남과 호남의 사이가 안 좋아졌다는 시각이 많은데 어불성설이다. 일단 영남을 경제적으로 개발한 것은 박정희 대통령의 고향이 구미라서 그렇다는 말도 있지만, 당시 우리나라와 교류하던 국가가 일본과 미국이었기 때문이다. 호남의 바다는 중국과 가깝다는 장점이 있지만, 이 시기에는 중국과의 교류가 거의 없었다. 게다가 인천이 있다 보니, 굳이 더 아래 항만을 개발할 필요를 느끼지 못했다. 60, 70년대 우리나라의 수출 라인은 대부분 일본과 미국으로 이어지는 태평양 라인이었다.

기업들이 들어서니 일자리도 창출됐고, 영남 지역으로 사람들이 몰려들기 시작했다. 지역 경제는 활성화되었고, 1960년대 이후 항만 근처 특히 부산이나 울산의 평균 소득은 전국의 평균 소득보다 높았다. 반면 호남 지역은 정반대였다. 호남의 사람들은 일자리를 찾아 고향을 떠나 서울, 부산으로 갔다. 지역 경제는 무너지기 시작했다.

확실히 설득력은 있지만 여기에서 이유를 찾기에는 강원도, 충청도와 같은 다른 지역들도 사정은 비슷한데도 영남과 갈등이 생기지 않은 이유를 설명하기에는 부족하다. 다만 전라도라고 했을 때 일부 사람들이 떠올리는 차별적인 시선은 여기서 생겼을 확률이 높다.

도시로 간 호남의 사람들은 가난했고, 서울 사람들보다 학력이 높지도 않았다. 전라도 출신 사람들은 새로운 곳에서 살아남기 위한 억척스러움과 사정을 모르고 보면 굉장히 이기적인 행태를 보였다. 물론 이것을 전라도 사람들의 특징이라고 하기에는 문제가 있다.

만약 상황이 반대였다면 영남 사람들도 억척스러워졌을 것이다. 향우회가 생긴 배경도 이것 때문이다. 비슷한 처지인 사람들끼리 뭉치자는 것이다. 영화에서 등장하는 전라도 사람들의 이미지를 보면 확연하게 알 수 있다. 경제개발 이전에는 사투리를 제외하면 특징을 보이지 않았지만, 이후 영화에 등장하는 전라도 사람들은 독종이나 생활력이 강한 사람 혹은 건달로 자주 나온다.

지금 말하는 지역감정이 두드러지게 생겨나기 시작한 것은 7대 대통령 선거 때부터다. 7대 대통령 선거는 민주공화당의 박정희와 신민당의 김대중 구도였다. 7대 대통령 선거를 보기 전에 잠깐 6대 대통령 선거부터 살펴보면, 6대 대통령 선거는 박정희와 윤보선의 구도였다. 만약 지역감정이 심했고 정치에까지 영향을 끼칠 정도였다면, 호남은 당연히 압도적으로 윤보선을 지지했을 것이다. 윤보선이 전라도 출신은 아니지만, 영남을 혐오했다면 박정희를 뽑아 주지 않았을 것이다.

6대 선거에서 전남 기준 박정희 44.6%, 윤보선 46.6%, 전북 기준 박정희 42.3%, 윤보선 48.7%를 받았다. 선거 포스터나 연설을 봐도 딱히 지역적인 발언은 없었다.

하지만 7대 선거부터 지역주의, 지역감정이 폭발하기 시작했다. 박정희의 민주공화당에서는 '빨갱이들에게 정권을 내줄 수 없다'는 말을 하고, 김대중의 신민당에서는 '경상도 독재 정권 타도하자'는 말이 나왔다. 이때 박정희 쪽은 공격적인 화법을 사용했고, 김대중 쪽은 감정에 호소하는 느낌이었다. 자극적인 혐오 발언들은 언론을 타고 그대로 방송되었다.

시간이 흘러 5·18 광주 민주화 운동을 거치면서 지역감정은 극에 달했다. 1987년 대통령 선거에서는 노태우, 김대중, 김영삼이 붙었다. 결과는 노태우의 당선이었다. 이때 호남과 영남의 표를 보면 지역감정이 심해졌다는 것을 알 수 있다. 전남과 전북에서는 각각 김대중의 득표율이 90.3%, 83.5%로 나왔다. 반면 경상도에서는 김대중이 5%의 득표율도 기록하지 못했다. 진보, 보수의 개념이 아닌 지역주의에 기반한 선거였다.

노태우는 대통령이 되었지만, 막상 할 수 있는 것은 많이 없었다. 노태우 당 125석, 김대중 당 70석, 김영삼 당 59석, 김종필 당 35석으로 여소야대 형국이었다. 노태우는 김영삼과 김종필에게 힘을 합치자는 제안을 하고, 세 당은 합쳐지게 됐다. 125+59+35로 총 219석의 거대한 당이 생겼다. 이때 합당을 반대하며 탈당한 사람이 '노무현'이다. 어쨌든 이들은 민주자유당이 되었고, 현재 '국민의힘'의 전신이 되었다. 김대중 당은 현재의 '더불어민주당'이 됐다. 그렇게 전라도는 진보, 경상도는 보수의 텃밭이 되었다.

지역감정, 지역 갈등은 생각보다 큰 문제다. 이성보다 감정이 더 앞서게 만들고, 올바른 우리의 대표를 뽑지 못하게 시야를 가린다. 지금도 정치권을 보면 서로 말도 안 되는 공격을 하기도 하고, 잘못된 정보들을 흘리기도 한다. 워낙 자극적이니 또 사람들은 찾아보고, 공약보다는 상대방을 깎아내리기에 급급하다. 이제는 지역과 출신을 넘어 능력과 공약, 비전을 보고 진짜 우리를 대표할 사람을 뽑았으면 하는 바람이다.

자영업의 몰락은
현재 진행형이다

'진짜 심각하다. 자영업, 침체가 아니라 몰락의 서막이야.'

'자영업자 몰락 위기 지원 대책이 시급하다.'

'한숨 커지는 자영업자들.'

'위기의 자영업, 언제까지 대출 연장으로 버틸 수 있을까?'

요즘 '자영업'에 대해 검색하면 부정적이고 암울한 제목이 가장 먼저 눈에 띈다. 코로나가 끝나고 자영업자는 코로나 이전으로 돌아갈 거라는 희망에 부풀었지만, 아주 잠깐 훈풍이 불었을 뿐 오히려 코로나 때보다 상황이 더 심각해졌다. 사실 몇몇 지역을 제외하고는 죄다 공실에다 폐업이며, 임대 딱지가 붙어 있는 부동산은 더는 어색하지 않을 정도다. 대부분의 경제 기사에서는 벼랑 끝에 내몰린 자영업자의 한탄과 그들이 겪고 있는 암담한 현실에 대한 이야기로 가득 차 있다.

전주에서 작은 선술집 가게를 운영하는 한 자영업자는 이렇게 말했다

"불황 속에 어렵게 버텨 왔는데 이젠 한계에 다다른 것 같다. 생계형 대출로 지금까지 겨우겨우 생활을 이어 왔는데 이젠 이마저도 바닥이 드러났다."

부산에서 자동차 보증수리 사업을 하는 다른 자영업자도 비슷한 말을 했다.

"지금 진짜 심각하다. 현재 급격한 금리 인상 때문에 영세한 자영업자는 물론 우리 같은 중소 자영업자도 위기 상황에 직면했다."

지방뿐만 아니라 서울도 공실로 넘쳐나고, 상권이 살아 있는 지역도 잘 들여다보면 가게가 생겼다가 금방 사라지기 일쑤다.

실제로 우리나라 경영자총협회에 따르면 2022년 기준 소상공인 절반이 월 100만 원 수익도 올리지 못했고, 2023년 5월에는 법인 파산 신청 건수가 전년 대비 56%나 증가했다고 한다. 법인 파산 신청이 늘었다는 건 전체적인 경기도 안 좋다는 말이고, 소상공인 절반이 월 100만 원도 못 번다는 것은

알바생보다도 못하다는 말이다. 실제로 최근에 나온 자영업자 다큐멘터리를 보면 대부분 가게를 운영하며 밤에는 대리기사와 같은 일을 하며 투잡을 하고 있다.

또 신용평가기관인 나이스평가정보에 따르면 2023년 말 기준 335만 8,499명의 개인 사업자가 받은 자영업자 대출 잔액은 1,109조 6,658억 원인데, 이는 미국 국방부 예산에 맞먹는 규모다. 사실 사업 규모가 작든 크든 대출과 사업은 뗄 수 없기에 대출 규모가 크다고 무조건 안 좋다고 할 수는 없지만, 우려스러운 건 연체가 급증하고 있다는 것이다. 3개월 이상 갚지 못한 연체액이 27조 3,833억 원에 이르는데 일 년 새 무려 49.7%나 증가한 수치다.

게다가 부채의 질도 좋지 않다. 대출을 받은 자영업자의 절반 가까이가 금융사 세 곳 이상에서 돈을 빌린 다중 채무자라서 문제는 더욱 심각한 상황이다. 자그마한 충격에도 쉽게 무너질 자영업자가 그만큼 많다는 뜻이기 때문이다.

즉 많은 자영업자와 소상공인이 수입도 적은데, 인건비 상승과 더불어 물가와 금리까지 인상되자 가계 대출 이자를 갚지 못하는 극한 상황으로 내몰리고 있다는 것이다. 전체 자영업자 중 10%는 사업으로 번 돈을 대출 원금과 이자에 모두 충당하고, 매장 운영비와 생활비를 위해 또다시 대출을 받아야 하는 악순환에 놓여 있다. 이 10%는 단순히 전체가 아니라 몰락으로 인해 엄청난 폐업을 한 상태에서 버티고 버틴, 사실상 장사가 그런대로 되던 자영업자 중 10%라고 봐도 무방한 수치다. 그래서 자영업자 사이에서는 지금이 외환 위기 당시보다 더 나쁘다는 이야기가 나올 정도다.

버티지 못하고 문을 닫는 자영업자 또한 급격히 늘어나면서 2023년 노란우산 폐업 공제금 지급액은 사상 처음 1조 원을 넘어섰다. 대체 왜 이렇게까지 상황이 악화한 걸까? 왜 침체가 아니라 몰락이라는 말까지 나오는 상황이 된 걸까?

자영업 몰락의 시작은 모두가 예상하다시피 코로나19였다. 2020년 2월 코로나19가 확산하면서 정부와 보건당국은 마스크 착용과 손 씻기 등 방역 수칙을 발표했다. 그리고 3개월 뒤인 5월에는 경기도, 인천, 서울 세 지방자치단체장이 자영업 사업장에 대해 '집합금지' 행정조치를 단행했다. 영업금지 및 제한 업종 구분, 집합 제한 면적당 인원수 규모, 집합금지 시간 등 이 모든 것을 정부는 방역을 위해 불가피한 조치라 말했지만, 자영업자에게는 사실상 강제 폐쇄와 다름없는 조치였다. 또한 매일매일 변하는 방역 수칙까지 일반 사람들에게는 그냥 변덕스러운 변화였지만, 자영업자에게는 순간순간 매출과 생계의 변화였다.

결과는 자영업의 혼란이었다. 코로나가 언제 끝날지도 모르는 상황에서 신규 진입자는 없고, 자영업자는 헐값에 가게를 팔아넘기거나 견디지 못하고 문을 닫는 경우가 허다했다.

코로나19 시기 단행된 강력한 '사회적 거리두기' 조치는 매출 급감으로 이어졌고, 매출이 급감하자 자영업자는 직원을 내보내거나 불가피하게 대출을 받아 간신히 가게를 유지했다. 동시에 최저임금의 가파른 상승은 시장에 더 큰 혼란을 가져왔다. 정확히는 최저임금의 가파른 상승은 코로나 이전에 이미 진행된 것이었지만, 시장은 아직 받아들이지 못한 상황이었다.

자영업자들은 어떻게든 임금을 줄이려 노력했다. 사장 본인이 직접 일하거나, 대부분은 주휴 수당(주 40시간 이상 근무하면 휴일 하루에 1일분의 임금을 주어야 한다)을 주지 않기 위해 서너 시간씩만 알바생을 쓰는 현상이 일어나면서 한 가게에서 아침, 점심, 저녁에 일하는 알바생이 모두 다른 광경도 흔해졌다.

우리나라는 자영업자뿐만 아니라 자영업에서 근무하는 사람들의 비중도 높다. 자영업에서 해고되거나 수입이 줄어든 사람들의 소비도 함께 줄어들면서 시장이 위축되었다.

그래도 혼란 정도였지 몰락은 아니었다. 위기는 곧 기회이기도 하듯 새로운 시장이 활성화되었다. 바로 배달이다. 우리나라는 유례없는 배달 황금기를 맞이했다. 아예 배달 전용 업장이 생겨날 정도였다. 게다가 국가에서 지원금도 지원하였으니 버틸 사람은 버텼다. 당장 장사가 안 되더라도 곧 코로나가 종식될 것이라는 기대감에 대출까지 받아 가며 버텼다. 모두가 침체일뿐 몰락이라는 생각은 하지 않았다.

'사회적 거리두기'가 해제된 2022년 4월, 이제는 코로나19 이전으로 돌아갈 것이라는 기대와 희망과는 달리 팬데믹이 끝난 후의 고물가, 고금리라는 새로운 터널이 그들을 기다리고 있었다.

고물가로 원재료 값이 올라 불가피하게 가격도 올렸지만, 소비 심리 위축으로 손님의 절대적인 숫자가 반토막 났다. 가게 보증금과 임대료, 대출 이자까지 오르면서 빚은 그야말로 눈덩이처럼 불어났다. 코로나19 당시 자영업 폐업을 막기 위해 정부가 나서서 싼 금리로 대출을 받게 한 것도 자영업자의 발목을 잡게 되었다.

이쯤 되면 모든 문제가 코로나19 탓이자 경기가 안 좋은 것처럼 보이지만, 사실 자영업 실패와 몰락의 진짜 원인은 따로 있다. 팬데믹은 일종의 기폭제 역할을 했을 뿐 그 전부터 우리나라 자영업에는 내부적인 문제가 많았다.

우리나라에는 자영업자가 매우 많다. OECD 국가의 경제 활동 인구 중 자영업자 비중은 평균 13%다. 이것도 말이 평균이지 보통 선진국이라 불리는 국가들의 경우에는 더 낮은데, 미국은 6%, 일본은 8%대 정도다.

그런데 우리나라는 25% 정도가 자영업자다. 그리스, 터키, 멕시코, 칠레, 우리나라 순으로 자영업자 비중이 높다. 무급 가족 종사자까지 포함하면 우리나라에서 1,000만 명 이상이 자영업 관련 일에 종사하고 있다고 하니, 우리나라 취업자 5명 중 1명이 자영업자라고도 볼 수 있다.

우리나라 근로자의 종착지가 치킨집이라는 말이 그냥 나온 소리는 아니다. 사실 우리나라가 여행지거나 아니더라도 내수 시장이 크다면 괜찮을 수도 있다. 내수 시장이 크다고 해도 위험 요소긴 하지만 버티기는 할 것이다. 하지만 우리나라의 내수 시장은 그렇게 크지 않다. 애초에 우리나라 자영업 시장은 과잉이고 포화 상태기 때문이다.

게다가 현재 우리나라 자영업에서의 경쟁은 공정하고 조화로운 규범에 기반하여 이루어지기보다는 그저 무분별한 밥그릇 뺏기 경쟁, '상대방 죽이기'식의 경쟁 양상을 띠고 있는 경우가 많다.

특정 음식이 잘된다 싶으면 비슷한 가게가 우후죽순 생겨났다가 어느 날 갑자기 하나둘씩 사라지는 모습을 여러 번 보았을 것이다. 이른바 '따라 하기'식 창업의 맹점이다. 이는 우리나라의 소비 특성과도 연관이 있다. 우리나라는 유독 유행 즉 남들이 먹고 하는 것들을 한번쯤 해 보자는 생각이 강하다. 그래서 유행하는 가게를 보면 장사가 잘되는 것 같으니 너도나도 차리는 것이다.

여기서 돈을 버는 사람은 빨리 창업해서 매출이 높을 때 빨리 가게를 넘기고 떠나 버리는 자영업자와 프랜차이즈 회사뿐이다. 그리고 빨리 가게를 넘긴 자영업자는 또 새로운 자영업을 시작하는데, 이때 한 번이라도 실패하면 가게에 위기가 온다. 과한 경쟁, 포화 상태, 따라 하기, 금방 뜨고 식는 유행, 유행을 따라가는 창업 등으로 우리나라는 자영업자가 실패하기에 딱 좋은 환경이다.

오래 장사를 하려고 마음을 먹어도 쉽지 않은 환경이다. 조금이라도 장사가 된다 싶으면 주변에 비슷한 가게가 생기고, 레시피는 유튜브만 검색해도 나온다. 맛은 좀 떨어지더라도 가격을 낮추며 경쟁하러 들어오는 가게라도 있으면 답이 없다. 진짜 특별한 무언가가 없으면 우리나라에서 자영업을 오래 하기란 쉽지 않다.

예를 들어 미국은 식당을 여는 것 자체가 하나의 진입 장벽이다. 서류에 자격증까지, 거의 회사를 차리는 수준으로 준비해야 한다. 보통 식당을 차리는 데 평균 6개월 정도의 시간이 소요된다. 우리나라에서 가게를 해 본 사람이라면 알겠지만, 규제가 거의 없다. 대부분의 일 처리가 금방금방 다 된다. 극단적인 예로, 서울의 커피집은 약 4만 개 정도인데, 뉴욕은 약 3천 개 정도다. 인구는 비슷한데 말이다.

비슷한 맥락으로 자영업 실패의 또 다른 원인은 '준비 부족'이다. 통계청의 조사를 보면, 최근 일 년 이내 사업을 시작한 자영업자 44만 8,000명 중 사업 준비 기간이 일 년 미만이면 84.7%에 달했다. 사업 준비 기간이 1~3개월 미만인 자영업자는 49.9%로 절반가량을 차지했다.

자영업에서 대표적인 업종이 음식점이기는 하지만, 펜션, 정육점, 안경원, 페인트, 고물상, PC방, 목욕탕, 당구장, 헬스장뿐만 아니라 개인 세무사, 개업 의사, 개업 변호사, 개업 약사, 개업 공인중개사까지 전부 자영업이다. 전문 직종을 포함한 통계에서 준비 기간이 짧다는 결과가 나왔다는 것은 주변의 상권, 사업성, 수익성, 경영 사업 계획, 경제 지식 없이 묻지 마 창업을 한다는 말과 다를 바가 없다. 경험이 없는 대다수가 매우 짧은 기간 동안 단편적인 시장 조사를 통해 창업했기에 그만큼 실패 확률도 높은 것이다. 만약 준비 기간이 길고 자영업의 퀄리티가 높다면 이것 자체가 진입 장벽이 될 텐데, 너도나도 금방금방 창업하니 '이 정도면 나도 하겠는데?'라는 생각을 하며 개업을 하는 것이다.

원래부터 우리나라 자영업 시장에는 문제가 존재했고, 당장 해답이 없어서 방치 혹은 어렵게 유지하고 있었다. 그런데 코로나19 팬데믹을 거쳐 금리 인상과 물가 상승 등 외부적 요인이 맞물리며 상황이 급속도로 악화한 것이라 볼 수 있다.

그럼 경기가 좋아지면 해결될까? 해결되는 듯 보이겠지만, 사실은 또다시 반복될 문제다. 방법은 하나다. 근본적인 문제인 자영업자 비율을 낮추는 것밖에 없다.

좌우를 가리지 않고 이때까지 우리나라에서 나왔던 대책은 전부 불만을 잠재우기 위한 대책밖에 없었다. 카드 수수료를 보조해 준다던가, 자영업자를 위한 저금리 대출을 만들어 준다던가 등으로 순간적으로 불만을 잠재우는 효과는 있었지만, 근본적인 문제가 남아 있는 상황에서는 사실 의미가 없는 정책들이다.

우리나라 정부가 몰라서 이런 대책을 내세운 것일까? 결코 아닐 것이다. 자영업자 비중이 너무 높다, 우리나라 경제에 부담이다, 언젠가 폭탄처럼 터질 것이고 도미노처럼 사회에 영향을 끼칠 것이라는 말은 언론에서도 매번 나오던 말이다. 하지만 대책을 세우기란 현실적으로 힘들다. 당장 20% 정도 되는 자영업자를 반으로 줄인다는 것은 다 그만하라는 소리고, 인구의 20%에 해당하는 지지와 표를 전부 포기하겠다는 말과 같기 때문이다.

만약 한다고 해도, 당장 나머지 10%는 어디로 가서 무슨 일을 해야 하는지, 이로 인한 경제적 파장까지 생각하면 쉬운 일이 아니다.

자영업의 몰락은 과대 해석해서 말하면 우리나라의 몰락

으로 이어질 수 있는 시작점일 수도 있다. 우리 모두의 문제라는 것을 인식해야 한다. 자영업이 몰락한다면 당연히 우리나라 경제가 좋을 리가 없다. 여파는 도미노처럼 몰아칠 것이다. 상당한 인구가 빈곤층으로 전락하고 자연스럽게 소비는 위축되며, 기업이 힘들어지면 사람들은 잘려 나가고 중산층도 위태로워질 것이다. 이후로는 말로 다 하기 힘든 정도의 경제 문제와 사회 현상이 동시다발적으로 발생하며 도미노처럼 무너지는 것이다. 대책도 필요하고 어느 정도 사회적 합의도 필요한 사안이 아닐까 싶다.

현재와 같은 과포화 상태와 무분별한 경쟁, 준비 부족으로 인한 자영업의 어려움은 단순한 경기의 문제를 넘어선, 구조적인 문제로 다가왔다. 근본적인 해결책은 단기간에 나타나기 어렵고, 광범위한 사회적 논의와 장기적인 계획이 필요하다. 그래서 자영업자의 안정적인 사업 환경 조성, 창업 전 교육 및 준비 기간 확보, 창업 후 지속 가능한 경영을 위한 지원 체계 구축 등이 포함되어야 할 것이다. 또한 자영업 비율의 적정성에 대한 연구와 함께 다양한 산업 분야로의 이동을 유도하고, 새로운 직업 창출을 통한 경제 다변화도 필요하다. 단순히 자영업자만의 문제가 아닌 전체 경제 구조와 밀접하게 연결되어 있으므로, 정부와 민간, 자영업자 모두가 함께 노력해야 할 부분이다.

우리나라 근로자의 종착지가 치킨집이라는 말이 그냥 나온 소리는 아니다. 사실 우리나라가 여행지거나 아니더라도 내수 시장이 크다면 괜찮을 수도 있다. 내수 시장이 크다고 해도 위험 요소긴 하지만 버티기는 할 것이다. 하지만 우리나라의 내수 시장은 그렇게 크지 않다. 애초에 우리나라 자영업 시장은 과잉이고 포화 상태기 때문이다.

-<자영업의 몰락은 현재 진행형이다> 중에서

더 이상
마약 청정국이 아니다

미국의 대마 합법화와 함께 전 세계에서 대마를 합법화하는 나라들이 줄줄이 생겨나고 있다. 현재 세계에서 가장 큰 문제이자 이슈 중 하나가 마약이다. 미국을 비롯해 알게 모르게 마약은 전 세계를 물들이고 있다. 그런 의미에서 이 책의 전체를 관통하는 주제라고 할 수 있는 '우리는 어떤 세계에서 살아가는가'에서 마약 이야기는 빼놓을 수 없는 주제다. 무엇보다 우리나라도 더 이상 마약에서 벗어날 수 없다.

마약 청정국, 우리가 기억하는 우리나라의 모습이다. 사실 몇 년 전까지만 해도 우리나라에 마약은 없다는 생각이 들 정도로 우리나라와 마약은 거리가 멀어 보였다. 하지만 지금은 뉴스에서 마약 관련 뉴스가 하루가 멀다고 나온다. 20대, 30대 심지어는 10대까지, 젊은 층을 중심으로 퍼지고 있다. 그것도 의사의 무분별한 처방으로 말이다. 지금까지 문제없던 우리나라에 갑자기 왜 마약이 퍼진 것일까? 누군가의 말처럼 요즘 젊은것들이 문제인 걸까? 그 원인은 제도적인, 사회적인, 문화적인 문제 때문이다.

우리나라 역사 속 최초의 마약에 대한 기록은 1611년인 광해군 3년이다. 하지만 이때는 딱히 큰 사건은 없었다. 우리나라에서 마약이 문제가 되기 시작한 것은 외국과 교류를 시작했을 때부터였다. 1840년에 중국과 영국의 아편 전쟁이 일어났다. 중국이 아직도 마약이라면 치를 떠는 이유 중 하나로, 중국은 아편 전쟁에서 패하고 나라의 문호를 개방해야 했다. 영국은 여러 가지 불평등한 조약과 동시에 엄청난 양의 아편을 중국에 팔아넘겼다. 이 영향으로 마약은 구한말 목포를 통해 우리나라에도 들어왔다.

외국에서 들어온 선교사와 의사, 약사들의 무분별한 처방으로 퍼지긴 했지만, 그래도 일반인이 마약에 손을 대는 경우는 거의 없었다. 일단 값도 엄청 비쌌고 일반인들은 마약에 대한 지식 자체가 없었다. 마약이 본격적으로 퍼지기 시작한 것은 일제강점기부터였다.

일제강점기 당시 일본은 여러 가지 목적으로 아편을 생산했다. 이때 일본의 마약 농장으로 쓰인 게 우리나라다. 우리나라에서 생산된 아편은 대만과 만주 등으로 수출됐다. 실제로 우리나라는 '마약 소비국'이 아닌 '마약 생산국'이었다. 소비국이 아니었다고는 해도 마약을 재배해서 수출하는 나라에서 마약이 퍼지지 않을 수가 있을까? 물론 국가에서 엄격하게 관리하겠지만 사실상 불가능에 가깝다.

게다가 일본은 넘쳐나는 아편을 소모하기 위해 겉으로는 아편을 금지했지만, 뒤로는 조선에 아편을 풀었다. 1914년부터는 외국과 접촉이 잦은 경상도와 평안도를 기점으로 다양한 종류의 마약이 퍼져 나갔다. 그로 인해 경상도와 평안도에 마약 중독자 치료소가 세워질 정도였다.

1920년대에 접어들어서는 조선의 마약 중독은 심각한 수준에 이르렀다. 독립운동가인 박열은 일제가 조선인의 멸망을 위해 아편 정책을 쓴다고 말할 정도였다. 하지만 정말 문제는 제대로 된 지식이 전무후무한 상태에서 사용됐다는 것이다. 1924년 기독신보의 기사를 보면 '전북 전주는 아편이 어찌 유행하는지 부인들이 일할 때 어린아이에게 마약을 써 잠이 들게 한다'라는 글이 있었다.

1930년대에는 치료라는 명목으로 중독자에게 마약을 주기도 했다. 의사는 공급받은 마약을 '치료'라는 명목으로 싼 가격에 중독자에게 팔았다. 이때부터 우리나라에 마약이 기승을 부렸다. 중독자는 땅과 집은 물론 아내까지 팔아넘겼고, 도둑질을 해서라도 돈을 구해 약을 구매했다. 마약은 서민들에게 빠르게 퍼졌는데, 가장 큰 이유가 양심 없는 의사들 때문이다. 의사들은 고객 유치를 위해 잘 모르는 사람들에게 치료제로 마약을 권했다.

제2차 세계대전이 끝나고 우리나라도 광복을 맞이했다. 독립의 축제 분위기는 얼마 가지 못했다. 사회는 불안했고 정부는 불안정했다. 강력하게 행정력을 구사하지도 못했다. 마약 중독자는 오히려 더 많이 증가했다. 그래도 이 시기부터 마약을 근절하려고 노력했다. 이때 조선일보 기사를 보면 '악질 의사의 숙청이 크게 요망되는 바다'라는 기사를 실기도 했다.

실제로 마약 단속법에 걸린 8명 중 7명이 의사였다. 1948년 서울에는 공식적인 마약 환자만 10만 명이 넘어가고 있었다. 그리고 1950년 한국전쟁이 터졌다. 잘 알려지지는 않았지만, 근대에 일어난 전쟁에서 마약은 항상 함께했다. 두 번의 세계대전, 베트남전쟁 그리고 한국전쟁까지 말이다. 한국전쟁에서는 마약이 치료제로 남용되었고, 중독자도 엄청나게 생겼다. 한국전쟁이 끝나고도 마약은 근절되지 않았다.

1957년 단속을 강화했고 미군도 정찰기까지 띄우며 마약을 잡으려 했지만, 양귀비를 일부러 늦게 심어 꽃을 피우지 못하게 하는 등의 수법으로 피해 갔다. 1960년대가 되자 마약은 '서울의 암'이라고 불리기 시작했다. 아이들까지 마약에 손을 대기 시작했다.

1961년 5·16쿠데타가 일어났다. 군사 정권의 등장이었다. 이전과는 다른, 힘이 강한 정권의 등장이었다. 사회 분위기는 살벌했고, 마약범에 대한 단속을 강화하며 가중 처벌까지 했으나 검거되는 사범의 숫자만 늘었을 뿐 마약은 여전히 퍼지고 있었다. 게다가 베트남전쟁 파병으로 베트남산 마약이 새롭게 들어왔다.

그러던 중 메사돈 파문이 일어나게 된다. 메사돈은 마약으로 분류되어 있었지만, 우리나라에 정식으로 수입되었다. 메사돈은 당시 외국에서는 원료조차 판매 금지되었는데, 우리나라에서는 일반 약으로 둔갑하여 전국에 퍼졌다. 특히 제약사가 판매하는 약에 메사돈이 포함되어 있어 피해자만 100만 명이 넘어갈 정도였다. 이 사건으로 마약 중독자의 수는 다시 한번 급증했다. 우리나라는 점점 마약에 찌들어가고 있었다. 동시에 매우 큰 피해와 파문이 있었기에 나라에서 마약 단속을 더욱 강화하게 되는 사건이기도 했다. 실제로 단속이 강화되면서 중독자 수가 줄어들기도 했다.

1966년 대마초가 등장했다. 미군 부대를 중심으로 퍼져 나간 대마는 순식간에 일대를 마약 소굴로 만들었다. 대부분 대마로 마약을 시작한다는 말이 있는데, 대마를 맛본 사람들은 다른 자극의 마약을 찾기 시작했다. 미군과 관련 있는 연예인부터 대학생까지 대마를 찾는 사람들은 다양했다. 특히 유신 정권에 반대하면서 자포자기하는 심정으로 대마를 사용하는 사람도 있었다.

국가의 꾸준하고 강력한 단속으로 대마 사용이 줄어드는 모습을 보이기는 했다. 대마는 다른 마약보다 중독성이 낮기 때문이다. 그런데 마약을 밀매하거나 생산하는 조직의 규모는 오히려 커졌다. 바로 일본 때문이었다.

일본도 마약 문제로 골머리를 앓고 있었는데, 일본은 자국의 마약 제조에 대한 단속을 굉장히 강하게 시행했다. 이때 야쿠자들이 선택한 방법이 우리나라에서 마약을 만드는 것이었다.

야쿠자들은 '메이드 인 코리아' 마약을 일본에 판매하기 시작했다. 일본과 우리나라는 공조하여 마약 밀반입을 강력하게 단속하였다. 소위 마약의 수출길이 막혀 버린 것이다. 일본으로 수출하려던 마약은 그대로 우리나라에 다시 퍼졌다.

1980년대에는 경제 성장과 더불어서 밤 문화가 발달하면서 더 많은 중독자가 나왔다. 그사이 마약에 대한 법률과 단속은 거듭 강해지고 있었다. 정부는 대검찰청에 마약과를 신설하고 제조 조직을 모조리 검거하였다. 우리나라의 마약 제조범들이 사라지자 중독자들은 마약을 구할 수 없게 되었다. 하지만 이것도 잠시, 1990년대 IMF와 더불어 해외에서 값싼 마약이 들어오면서 마약은 여전히 근절되지 못했다.

여기까지 살펴보면서 도대체 우리나라가 마약 청정국이란 소리를 듣게 된 이유를 알 수 없어 의아해 할 것이다. 사실 마약 청정국이란 말은 존재하지 않는다. 10만 명당 20명이라는 수치가 마약 확산의 기준이기에, 이 기준으로 미루어 봤을 때 마약 청정국이라고 말하는 것이다. 실제로 우리나라에서 마약은 한 번도 근절된 적이 없다. 우리나라뿐만 아니라 전 세계 어디에서도, 심지어 가장 강력한 처벌인 '마약=사형'의 공식을 제공하는 중국에서도 마약은 근절된 적이 없다.

우리나라의 근현대사는 어수선했다. 어수선한 정치 속에서 정권을 잡은 세력이 국민의 호응을 얻는 방법의 하나가 사회 정화였다. '국민의 건강을 위해'라는 명목도 있었지만, '정권 유지를 위해' 마약의 단속을 강화했다. 마약은 점점 줄어들었고 마약에 대한 국민의 반감이 커졌다.

10만 명당 20명은 유엔에서 정한 마약 확산력의 기준이다. 20명보다 낮으면 마약은 일반인들의 삶까지 파고들 정도로 확산하지 않는다는 말이다. 군사 정권 때 만들어진 강력한 마약 단속의 기조는 이후 다른 정권이 들어섰을 때도 유지되어, 1999년 이후 마약 사범은 실제로 10만 명당 20명 이하였다.

하지만 지금은 1999년 이후 처음으로 1만 명이 넘는 마약 사범이 검거됐다. 이제 우리나라도 더 이상 청정지대가 아니라는 말이다. 국가의 통제력이 강할수록 개인의 삶에 개입을 더 많이 할수록 마약은 통제하기 쉽다. 그러나 지금에 와서 개인의 삶에 간섭하려 든다면 사람들이 가만히 있을까?

미국도 1980년대부터 계속되어 온 마약과의 전쟁에서 패배하고 말았다. 싱가포르는 세계에서 가장 엄격한 마약법을 적용하는 나라지만, 마약을 근절하지 못했다.

우리는 마약 문제를 어떻게 해결해야 할까? 가만히 놔두면 더 큰 사회 문제가 될 것은 분명해 보인다. 하지만 아직 늦지 않았다는 생각과 지금보다 나은 대처로 다시 마약 청정국이라고 스스로 부를 수 있는 날이 오지 않을까?

미국의 대중교통이
몰락한 이유

세계 경제 1위, 역사상 가장 강력하고 부유한 국가가 바로 미국이다. 그런데 미국을 여행하다 보면 미국의 대중교통에 실망하게 된다. 물론 우리나라의 대중교통 시스템이 세계 최고 수준으로 잘 구축되어 있어서 더욱 비교되는 거겠지만, 다른 국가와 비교하더라도 미국의 대중교통 환경은 심각한 수준이다.

미국인에게 자동차는 신발과 같은 필수품이라고 할 수 있다. 대부분의 주에서 만 16세부터 운전면허를 딸 수 있고 중산층 이상의 가정에서는 자식이 고등학생 고학년이나 대학에 입학하면 승용차를 사 주는 것이 일반적이다. 실제로 자동차가 없으면 기본적인 생활을 하기 어려울 정도로 불편하다. 그렇다면 다들 자동차가 있어서 대중교통이 제대로 정리되지 않는 걸까?

일단 자동차가 없으면 생활이 불편한 정도지 자동차가 있다고 마냥 편한 것은 또 아니다. 미국의 GPS 제조업체 톰톰(TomTom)의 보고서에 따르면 미국 대도시의 대부분은 최악의 교통량과 교통 환경을 가지고 있다. 실제로 최악의 교통 환경을 가진 10개 도시 중 절반 이상이 미국의 도시다.

특히 로스앤젤레스(LA)는 그중에서도 가장 최악을 달린다. 우리나라에서 차로 30분 정도 걸리는 거리를 두 시간이 넘게 걸리는 상황이 빈번하다. 통근 시간인 러시아워에는 매우 심한데, 로스앤젤레스의 심각한 교통 체증으로 화가 난 일론 머스크가 직접 도시 지하에 터널을 뚫고 지하 터널 교통 시스템 루프를 건설하려고 준비 중이라는 이야기도 있다.

사실 이 문제는 터널을 뚫지 않고 대중교통을 활성화하면 어느 정도 해소된다. 그런데 미국은 왜 대중교통을 엉망인 채로 방치하고 있을까? 사실 20세기 초중반까지만 해도 미국의 대중교통은 이 정도로 심각하지 않았다. 미국 전역 대도시부터 중소규모의 도시까지 총 850여 개에 달하는 도시를 촘촘히 연결하는 노면 전차 노선 시스템은 세계적인 기준으로도 매우 우수한 대중교통 시스템이었다.

미국의 대중교통 시스템은 20세기 중반에 접어들면서 모두 사라지기 시작했는데, 미국의 각 도시 정치인들은 앞장서서 노면 전차 노선을 폐선 조치하고 철거하기 시작했다. 표면적으로는 낡은 노면 전차 시스템의 수익성 부족으로 인한 적자 때문에 버스 노선으로 대체하자는 이유였다.

하지만 진실은 다른 곳에 있었다. 정치와 경제의 뿌리 깊은 정경 유착 때문이었다. 이제는 너무나 많이 알려진 이야기지만, 미국은 로비가 합법화된 국가다. 그래서 부당한 법이 바뀌지 않는 상황이 빈번하게 발생하는데, 대표적으로 아이들의 비만 문제가 심각해지자 학교 급식에서 패스트푸드를 제외했는데 피자 회사와 치즈 회사의 로비로 피자가 채소로 취급받은 사건이 있었다.

미국의 대중교통이 몰락하게 된 가장 큰 이유도 로비였다. 자동차 회사, 타이어 회사, 정유 회사는 자동차를 팔거나 버스를 팔아 이윤을 남기기를 원했다. 정유 회사도 여러 명이 버스를 타고 다니는 것보다 한 명 한 명이 차를 타고 다니는 것이 더 많은 기름을 팔 수 있다고 생각했다. 제너럴 모터스나 정유 회사 스탠다드 오일, 타이어 회사 파이어스톤 타이어 등이 적극적으로 정치권에 로비했다.

회사들은 먼저 도시의 대중교통 노선에 투자한 뒤 야금야금 사들이기 시작했다. 판매된 노선들은 얼마 지나지 않아 철거되었다. 인수되지 않았던 도시의 노면 전차 운영 회사들도 낮은 운임으로 인해 적자를 면치 못하는 상태에 직면했다. 이때 노면 전차 회사들은 노선의 확장이나 운영보다 부동산 투자로 방향을 틀었다. 결국 소도시까지 체계적으로 깔려 있던 노면 전차 노선은 순식간에 철거되기 시작했다.

주 정부에서는 노선들이 사라진 대신 주간 고속도로 건설을 시작했다. 수많은 노면 전차들이 폐차되어 쌓여 있는 사진이나 불타는 노면 전차 앞에서 수표를 건네는 사진은 미국 대중교통 몰락의 상징으로 유명하다. 전차 대부분은 폐기되었고, 그나마 쓸만한 것들은 우리나라나 이집트, 칠레 등으로 무상 원조되었다. 실제로 70년대 이전까지 운영되었던 서울 전차나 부산 전차를 보면, 로스앤젤레스의 전차들을 수백 대 발견할 수 있다.

그래도 이미 지하철이라는 대체 수단이 있었던 뉴욕은 그나마 상황이 괜찮았다. 하지만 로스앤젤레스, 세인트루이스와 같은 도시 대부분에서는 자동차가 엄청나게 팔려 나가기 시작했다. 로비의 중심에 있었던 제너럴 모터스는 전차 스캔들을 기점으로 포드를 제치고 미국 최대의 자동차 기업으로 올라서게 되었다.

로비에 참여하지 않았던 포드는 몰랐지만, 제너럴 모터스는 전차 시스템이 없어지고 대중교통이 버스로 바뀔 것을 알았기에 미리 버스를 만들기 위한 작업을 마친 상태였다. 모두가 자동차를 사기 시작하면서 미국의 모든 도로와 교통은 자동차 중심으로 형태가 바뀌었다. 노면 전차가 떠난 자리에는 버스 노선이 만들어지거나 일부 대도시에는 지하철이 건설되기도 했지만, 극히 일부였다.

대부분의 중소 도시에는 대체 수단 자체가 만들어지지 않았다. 또한 버스 노선들도 70년대 석유 파동 사태를 거치면서 회사가 파산하며, 미국은 자동차 없이 살 수 없는 국가가 되었다. 그렇다고 대중교통이 마비되는 것을 연방 정부라고 가만히 보고만 있던 것은 아니다. 전차 스캔들에 관련되었던 제너럴 모터스를 비롯한 자동차 기업과 석유 회사, 타이어 회사를 고발하며 재판하기도 했다. 연방대법원의 최종 판결에는 노면 전차 폐선 행위를 통한 대중교통 독점 행위는 무죄이나 제너럴 모터스가 버스 회사를 확보하면서 대중교통 회사들에 독점적으로 자사의 버스를 공급하려고 했다는 점은 유죄가 선고되었다.

노면 전차를 폐선한 것은 자동차 기업들의 의도가 아니라 부동산 개발에 열을 올리던 노면 전차 회사들 때문이라는 판결이었다. 이 정도의 유죄는 제너럴 모터스에게 큰 부담이 되지는 않았다. 후에 노면 전차 매각을 주도했던 내셔널 시티 라인즈의 설립 배경에 제너럴 모터스가 깊게 관여했다는 점이 밝혀지면서 논란이 되기도 했지만, 판결이 바뀌지는 않았다.

물론 시대의 변화에 따라 노면 전차 시스템은 다른 대중교통 시스템으로 변화하는 것은 당연한 일이다. 우리나라도 노면 전차가 폐지되고 지하철과 버스로 대체되었으니 말이다. 하지만 미국은 자동차를 사용하도록 노골적으로 유도했다. 대체재라고 만들어 놓은 버스는 매우 낙후되었고 불편했다. 전차를 대체할 대중교통 시스템이 없어지면서 늘어난 자동차로 인해 교통 체증은 심각해졌다. 결국 지금까지 미국의 교통 문제로 이어지고 있다.

늘어난 자동차로 인해 공해는 점점 심해졌다. 지금이야 전기차가 있다지만, 당장 10년 전, 20년 전만 해도 환경 문제에 신경 쓴 사람은 거의 없었다. 자동차는 시커먼 연기를 뿜어내며 달렸다. 맑은 날씨로 유명했던 로스앤젤레스에는 1943년 말부터 원인을 알 수 없는 스모그 현상이 나타나기 시작했다. 'LA형 스모그'라고 이름 붙여진 이 현상은 자동차 매연 때문이었다.

보다 못한 LA에서는 80년대 후반부터 지하철을 건설하기 시작해 90년대 '로스앤젤레스 메트로'를 개통했지만, 이미 대부분 자동차를 이용했기 때문에 이용률이 높지 않았다. 사용하지 않으니 발전과 개선은 없었다. 이미 대중교통은 중고차 미국의 대중교통이 몰락하게 된 가장 큰 이유도 로비였다. 자동차 회사, 타이어 회사, 정유 회사는 자동차를 팔거나 버스를 팔아 이윤을 남기기를 원했다. 정유 회사도 여러 명이 버스를 타고 다니는 것보다 한 명 한 명이 차를 타고 다니는 것이 더 많은 기름을 팔 수 있다고 생각했다. 제너럴 모터스나 정유 회사 스탠다드 오일, 타이어 회사 파이어스톤 타이어 등이 적극적으로 정치권에 로비했다.

-<미국의 대중교통이 몰락한 이유> 중에서

를 살 수 없는 빈민들이 타고 다니는 것이라는 인식이 생긴 뒤라 모두가 꺼렸다.

현재도 크게 다르지는 않다. 할리우드 영화 속 대중교통은 전부 우중충한 이미지로 나오는 이유가 바로 이것 때문이다. 현재는 환경 문제 등이 대두되면서 대중교통의 개선을 원하는 사람들이 많이 생겨났다. 대도시를 중심으로 다시 시내버스 노선이 생기고 있으며, 일부 항구 도시에서는 수상 택시 사업도 이루어지고 있다.

바이든 대통령은 총 2조 2,500억 달러에 달하는 인프라 확충 계획을 발표하며 낙후된 대중교통을 개선하려는 움직임도 보였다. 물론 계획이라 실현될지는 모르겠다. 공화당과 몇몇 전문가들은 대중교통이 결코 해결책이 되지 않는다며 반대하고 있다. 지금 대중교통을 확장한다고 사람들이 타던 차를 버리고 대중교통을 탈 리가 없다. 자동차는 탈 것 그 이상의 가치를 가지고 있고, 이미 하나의 문화가 되었다. 무엇보다 대중교통이 빈민들의 이동 수단이라는 이미지가 너무 강하다.

가장 큰 이유였던 환경 문제도 전기차가 나온 지금 목소리를 잃은 지 오래다. 루프처럼 새롭고 획기적인 무언가가 등장하지 않는다면 미국의 대중교통은 개선되지 않을 확률이 높다. 우리나라도 가장 오래된 전철인 1호선에서 개성 강한 사람들을 많이 만나기도 하는데, 당장 뉴욕 지하철을 검색해 보면 정말 별의별 사람들을 볼 수 있다. 꽤 재미있으니 기회가 되면 경험해 보는 것도 추천한다.

미국 의료보험에 대한
오해와 진실

의료 민영화에 대해 들어보았을 것이다. 우리나라 의료의 보편성은 세계 최고 수준이고 의료의 질도 높은 편이다. 그런데도 잊을 만하면 의료 민영화에 대한 이야기가 나온다. 그리고 의료 민영화에 대한 이야기가 나올 때마다 미국의 사례를 소개한다.

'간단한 진료를 받는 데에만 몇십 몇백 만 원은 기본이고 출산 비용이 3천만 원에다 의사를 만나려면 엑스레이를 찍고 며칠을 기다려야 하고 병원비가 부담되어 병원에 가지 않는 인구도 엄청나다.'

미국의 의료비 문제는 총기 문제와 더불어 미국 국민도 자조적으로 이야기하는 문제 중 하나다. 당장 검색만 해 봐도 미국 의료비와 보험 문제는 수도 없이 나온다. 2007년 하버드에서 발표한 연구 결과 미국 파산의 60%는 의료비 때문이라고 한다. 실제로 미국에서 생활하는 A씨는 갑작스럽게 맹장 수술을 받게 되었는데, 5만 불가량의 의료비가 청구되었다. 이외에도 미국에서 생활하는 사람이 있다면 알 수 있다. 미국의 병원비가 터무니없을 정도로 비싸다는 사실을 말이다.

혹시 미국의 스탠드업 코미디를 본 적이 있는가? 재밌기도 하고 영어 공부와 함께 미국 문화를 이해하기도 좋아서 자주 즐겨 본다. 내가 좋아하는 스탠드업 코미디언 중에 '알론소 보든'이라는 사람이 있는데, 이 사람의 농담 중에서 의료보험과 관련된 농담이 있다.

NBA 레전드 매직 존슨이 지금 50살이다.

매직 존슨은 에이즈에 걸리고도 18년을 살아남았다

미국인들 모두에게는 매직 존슨 의료보험이 시급하다

만약에 매직 존슨이 내 의료보험을 가지고 있었고 18년 전에 에이즈에 걸렸다면

매직 존슨 너는 10년 전에 죽고도 남았다

보장 기간이 끝났거든

내 보험이 얼마나 쓰레기인지 언제 깨달았냐면

얼마 전에 손목이 부러져서 병원에 갔는데

"일단 엑스레이를 찍고 만약에 부러졌으면 나중에 전화를 주

겠다"고 했다

내 보험은 뭐가 보장되는 거야

엑스레이를 볼 줄 아는 의사가 낮에는 없어

이제는 이런 스트레스를 안 받을 거야 의사도 싫어

난 이제 다치면 수의사를 찾아가려고

수의사들은 환자를 떠넘기지 않아

수의사는 네가 무슨 종족인지도 신경 쓰지 않지

이 스탠드업 코미디 이야기를 하는 이유는 여기에 미국인들이 느끼는 의료보험의 문제가 다 나와 있기 때문이다. 소득 수준이나 직업에 따른 의료보험의 차이, 의료보험에 따른 보장 범위의 차이, 의사에 대한 불신까지 모두 꼬집고 있다. 미국의 의료 시스템과 보험은 굉장히 불합리하고 가난한 자에게 한없이 차가운, 한마디로 '돈이 없으면 죽으라'는 말처럼 보인다.

하지만 조금만 생각해 보면 앞에서 설명한 것처럼 안 좋은 점만 있는 미국의 의료라면 국민 대다수가 의료비에 허덕일 뿐더러 유지도 어렵지 않을까 하는 의문이 든다. 미국은 그렇

게 비상식적인 국가는 아니다. 분명 미국의 의료 시스템에는 문제가 많지만, 분명 장점도 존재한다. 그만큼 우리가 오해하고 있는 부분이 많다.

미국의 의료 시스템이 어떻게 만들어지게 되었는지를 알려면 꽤 오래전부터 살펴봐야 한다. 19세기 전반 유럽 산업 혁명 이후 자본주의에는 문제가 생겼는데, 바로 노동자 문제다. 산업 혁명 당시 노동자의 대우는 말도 안 나오는 수준이었다. 특히 노동자의 건강에 대한 문제가 심각했다. 노동자의 건강 문제는 기업과 국가 입장에서도 문제였는데, 아무리 인권이 없던 시절이라고 해도 노동자가 곧 생산의 주체이자 소비자기 때문이다. 그래서 노동자가 사라진다는 것이 자본주의 관점에서 큰 낭패가 아닐 수 없었다. 이때부터 각 국가에서는 저마다의 방식으로 노동자에 대한 보장 제도가 하나둘씩 생기기 시작했고 기업에서도 인재를 데려오기 위한 보장 제도를 갖추었다.

1950년대를 기점으로 경제력을 갖춘 나라들은 국가에서 주도해 건강보험제도를 갖추었다. 건강보험제도의 중흥기였다. 하지만 미국은 조금 달랐다. 처음에는 비슷하게 시작하며 1935년 세계 최초의 사회보장법을 발표했다. 다른 나라보다 오히려 앞서 있었다는 말이다. 또한 제2차 세계대전 이후 급격한 경제 성장을 겪으며 실업률 0%라는 경이적인 수치를 달성한다. 노동자가 부족해 기업들은 연봉 인상을 미끼로 수시로 인력을 스카우트해서 기업 간에 분쟁이 많아졌다. 이때 기업들이 인력을 스카우트하기 위해 사용했던 방법의 하나가 보험료 부담이다. 보험료 부담은 사실상 연봉 인상과 크게 다르지 않았다.

60년대에는 미국의 36대 대통령 린든 베인스 존슨에 의해 노인 의료보험 메디케어와 저소득층 의료지원인 메디케이드도 생겨난다. 미국은 이후로도 공공 보험을 확대하려는 방침을 가지고 있었다. 그러나 베트남전쟁 당시 군비 지출이 상상을 초월할 정도로 나가면서 닉슨 대통령은 사보험 제도를 시행한다. 메디케어와 메디케이드만 유지되었고, 다른 모든 부분은 사보험으로 해결해야 하는 지금의 미국 의료 시스템이 만들어지게 된 것이다. 이때부터 의료는 돈과 연결되어 자본과 의료의 지독한 공생 관계가 형성되었다. 보험 회사와 제약 회사까지 난입하면서 미국의 의료는 미국을 대표하는 키워드인 자유와 돈 그 자체가 되었다.

다른 나라들은 일제히 미국을 비판했다. 부유한 나라지만 평균 수명은 짧고 영아 사망률도 높으니 미국을 비판할 때 자주 등장하는 이야기가 의료와 관련된 것들이었다. 제약 회사, 의사, 병원, 보험 회사들의 로비는 의료와 관련된 어떤 개혁에도 반대표를 들고 일어서게 했다. 공적 의료보험의 확대는 곧 증세를 의미했고, 공적 의료보험을 확대하면 수많은 보험사는 일제히 문을 닫아야 하는 것은 물론 수십 년간 이어져온 미국의 의료 생태계가 한 번에 무너지게 될 것이 눈에 보였다. 또한 그 여파가 어느 정도일지 상상하기 힘들었다.

분명 장점도 존재한다. 의료계에서 신약과 신기술은 전부 미국에서 나온다고 해도 과언이 아니다. 다른 분야도 미국이 선두 주자인 경우가 많지만, 의료는 거의 독점적이라고 말해도 될 만큼 앞서 있다. 국가에서 강제적으로 제도를 운용하면 비효율적인 비용이 발생한다. 효율과 비효율의 차이에서 남은 돈과 의료계가 벌어들인 엄청난 돈은 R&D 비용과 의료 서비스의 향상을 위해 쓰인다. 개발 비용과 투자가 많은 만큼 새로운 기술과 서비스가 좋을 수밖에 없다.

또한 의료비로 파산하는 인구 비중을 봤을 때는 미국보다 우리나라가 오히려 더 많다. OECD에서 낸 통계에 따르면 의료비 파산 가정 비율은 우리나라가 3.7%이고, 미국이 2.0%이다. 미국의 의료비로 인한 파산이 생각보다 적은 이유는 미국의 사보험들이 파산을 막는데 나름 효율적이기 때문이다.

미국 사보험의 설명을 보면 'out of pocket'이라는 항목이 있다. 이 항목은 말 그대로 환자 부담금이 이 항목에서 설정한 돈을 넘어가면 전액을 보험에서 무조건 지급하겠다는 항목이다. 미국의 사보험은 회사도 많고 엄청나게 다양한 보험이 존재한다. 미국인은 이 수많은 범위에서 자기 재산 상태와 건강 상태를 보고 보험을 고르는 것이다.

그리고 미국 병원에서의 서비스는 비싼 만큼 비싼 값을 한다. 입원 당일부터 세계 최고 수준의 약과 기술로 치료를 받을 수 있으며 의사와 면담하는 시간부터 케어해 주는 간호사 수도 우리나라와 차이가 난다. 우리나라는 병원에 가면 항상 사람이 많다. 의사와의 면담 시간도 간단한 검사나 진료를 보고 채 5분도 안 되어서 나오는 경우가 태반이다. 미국 병원에서는 이런 모습은 찾아보기 힘들다. 무조건 예약제이며, 의사는 환자를 진료하기 위해 한 명당 시간을 할당해 놓는다. 대신 의사를 만나는데 한 달이 넘게 걸릴 수 있다.

미국에서 생활하는 B씨는 아들이 병으로 입원했을 당시 '하루에 최소 10번은 의사와 간호사들이 방문했고 환자와 보호자들을 체크했다. 오래된 병원이 아니라면 전부 1인실이며 병실 안에는 화이트보드에 간호사의 이름과 연락처는 물론 환자의 상태, 예정된 진료 치료에 따른 목표 수치 등이 수시로 업데이트되었다. 담당 의사도 매일 와서 치료 과정과 결과를 상세하게 알려 주었고, 치료 과정에 대해서도 보호자에게 통보하는 것이 아닌 함께 논의했다.

우리나라에서 입원했을 때는 의사를 고작 10분 정도 만나는 게 다였다. 하루에 의사가 만나는 환자 수가 미국은

10~20명 정도이고, 우리나라는 50~90명 정도라고 하니 그만큼 의사를 만나는 시간이 줄어드는 것은 온전히 시스템의 문제로 보인다.

물론 보험이 있거나 돈이 있어야 가능한 일이다. 만약 보험이 없다면 터무니없는 청구액을 전부 내야 한다. 그러면 미국의 저소득층과 약자들은 어떻게 의료 보장을 받는 것일까? 앞서 이야기한 노인 의료보험 메디케어와 저소득층 의료지원인 메디케이드를 기억할 것이다. 이 두 가지는 사실상 우리나라의 건강보험 제도와 비슷하다. 다른 점은 현재 우리나라가 시행하는 것보다 훨씬 더 광범위하고 다양한 범위와 주마다 부가적인 서비스도 제공하고 있다. 메디케어는 장기 요양 서비스와 가정 방문 진료와 전문 요양 시설까지 제공하고 있다. 또 디테일에 따라 다르기는 하지만 원칙적으로는 사회보장세를 재원으로 하기에 비용도 없다.

결국 미국 의료체계의 문제점은 중간층에서 나온다. 즉 전 국민이 받을 수 있는 우리나라의 건강보험과 달리 구멍이 존재한다는 것이다. 우리나라의 건강보험 체계는 한마디로 고소득층으로부터 돈을 더 받아 저소득층을 지원하는 방식이다. 우리나라 국적을 가진 사람이라면 필수이기에 사회보장 제도이자 세금이라고 불리는 것이다. 덕분에 모든 계층이 의료에 접근하기 쉽고 치료받을 권리도 보장된다. 의료체계를 평가할 때 큰 부분을 차지하는 보편성 측면에서 최고 수준이다.

하지만 미국은 보편성 측면에서는 최악이다. 극빈층과 약자층을 제외하면 전부 사보험의 힘을 빌려야 하는데, 상위 계층은 돈도 있고 회사에서 보험료를 많이 내줘서 오히려 우리나라보다 월 보험료도 적게 나가고, 비싼 보험이기에 우리나라보다 훨씬 더 넓은 범위를 케어 받는다. 중상위부터 중산층도 조금 비싼 보험료를 내더라도 보장은 우리나라보다 더 많이 받는다. 혜택을 줄이고 보험료를 낮추어도 된다.

문제는 중하위 계층으로, '제대로 가난'한 것이 아니라면 메디케이드의 혜택을 받기 어렵다. 소속된 회사가 보험료를 거의 보조해 주지 않는다면 소득 수준이 중간도 안 되는 수준이라 저렴한 보험을 사용하거나 실직하거나 개인적인 사유로 일을 못하고 있다면 병원비가 무서워서 병원을 못 가는 상황이 발생한다. 이렇다 보니 미국에서도 의료 파산에 대한 이야기는 나오지만, 주 원인을 과도한 의료비가 아닌 노동자의 노동력 상실에서 온다고 보고 있다.

우리나라에 미국 의료보험 관련 괴담이 떠도는 것은 미국에 간 한인의 대부분이 자영업을 하기 때문이다. 자영업을 하면 취직을 하는 게 아니기 때문에 알아서 보험에 가입해야 한다. 직장인과 달리 회사에서 어느 정도 부담해 주는 것이 아니기에 스스로 100%를 다 내야 한다. 그런 부담으로 인해 비싼 보험보다는 싼 보험에 가입하는 경향이 있다.

정리하자면 미국 의료에 대한 공포도 오해도 사실이 아니다. 비싸기는 하지만 의료 서비스의 질은 더 좋다. 미국 1인당 국민 소득이 우리나라보다 2.5배 정도 높아서 액수가 클 뿐이지 오히려 우리나라보다 더 나은 의료 서비스를 제공받을 수도 있다. 의료 서비스에 대해 좀 더 객관적이고 사실에 기반하여 판단하길 바란다.

미국급식을 먹느니
차라리 굶겠다

미국 뉴욕주에 있는 한 빈민 지역 고등학교의 학부모가 자신의 SNS에 최근 몇 달간 고등학생 아들이 먹었다는 학교 급식 사진을 공개하여 온라인에서 공분을 샀다. 해당 사진 속 급식은 누가 봐도 터무니없을 정도로 형편없었다. '급식'이라는 이름을 붙이기에는 구성물도, 영양 상태도 모두 엉망진창이었다. 심지어 고등학생이 아니라 초등학생의 급식이라고 해도 말이 안 되는 수준으로 양도 적었다. 학부모가 폭로한 급식 사진은 순식간에 수많은 사람에게로 공유되며 퍼져 나갔다.

라이커스 아일랜드 교도소의 한 관계자는 이 급식 사진을 보고 '수감자들도 이보다 더 잘 먹는다'는 글을 올리며 '죄수보다 심각한 미국학교 급식'이라는 이름으로 전 세계로 퍼졌다. 검색하면 금방 찾을 수 있을 만큼 꽤 알려진 이야기다.

빈민 지역 고등학교라 급식이 유독 형편없는 것 아닌가? 라는 생각이 들 수 있는데, 물론 학교마다 편차가 있지만 미국의 급식은 특히 공립학교의 급식은 오래전부터 형편없이 부실하기로 악명이 높았다. 미국의 급식은 미국인도 자체적으로 조롱하는 수준이다. 단적인 예로 2023년에는 런처블이라는 제품도 급식으로 인정받았다. 런처블은 그냥 과자 수준의 식품이다. 툭 까놓고 말해서 간식으로도 안 먹을 것 같은 제품이다. 세계에서 가장 부유한 나라인 미국은 왜 급식에 말도 안 되는 수준의 음식이 나오는 걸까?

가장 근본적인 원인은 부족한 예산이다. 미국 공립학교에서 학생 1인에게 돌아가는 급식 단가는 보통 약 1.3달러 정도다. 음식을 아무리 대량 생산한다고 한들 1.3달러로는 균형 잡힌 식사를 만들기 어렵고, 심지어 1.3달러가 고스란히 음식 비용으로 충당되는 것도 아니다. 1.3달러에는 음식값 이외에도 인건비와 장비, 전기 등의 기타 비용이 모두 포함된다. 세계 최고의 경제 대국이자 선진국인 미국의 급식 예산이 1.3달러라니 분명히 무언가 이유가 있을 것이다. 답을 알기 위해서는 미국급식 프로그램의 변천사를 살펴봐야 한다.

1929년 미국 역사상 최악의 경제 위기였던 대공황 이후 많은 아이가 영양실조와 기아에 시달렸다. 그래서 1935년 미국 의회는 아이들의 영양 문제를 해결하기 위해 처음으로 학교 급식 프로그램에 예산을 배정했다. 이때의 루스벨트 정부는 농부로부터 잉여 작물을 구매하여 학교에 제공했다. 덕분에 비교적 적은 금액으로도 많은 아이가 급식을 통해 좋은 농산물과 영양소가 골고루 포함된 이루어진 질 높은 식사를 할 수 있었다. 반응은 매우 좋았고, 정치인들은 표를 얻기 위해 급식을 더 밀어 주었다.

　　1946년에는 의회가 전국 학교에 급식을 제공한다는 이른바 급식법을 통과시키면서 학교 급식 프로그램 예산을 더 늘렸다. 이후 이어진 아이젠하워와 닉슨 정부까지 급식 예산을 늘렸고 1966년에는 저소득층 어린이를 위한 보조금과 우유 및 급식 프로그램이 추가되면서 급식 예산은 꾸준히 증가했다. 이때만 해도 미국급식은 질적으로도 양적으로도 모자람이 없었다.

　　그런데 1981년 로널드 레이건 행정부가 들어서면서 급식 프로그램의 판도가 바뀌게 된다. 의회 예산이 삭감되어 돈이 부족해지자 가장 먼저 손댄 예산이 급식 프로그램 예산이었다. 레이건은 급식 보조금의 약 24%를 삭감했고 급격히 돈이 부족해진 학교들은 예전처럼 질 높은 식단을 유지할 수 없게 되었다. 그렇다고 해서 학생들에게 아무거나 먹일 수는 없었다. 1979년 미국 농무부는 학교 점심의 영양 규정을 내놓았는데 규정에 따르면 학교 급식에는 최소한 채소 두 가지가 포함되어야 했다.

하지만 급격한 예산 삭감으로 재정난을 겪게 된 학교들은 이 규정을 지키기 어려워졌고 레이건 정부는 어처구니없는 대응책을 내놓는다. 바로 케첩을 채소에 포함하는 것이다. 케첩의 주재료가 채소인 토마토이기 때문에 케첩 역시 채소로 분류하겠다는 논리였다. 영양학적으로는 황당한 분류지만 재정난에 허덕이는 학교로서는 괜찮은 대응책이었다.

삭감된 예산과 바뀐 영양 규정으로 인해 미국급식의 질은 떨어지는 것을 넘어 정크 푸드처럼 변하기 시작했다. 이 무렵 패스트푸드 회사들은 돈이 될 것으로 생각하며 급식 사업에 뛰어들기 시작한다. 패스트푸드 회사는 학교 점심 프로그램에 기금을 지원하고 값싼 가격으로 미국 농무부의 기준에 맞춰 점심을 제공했다. 학교로서도 패스트푸드 업체는 급식과 관련해 최고의 파트너였다. 예산에 맞게 음식을 공급해 주는 것은 물론 '고소의 나라'라고도 불리는 미국에서 패스트푸드 업체만큼 문제없이 급식을 제공할 만한 업체는 없었다.

게다가 학교에 주방 시설을 만들고 조리사를 고용할 필요도 없었기 때문에 비용을 더 절감할 수 있었다. 아이들이 고

칼로리의 질 낮은 패스트푸드를 먹으며 비만이 되는 것은 우선 고려 사항이 아니었다. 패스트푸드 회사들이 급식 납품업체가 되어 공립학교 급식을 담당하면서 햄버거, 감자 튀김, 피자, 치킨너깃 같은 패스트푸드가 급식에 등장했다. 2005년 무렵이 되자 미국 학교의 절반 이상이 패스트푸드 업체와 계약을 맺었다. 미국인 자신도 조롱할 만큼 미국 급식이 형편없다는 것은 잘 알고 있다.

하지만 해결하기에는 더 이상 급식 문제는 단순히 예산 문제가 아니게 되었다. 거대 식품 기업들의 로비가 이미 정치인들과 학교를 장악한 상태이기 때문이다. 거대 기업들의 로비는 주재료가 감자인 감자 튀김과 토마토 페이스트가 들어가는 피자까지 채소로 분류되게 했고, 돈을 받은 정치인들은 목소리를 낼 수 없게 되었다. 영양과 건강을 뒷전으로 여긴 급식은 아동 비만의 급증으로 이어졌다.

물론 잘못된 급식을 바꾸려는 시도는 있었다. 2010년 오바마 정부는 엉망이 된 급식 관행을 바꾸기 위해 새로운 법안 '학교급식 건강식단법'을 내놓았다. 법안에는 학교 급식에 과일과 채소, 통밀 등 정제되지 않은 급식을 포함하고 지방과 염분을 줄여 영양 기준을 높인다는 내용이 담겨 있었다. 소아비만 예방 캠페인인 '렛츠 무브' 운동의 후원자였던 영부인 미셸 오바마도 법안을 적극적으로 지지했다.

실제로 당시 학교 급식에 비교적 건강한 식단이 도입되는 것처럼 보였다. 하지만 반응은 처참한 수준이었다. 이미 오랫동안 패스트푸드의 기름지고 자극적인 맛에 입맛이 길든 아이들은 오바마 정부의 '건강한 급식'을 거부했다. 아이들은 '맛이 없다', '먹을 게 없다'는 이유로 모조리 급식을 버렸다. 버려지는 급식은 LA 공립학교에서만 하루 10만 달러, 한화로 약 1억 5천만 원 정도였다. 아이들의 입맛이 이미 패스트푸드에 길든 탓도 있었지만, 사실 진짜 문제는 오바마 표 급식도 문제가 있다는 것이다. 개혁의 실패는 기존의 방식에 더 큰 힘을 실어 주었다. 식품 회사들의 로비를 받은 미국 의회는 정부가 아이들에게 무엇을 먹도록 강제할 수 없다고 반발하였고, 2018년 12월부터 법안은 폐기 절차를 밟았다.

그 결과 현재까지도 미국급식은 퇴화를 거듭하고 있다. 여기에 미국이 다인종 다문화 국가라는 점도 급식 퀄리티를 낮추는 데 영향을 끼쳤다. 단일민족 국가에 해당하는 우리나라는 보통 전교생이 좋든 싫든 큰 무리 없이 똑같은 식단의 급식을 먹는다. 알레르기로 못 먹는 음식이 있는 학생이 있을 수 있지만, 별다른 문제가 없다. 그래서 음식 재료를 대량으로 구매해서 학생들에게 제공하는 것이 가능한데, 이는 곧 생산 단가를 낮출 수 있다는 뜻이다.

하지만 미국은 워낙 다양한 인종과 문화권의 학생들이 섞여 살다 보니 모두에게 같은 식단을 제공하는 것이 불가능에 가깝다. 종교와 인종의 특성에 따라, 건강 등의 이유로 다양한 요구가 존재하고, 그렇다고 자유의 나라인 미국에서 급식을 강제할 수도 없는 노릇이다. 통일된 급식 제공이 불가능하고 개혁이 시급해 보이지만 로비와 실패 사례까지 있기에 당분간 개혁은 쉽지 않을 듯 보인다.

해적이 꿈이라는
소말리아

보통 국가 하나를 생각하면 그 나라의 독특한 문화가 떠오르는 것이 일반적이다. 예를 들어 일본을 생각하면 '기모노'나 '사케'가, 중국을 떠올리면 '경극'이 연상된다. 그러나 때로는 그렇지 않은 국가도 있다. 바로 소말리아다. 개인적으로 소말리아라고 하면 '내전'과 '치안 불안', '해적'이 떠오른다.

소말리아는 동아프리카에 있는 국가로, 현재 전 지역에 여행금지령이 내려져 있으며, 내전과 치안 불안으로 고통받고 있다. 커뮤니티에 가끔 올라오는 소말리아의 평화로운 사진들은 대부분 소말리아 본토가 아닌, 소말리아에서 독립한 소말릴란드의 모습이다. 홍콩과 비슷한 개념이며 홍콩이 영국령에서 벗어나 중국에 흡수됐지만, 소말릴란드는 영국령에서 독립한 후 스스로 자립한 점이 다르다.

소말릴란드가 아닌 소말리아는 여전히 혼란스러운 상태다. 실제로 내전은 이미 30년째 진행 중이며 경제는 제대로 돌아가지 못해 국민의 생활 수준은 극도로 낮다. 2017년에는 무정부 상태에서는 벗어났으나 공격 활동과 범죄가 여전하고 전쟁도 끝나지 않았다.

소말리아에서 내전 다음으로 심각한 문제는 해적이다. 최근까지도 해적이 활동했으며, 현재는 소말리아 해군과 연합국 해군의 감시로 예전만큼 활동하지는 못하고 있지만, 여전히 존재한다. 해적이 활동한다는 사실 자체가 치안 문제를 나타낸다. 해적이 판을 칠 당시에는 해적이 되는 것이 소말리아 청년들의 꿈이 되기도 했다.

이제 소말리아의 현대사를 통해 소말리아가 어떻게 이 상황에 이르렀는지, 해적은 왜 등장했는지 알아보자. 1949년 세계대전의 여파가 남아 있는 상황에서 소말리아는 이탈리아의 신탁 통치를 받으며 독립을 약속받았다. 1960년에는 영국령 소말릴란드가 독립하고 본토와 통합되어 오늘날의 소말리아가 되었다.

1969년 셰르마르케 대통령 사망 이후 시아드 바레가 군사 쿠데타를 일으키며 장기 집권했다. 이 기간에 소말리아는 에티오피아와 오가덴 전쟁을 치렀고, 이 전쟁은 소말리아 경제에 큰 타격을 주었다. 외채는 쌓여만 가고 경제는 추락했다. 국제통화기금(IMF)에 도움을 요청해야 할 지경에 이르렀고 긴축 정책을 시행해야 했다. 이 과정에서 바레의 부족주의 정책은 계속되었고, 그의 부족에 속하지 않는 사람들의 불만이 커져만 갔다.

소말리아를 지원하던 국가들과 국제 기구들의 지원이 줄어들면서 상황은 더욱 악화하였다. 결국 바레 정권에 대한 불만을 가진 세력들이 통일 소말리아 회의를 결성하고 1991년에 혁명의 불씨를 잡아당겼다. 이에 따라 내전이 시작되었다. 과거 영국령 소말릴란드였던 지역은 독립을 선언했고, 바레는 축출되었다. 임시 대통령에 마흐디 모하메드가 선출되었지만, 그를 대통령으로 인정하는 사람은 거의 없었다.

바레 정권을 몰아낸 후에도 혼란은 계속되었다. 단합된 목표로만 뭉쳤던 연합은 혁명 성공 후 금방 분열하였고, 씨족들과 군벌들, 군부 사이의 복잡한 전쟁이 시작되었다. 유엔이 개입했으나 아이디드가 이를 격렬히 반대하며 내전은 계속되었다. 아이디드의 대항에도 불구하고, 유엔군은 소말리아 내전에 개입했다. 그러나 이 개입이 내전을 종식하지 못했고, 1995년에 유엔군은 완벽히 철수했다.

아이디드 사망 후에도 소말리아의 상황은 복잡해졌다. 여러 차례 임시 정부 수립이 시도되었으나 성공적이지 못했다. 내전은 소말리아의 경제를 완전히 무너뜨렸고 인프라도 엉망이 되었다. 국민은 극심한 빈곤에 시달렸으며 이에 따라 해적질이 성행하게 되었다. 해적질은 생계 수단 중 하나로 여겨졌고, 청년들 사이에서는 돈을 버는 방법으로 인식되었다.

그러다 이슬람법정연합(ICU)의 등장으로 전쟁의 양상이 달라졌다. 이들은 2006년에 소말리아의 남부 지역을 장악했다. 하지만 에티오피아의 개입으로 상황은 다시 변했고 소말리아는 다시 무정부 상태로 돌아갔다. 해적질이 다시 성행하기 시작했고, 알샤바브와 같은 이슬람 극단주의 단체들이 등장하여 상황을 더욱 악화시켰다.

2012년 여름 정식 정부의 수립으로 치안이 조금씩 나아지는 모습을 보여 주었으며, 소말리아의 해적 활동도 점차 줄어드는 추세다. 그러나 아직 내전이 완전히 끝난 것은 아니다. 여전히 살아 있는 군벌들이 현재의 소말리아 정부를 인정하고 있지 않기 때문이다. 비록 미국의 지원을 받는 정부라 하더라도, 각종 공격 활동들은 여전히 끊이지 않고 발생하고 있다. 이러한 상황 속에서 소말리아의 미래가 어떻게 될지는 여전히 불투명하다.

소말리아의 현대사는 다양한 내외적 요인들이 복잡하게

얽혀 있는 경우라고 할 수 있다. 식민지 시대의 유산, 부족 간의 갈등, 국제 사회의 개입, 경제적 어려움 등이 내전과 해적 활동이라는 현상으로 이어졌다. 이 모든 요소가 어떻게 소말리아의 현재 상황을 만들었는지를 이해하는 것은, 아프리카뿐만 아니라 전 세계적으로 내전과 폭력, 경제적 불안정이 지속되는 다른 지역들을 이해하는 데에도 중요한 통찰을 제공한다.

알샤바브와 같은 극단주의 단체의 등장과 활동은 국제 사회에게 또 다른 도전 과제를 제시한다. 이들 단체의 활동이 지역 안보는 물론 국제 안보에도 심각한 위협이 되고 있다. 그래서 대응하기 위한 국제 사회의 노력은 여전히 진행 중이다. 소말리아 내에서는 정치적 안정을 찾고, 경제적 회복을 도모하며, 사회적 화합을 이루려는 시도가 계속되고 있다. 하지만 이러한 노력이 성공하기 위해서는 국내외의 지속적인 관심과 지원이 필수다.

소말리아의 이야기는 단순히 한 국가의 이야기를 넘어서, 전쟁과 평화, 개발과 빈곤, 국제 협력과 독립 등 국제 사회가 직면한 여러 가지 복잡한 문제들을 담고 있다. 소말리아가 안정을 찾고 번영하는 길을 걷게 되기를 바라며, 국제 사회가 이 나라뿐만 아니라 비슷한 상황에 부닥친 다른 지역들에도 지속적인 관심을 가지고 협력해 나가기를 희망한다.

4장

경제유감

자원 부국은
왜 가난에 빠지나

우리나라는 기름 한 방울 나지 않는 나라다. 기름뿐만이 아니라 광물 같은 천연자원도 부족하고 넓은 땅도 없는 그야말로 무자원 국가다. 가진 게 없으니 오로지 부지런히 일하는 것밖에는 기댈 곳이 없는 나라가 바로 우리나라다. 마치 부모로부터 물려받은 재산이 거의 없는 흙수저와 같은 처지라 믿을 것이라고는 우리 자신의 실력밖에 없다.

　본격적인 경제개발을 시작하기 전인 1960년대 초까지만 해도 '왜 우리는 가진 것이 없냐?'며 한탄했던 경제학자도 많았다. 동해에서 석유가 쏟아지고 황해에서 큰 가스전이 터져

주면 얼마나 좋겠냐는 원망 섞인 바람을 갖기도 했다. 그런데 천연자원이 풍부해지면 손쉽게 선진국이 될 수 있는 걸까? 풍부한 자원이 자동으로 행복을 보장해 주는 걸까?

놀랍게도 현실은 그렇지 않다. 오히려 반대로 지구의 수많은 나라 중에 자원이 많은 나라치고 평화롭게 잘사는 나라가 생각보다 많지 않다. 한때 미국보다 1인당 국민소득이 높았으나 지금은 해외 원조에 의존하는 최빈국이 된 나우루 공화국, 살인적인 인플레이션으로 자국민마저 나라를 버린 베네수엘라 등이 대표적이다.

나우루 공화국은 인광석 수출을 통해 성장했는데, 1980년대에는 1인당 국민소득이 미국을 넘어설 정도로 엄청난 경제 성장을 보여 주었다. 하지만 1990년대에 들어서서 인광석 채산성이 떨어지면서 해외 원조에 의존하는 최빈국이 되었다. 베네수엘라는 사우디아라비아를 넘어서는 세계 최대 석유 매장국인데다 매년 보유량이 증가하고 있지만, 석유 생산량은 세계 상위 10위 안에 들지 못하고 있다. 또한 경제 기반이 붕괴하고 화폐 기능이 상실되어 전 국민이 가난에 시달리고 있는 수준이다.

반면 맨땅에 헤딩 수준인 무자원 국가인 우리나라의 경제 수준은 선진국 반열에 올랐다. 기름 한 방울 나지 않는 국가임에도 불구하고 석유를 정제하는 뛰어난 기술을 통해 석유를 수출하며 무자원 산유국으로 불리고 있다. 미국의 경제학자 토드 벅홀츠는 우리나라와 자원의 저주를 겪는 베네수엘라를 비교하며 다음과 같이 말했다.

"풍부한 석유 때문에 오히려 낙후된 경제 상황과 독재 정치에서 벗어나지 못하는 베네수엘라와 교육에 대한 투자와 근면함으로 선진국 수준으로 발전한 한국은 극명히 대비된다."

경제 성장은 자연 자원이나 노동, 자본, 기술 진보를 통해 국민 경제의 생산 능력이나 GDP가 꾸준히 증가하는 것을 말한다. 풍부한 자원이 있다면 지속적인 경제 성장에 매우 큰 도움이 된다. 사우디아라비아는 석유라는 자원 하나로 부국을 이루었다. 미국과 캐나다, 호주와 같은 선진국은 풍부한 자원을 기반으로 창의적인 기술을 성실히 개발한 덕분에 높은 수준의 경제 발전을 이루었다.

그런데 앞서 언급한 나우루 공화국과 베네수엘라, 나이지리아, 콩고민주공화국, 남수단 같은 국가들은 자연이 풍부한데도 낙후된 경제 성과를 내놓았다. 이렇게 자원이 풍부한 국가의 경제 성장이 둔해지는 현상을 '자원의 저주'라고 한다.

조금 더 풀어서 설명하자면 자원의 저주란 천연자원이 풍부한 국가가 그렇지 않은 국가보다 낮은 수준의 경제 성장, 낮은 수준의 민주주의 그리고 악화한 발전 산출을 가지는 역설을 말한다. 이 용어는 광물 자원이 풍부한 국가가 어떻게 그렇지 않은 국가에 비해 더 낮은 경제 소득을 가졌는가를 기술하기 위해 1993년 리처드 오티에 의해 처음 사용되었다.

제프리 삭스와 앤드루 워너의 연구에 따르면 '천연자원의 풍부함과 낮은 경제 성장 간의 큰 상관 관계'가 발견되었다. 수많은 연구가는 천연자원을 복권에 비유했다. 복권에 당첨되면 당첨금을 어떻게 사용하느냐에 따라 인생에 득이 될 수도, 독이 될 수도 있는 것처럼 자원의 저주를 뜻밖의 행운으로 얻은 부를 관리하기 위해 고군분투하는 복권 당첨자의 어려움에 비유한 것이다. 대부분의 전문가는 이 자원의 저주가 반드시 피할 수 없는 것은 아니지만, 특정한 조건에서는 특정한 유형의 국가나 지역에 영향을 미친다고 생각한다. 대체 무엇 때문에 천연자원이 어떤 나라에는 저주가 되고 어떤 나라에는 축복이 되는 걸까?

자원의 저주를 정통으로 맞은 국가들의 공통적인 특징은 자원만 믿고 기술 혁신이나 교육을 통해 생산 능력을 높이지 않았다는 것이다. 자원에만 의존하다 보니 근로의욕은 낮아지고 자원 개발을 둘러싼 이권 다툼은 심화하여 경제가 낙후되는 것이다.

또한 경제학자들은 자원의 저주에 걸린 국가들에 대한 특징을 세 가지로 꼽는다. 첫 번째 이유는 이들 국가의 관심이 더 큰 파이를 만드는 것보다는 기존 파이의 더 큰 몫을 차지하는 데에만 쏠려 있다는 점이다. 이 탐욕을 해결하지 못하면 서로 더 큰 몫을 차지하기 위한 내전으로 이어지는 경우가 대부분이다. 자원이란 한 나라의 모든 지역에서 골고루 나오는 경우가 거의 없다. 다시 말해 한 나라에서 A라는 지역은 석유가 나오지만, B라는 지역은 석유가 나오지 않는다. 그래서 불가피하게 A 지역의 부와 B 지역의 부에는 차이가 발생한다. 즉 지역적 불균형이 발생하는 것이다.

강력한 중앙 집권 국가라면 강제적 수단을 동원하여 어느 정도 통제가 가능하겠지만 강력한 중앙 집권 국가가 아니라면 문제가 생긴다. 예를 들어 중동 국가는 이슬람을 바탕으로 한 강력한 중앙 집권 국가이자 왕조 국가이기 때문에 석유 자원을 독점하고 관리하는 것이 가능하다. 하지만 아프리카의 여러 나라는 중앙 집권 국가가 없는 상황 속에서 민주주의를 실현하려다 오히려 그것이 내전의 빌미가 되는 것이다.

한 국가의 A 지역은 풍부한 자원으로 잘 먹고 잘사는데 B 지역에는 아무것도 없다면, A 지역에 부의 재분배를 요구하게 된다. A 지역의 주민들은 부의 재분배를 하고 싶은 생각이 당연히 없을 것이다. 이런 상황 속에서 투표를 통해 지도자를 선출했다. 선출된 지도자가 A 지역의 재산을 B 주민에게 나눠 준다면 A 지역의 주민은 불만과 반감을 품을 가능성이 매우 크다. 반대로 정권이 A 지역을 옹호해서 A 지역의 부가 B

지역으로 넘어가는 것을 막는다면 B 지역이 불만을 품을 수밖에 없다. 선출된 지도자의 압도적이고 강력한 정책이 실패라도 한다면 무장 게릴라나 테러 단체까지 발생한다. 내전은 국가의 살림을 피폐하게 만들 수밖에 없다.

그래서 자원이 풍부한 국가는 독재 국가인 경우가 많다. 자원을 중앙 정부가 독점하게 되는 것인데, 이렇게 되면 부의 독점 현상이 발생하여 손쉽게 부패로 이어진다. 독재 국가는 자원으로도 충분히 먹고 사는 데 지장이 없어서 인프라 확충에 크게 신경을 쓰지 않는다. 국민의 의식 수준이 높아져 국가 체제를 흔들 수 있는 여건 자체를 마련하지 않는다.

거꾸로 독재 국가의 유지와 사회적 불만을 막기 위해 막대한 혜택을 뿌려대기도 한다. 생산적 활동을 위한 혜택이 아니라 의미 없는 소비 활동에 막대한 재정을 뿌리는 것이다. 국민은 굳이 불만을 표출하지 않아도 정부가 알아서 하니 정치에 별다른 관심을 두지 않게 된다. 자원이 고갈되면 파국으로 치달을 수밖에 없는 패턴이다.

두 번째 이유는 자원의 가격이 변덕스럽고 통제하는 것이 어렵다는 것이다. 만약 자원을 담보로 돈을 빌렸다면 자원 가격이 좋을 때는 돈을 쉽게 빌릴 수 있겠지만, 자원 가격이 폭락하면 당장 빌린 돈을 갚으라는 빚 독촉에 시달리게 된다. 자원에 좌지우지되는 경제는 매우 쉽게 흔들리게 된다. 쉽게

번 것은 쉽게 잃는 것이다.

마지막으로 석유를 포함한 여러 천연자원은 당장 손에 돈을 쥐여 줄지는 모르지만, 일자리를 만들지는 못한다. 오히려 다른 산업의 경쟁력을 떨어뜨리기까지 한다. 1950년대 말 네덜란드는 북해에서 다량의 가스전을 발견한 뒤 1차 석유 파동 이후 고유가에 힘입어 막대한 외화를 벌어들였는데, 외화 유입은 네덜란드의 통화 가치를 상승시키고 물가와 임금 인상을 가속하였다. 또한 석유 산업이 주도한 임금 인상이 산업 전체 임금을 밀어 올리면서 석유를 제외한 모든 산업의 경쟁력이 추락하는 결과를 낳았다. 국내 산업이 몰락하면서 실업자가 쏟아져 나왔다. 이를 자원의 저주의 하나로 '네덜란드병'이라고 부른다.

풍부한 자원은 경제 성장의 필요 조건이지 충분 조건은 아니다. 풍부한 자원은 부단한 혁신과 결합하면 축복이 되지만 자원만 믿고 비생산적인 소비 활동만 늘리면 경제 성장률이 둔화하는 저주를 맞게 된다. 복권 당첨금을 생각 없이 펑펑 써대다 인생 망한 사람들이 많은 것처럼 말이다. 반대로 자원이 부족하더라도 생산적인 투자와 기술 발전을 지속하면 풍부한 자원을 보유한 국가 못지않은 경제 번영을 누릴 수 있다.

풍부한 석유 때문에 오히려 낙후된 경제 상황과 독재 정치에서 벗어나

지 못하는 베네수엘라와 교육에 대한 투자와 근면함으로 선진국 수준으

로 발전한 한국은 극명히 대비된다.

-<자원 부국은 왜 가난에 빠지나> 중에서

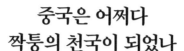

중국은 어쩌다
짝퉁의 천국이 되었나

메이드 인 차이나(made in China)

지금이야 거부감이 많이 줄었지만, 예전에는 메이드 인 차이나라고 하면 반감부터 들었다. 이건 소비자의 경험에서 온 것으로, 실제 중국 생산 제품들의 품질이 엉망이었다. 엉망을 넘어서 쓸 수 없을 정도인 것도 많았다. 그나마 지금 거부감이 줄어든 것은 예전보다 품질이 올랐기 때문이다.

'서당개 3년이면 풍월을 읊는다'는 말처럼 중국 공장들은 짝퉁을 만들며 쌓인 노하우로 퀄리티가 확 올라가기 시작했다. 여기에는 세대교체도 있다. 중국 부모들의 자식 교육에 대한 열정은 우리나라보다 더하면 더했지 덜하지는 않다. 1세대 공장주들은 짝퉁으로 번 돈을 자식에게 투자했다. 그들의 자식은 유학도 가고 외국의 문화도 경험한 후 현재 중국의 공장들을 운영하고 있다. 실제로 영어를 유창히 사용하며 유학을 다녀왔다는 사람이 꽤 많았다. 이른바 2세대 공장주들이다. 이 두 가지 덕에 이제는 대기업도 중국 공장에서 물건을 생산하기 시작했다. 몇몇 분야는 우리나라 공장에서 만드는 것보다 퀄리티가 좋은 것도 있다. 또한 퀄리티가 좋지 않으면 언제든지 탈락할 수 있다 보니 살아남기 위해 퀄리티를 유지하려고 한다. 요즘 중국 쇼핑몰 사이트에서 직구를 하는 사람들이 부쩍 늘어났다. 실제로 가격 경쟁력이 엄청나다. 대신 퀄리티는 기대보다 못할 수 있다.

메이드 인 차이나의 위상이 많이 높아졌다. 우리는 메이드 인 차이나 없이는 살 수 없는 세상에 살고 있다. 모든 제품은 중국을 거쳐 간다고 해도 과언이 아니다. 그뿐만 아니라 고급과 브랜딩의 대명사인 애플의 제품들에도 'Designed by Apple in California. Assembled in China'라고 적혀 있다. 특히 중국 기업인 DJI는 드론 산업 쪽에서는 1위인 기업이다. 중국의 제품이라면 보안 문제로 치를 떠는 미국 군대에서도 드론만큼은 DJI를 많이 사용한다.

중국의 공장이 2세대로 세대교체가 되고 공업력이 상승하면서 그동안 우리가 알고 있던 메이드 인 차이나의 제품과는 퀄리티가 완전히 달라지기 시작했다. 우리나라에서는 '대륙의 실수'라는 말도 유행했다.

2010년대의 중국은 미국을 위협할지도 모른다는 말이 나올 정도로 고속 성장을 하던 시기였다. 중국 공장들은 수출을 위해 번 돈 모두를 퀄리티 향상에 투자하기도 했다. 아직도 반감이 있는 듯하지만, 사람들은 이제 메이드 인 차이나가 박혀 있다고 무조건 좋지 않다고 생각하지는 않는다.

하지만 여전히 안 좋은 인식을 벗어나지 못하는 것이 하나 있다. 바로 짝퉁이다. 우리나라를 찾는 중국 관광객들은 고가의 명품을 굳이 우리나라에서 사 가는 경우가 많다. 중국에는 짝퉁 즉 가짜 제품이 넘쳐나기 때문이다. 심지어 전문가들도 구분하기 힘든 수준까지 도달했다고 한다. 전 세계의 공장 역할을 하는 중국은 '짝퉁의 천국'으로 불리고 있을 만큼 수많은 가짜 상품으로 유명세를 누려 왔다. 중국에는 슈수이제, 꾸이화강 등 대규모 짝퉁 전문 시장이 있을 정도인데다 중국이 자랑하는 샤오미, 화웨이 같은 IT 기업들 역시 애플 같은 다국적 기업을 모방하며 성장했다.

영국의 비즈니스 신문인 〈파이낸셜 타임즈〉에 따르면 2016년 기준 전 세계 짝퉁 원산지의 55% 정도가 중국이었다. 중국 최대 인터넷 쇼핑몰 타오바오에서 취급하는 물품을 조사해 보니 물건 전체에서 짝퉁이 차지하는 비율이 60%를 넘는 것으로 밝혀졌다. 심지어 짝퉁 물품만 생산하는 것도 아니다. TV 프로그램, 건축물, 도시, 아이돌 그룹까지 따라 하며 '중국은 사람만 빼고 모든 것을 복제한다'는 말도 있다.

도대체 중국에는 왜 짝퉁이 많은 걸까? 이 질문에 꽤 많은 사람이, 특히 중국인들이 '중국의 경제가 덜 발전했기 때문'이라고 대답하곤 한다. '먹고사는 게 족해야 도리를 안다(衣食足而知礼仪)'는 맹자 이야기를 하며 경제가 발전하고 생활이 풍족해지면 가짜 제품이 저절로 없어질 거라고 말한다.

그런데 역사를 살펴보면 단순히 경제 문제 때문은 아님을 알 수 있다. 중국에서 짝퉁은 꽤 오랜 역사를 지니고 있다. 일례로 1780년 중국 청나라를 여행한 박지원이 쓴 《열하일기》에 따르면 박지원이 조선에서 가지고 간 청심환이 중국 사람에게 인기였다는 대목이 나온다. 청심환은 원래 중국 송나라 때부터 시작된 처방 약으로 조선시대 때 한반도에 전해진 약이다. 청심환의 원조는 중국인데 정작 중국 사람들은 청나라에서 만든 청심환이 아닌 조선에서 만든 청심환에 열광했다. 박지원은 주변의 중국 사람에게 조선 청심환에 왜 열광하는지 물어보았더니,

"청나라에도 청심환이 많지만, 가짜가 수두룩하여 조선에서 만든 청심환은 진짜라서 믿을 수 있다."

라는 말을 했다고 한다. 그 덕분에 박지원은 물건을 사거나 술을 먹은 후 돈 대신 청심환으로 값을 치러 경비를 아낄 수 있었다.

1700년대 청나라의 최고 학자 기윤이 쓴《열미초당필기》에도 기윤이 겪은 중국의 가짜 제품 이야기가 여러 번 나온다. 청나라 최고 명품 먹을 샀는데 집에 돌아와 써 보니 진흙으로 구운 벽돌에 검은 물을 들인 가짜 먹이었다. 젊은 시절 과거시험을 준비하기 위해 초를 몇 자루 샀는데 아무리 노력해도 불이 붙지 않아 자세히 보니 진흙으로 모양을 만들고 겉에다 양기름을 바른 가짜였다고 한다. 사촌 형님 심부름으로 오리구이를 사 왔는데, 이 역시도 살을 다 발라내고 오리의 머리, 목, 발과 뼈만 남긴 다음 진흙을 채워 넣고 오리 기름을 바른 가짜였다. 이 시기 과연 중국이 가난했기 때문에 이런 가짜 제품이 판을 친 것일까? 당시 1700년대 청나라의 GDP 규모는 세계 GDP의 3분의 1 이상으로, 당시 청나라는 세계 제일의 경제 대국이었다. 결코 중국의 짝퉁이 경제 문제 때문이라는 이유는 맞지 않는다. 그렇다면 진짜 이유는 무엇일까?

첫 번째 이유는 체면치레 때문이다. 중국인에게 있어 체면은 그 무엇보다 중요한 가치다. 중국어로 체면은 '미엔쯔(面子)'라고 하는데 '메이요우 미엔쯔(면이 서지 않는다)'라는 말처럼 중국인이 늘 쓰는 말 중에는 '미엔쯔'란 단어가 들어간 표현이 매우 많다. 또한 '죽으면 죽었지, 체면을 잃어선 안 된다'라는 속담이 있을 정도로 중국인은 체면에 매우 많은 신경을 쓴다.

중국의 개혁 개방 이후 경제가 빠르게 발전하면서 물질 만능주의 풍조가 더 심해졌다. 이것이 남들의 시선에 신경 쓰는 이른바 미엔쯔 문화와 섞이며 중국인에게 브랜드나 명품 선호 심리를 자극한 것으로 보인다.

우리나라도 체면치레에 신경을 많이 쓰는 나라 중 하나지만, 중국인의 체면치레는 우리나라와 좀 다르다. 중국인의 체면은 실제 본질과는 상관없이 남에게 어떻게 보이느냐가 관건이다. 다시 말해 본인이 구매한 제품이 진품이 아니더라도 남에게 진품으로 보여서 체면치레를 할 수 있으면 그것으로 만족한다는 것이다. 거기다 중국은 국가 전체 경제 규모가 세계 2위로 거대하지만, 개인의 소득 수준이 높은 나라는 아니다. 전문가들은 다수의 중국인이 진품을 살 수 없는 상황에서 꿩 대신 닭으로 짝퉁을 소비한다고 분석하고 있다.

우리나라나 미국은 짝퉁을 살 바에야 진품 중고를 사는 경우가 많아서 중고 거래 시장이 활발한데, 중국은 그 반대다. 중국인은 남이 쓰던 물품을 사면 체면이 깎인다고 보는 경향이 있어서, 진품 중고를 살 바에는 짝퉁 제품을 사는 경우가 많다.

두 번째 이유는 '속이는 자보다 속는 자가 잘못'이라는 중국 특유의 독특한 사고 때문이다. 중국의 국토 면적은 우리나라의 97배다. 인구는 우리나라의 약 28배다. 광활한 땅에 워낙 많은 인구가 살고 있어서 중국인은 '절대 아무나 믿어선 안 된다'는 인식을 뿌리 깊이 가지고 있다. 그래서 본인과 긴밀한 관계가 있고 없고에 따라 중국인의 태도는 극명하게 갈린다. 중국인의 이런 자세는 잘 모르는 사람을 속이는 일은 전혀 대수롭지 않게 여기는 태도로 이어진다.

보통 우리나라 사람들은 남을 속이거나 거짓말을 하는 건 나쁘다고 배운다. 분명 '사기 공화국'이라고도 불릴 만큼 사기가 많은 것도 사실이지만, 그래도 일반 사람들은 속인다는 것에 대한 죄책감은 느끼고 있다. 속아 넘어간 사람을 바보라고 탓하기보다는 속인 사람이 나쁘다고 생각한다.

하지만 중국에서는 '속이는 사람보다 속아 넘어간 사람이 잘못'이라고 하며, 가정에서는 부모들이 자식을 키울 때 '남에게 속으면 안 된다'는 말을 입버릇처럼 강조한다. 학자들은 이런 풍조가 중국이 가짜 상품, 가짜 음식을 만들고 무언가를 모방하는 것에 거리낌이 없어진 것이 아닌가 추정한다. 가짜를 만들어서 진짜처럼 팔더라도 사기를 친 사람보다 속은 사람이 잘못이라는 것이다.

세 번째 이유는 넓은 국토 때문이다. 두 번째 이유와 이어지는 맥락인데, 중국은 땅이 넓다 보니 중국 정부는 사회 문제를 일으키는 불법 약이나 식품은 철저하게 조사해 처리하지만, 그 외의 제품에는 행정력이 미치지 못한다. 구조적으로 모조품이 판을 치기 좋은 환경이다. 이런 상황을 중국인이 가장 잘 알고 있다 보니 자국 제품에 대해 불신을 가진 것이다. 심지어는 자기 지역 밖의 제품을 불신하기도 한다.

중국에서는 식당에서 술을 마실 때 손님이 술을 직접 준비해 간다. 손님이 식당에서 파는 술이 진짜인지 가짜인지 믿을 수 없기 때문이다. 손님이 술을 직접 가지고 가서 마시는 것이 주인이나 손님 모두 당연하다고 생각한다.

이때 손님이 가지고 가는 술은 대부분 그 지역에서 생산된 제품이다. 먼 지역에서 생산된 술은 아무리 유명 상표라 하더라도 제조 회사에서 시장 관리가 불가능하기에 믿을 수가 없다는 것이다. 해당 지역에서 생산된 술만큼은 해당 지역에 있는 제조 회사가 철저히 상품 관리를 하기에 자신이 사는 지역에서 생산된 술은 안심하고 마신다.

네 번째 이유는 모방이 미덕으로 여겨지는 문화와 희박한 저작권 인식이다. 중국에서는 2000년대 중반 이후 '산자이(山寨)'라는 단어가 유행했다. 산자이는 '도적들이 사는 오두막'을 의미하는 말인데, 애플이나 삼성 휴대폰을 모방한 제품들이 일명 '산자이 폰'으로 불리면서 널리 쓰이게 되었다. 중국인은 이 산자이 제품을 짝퉁 즉 단순 모조품이 아닌 모방은 했지만, 창의적 요소가 가미된 창조적 모방으로 인식한다. 실제로 2010년 〈중국청년보〉가 실시한 여론 조사에 따르면 중국인 60% 이상이 '산자이는 대중적인 창조성의 표현이며 저소득층의 소비욕을 충족시켜 준다'고 대답했다.

무엇보다 중국 정부 자체가 저작권과 지식재산권에 대한 견해가 모호하다. 2008년 중국 외교부 대변인이 미국과 유럽의 지식재산권 존중 요구에 '그런 식이면 세계 4대 발명품은 중국에서 나왔으니 이에 대한 저작권료를 내라'고 응수했다고 한다.

중국은 지식재산권이 서구가 정한 관념이자 질서이기 때문에 중국의 내부 형편을 고려하여 운영하겠다는 태도다. 우리나라 소비자원 보고서에 따르면 중국 경제에서 짝퉁 산업이 연관된 비중이 최소 20%이며, 짝퉁 산업이 창출하는 일자리도 2,000만 개에 달한다고 추정될 정도이니 중국으로서는 경제를 위해서라도 단속하지 않는다. 중국이 만약 세계 경제 1위의 국가가 되더라도 짝퉁은 사라지지 않을 것이다.

홍콩의
경제는 망했다

2023년 11월 28일 홍콩 증시 항셍지수가 31년 만에 처음으로 대만 증시의 자취안지수에 추월당하는 일이 벌어졌다. 11월 29일에는 미 하원 외교위원회가 홍콩경제무역대표부 (HKETO)에 부여해 온 특권과 면책권을 폐지하는 내용의 법안을 통과시켰다. 홍콩 대표부는 그동안 미국 내에서 국제기구와 동등한 수준의 대우를 받아왔다. 그런데 법안이 상하 양원을 통과해 시행된다면 더는 특별대우를 받을 수 없게 되는 것이다. 국제 사회에서 대우란 곧 '격'이자 '급'이다. 한마디로 세계 금융 허브이자 중계 무역항으로 여겨지던 홍콩의 위상이 뿌리째 흔들리고 있다.

실제로 중국 인터넷에서는 요즘 홍콩을 '아시아 금융 중심지 유적'으로 부르고 있다. 국제 금융 도시로서 홍콩의 위상이 이미 유적지 즉 과거의 영광이 되었다는 말이다. 단순한 호들갑일까? 지금은 세계적으로 경기가 안 좋은 시기니 앓는 소리가 나오는 것일까? 현재 홍콩 증시에서 IPO, 우리가 흔히 상장이라고 하는 기업 공개 상장은 최근 10년 평균의 16% 수준으로 줄어들었고, 홍콩 지수는 2021년 대비 50% 수준으로 떨어졌다. 외국 자본은 썰물처럼 빠져나가고 있다. 단순히 경기가 안 좋다고 보기에는 무리가 있는 수준의 하향 곡선이다. 금융의 중심지이자 해상 운송의 중심지였던 홍콩은 어쩌다 이런 신세가 되어 버린 걸까?

여러 이유가 복합적으로 얽혀 있지만, 가장 근본적인 원인은 2020년에 시행된 보안법이다. 홍콩 경제는 2020년 보안법 시행 이후 외국 자본과 엘리트 인력이 대거 빠져나가면서 장기 침체를 겪게 되었다. 보안법이란 '홍콩 국가보안법'의 줄임말로, 쉽게 말해 중국 정부가 홍콩 내 반체제 인사를 처벌하고 외부 세력의 개입을 금지하는 법안이다.

국가 분열과 정권 전복, 외국 세력과의 결탁 등 국가의 안보를 위협하는 행위라 판결되면 최대 무기징역까지 처벌할 수 있는 법인데, 해석에 따라 권력자의 말 한마디에 유죄와 무죄가 왔다 갔다 할 수 있는 법이다.

국가 안보와 이익을 위해서라면, 정부에 저항하다가 작은 꼬투리라도 잡히면 바로 유죄를 받을 수 있다는 말이다. 홍콩 보안법의 시작과 문제를 살펴보기 전에 홍콩과 중국의 역사를 먼저 들여다보자.

홍콩에는 약 6,000년 전 신석기 시대 때부터 사람이 거주하기 시작했다고 알려져 있다. 초기 홍콩 정착민은 중국 내륙 지방에서 이주한 사람들이었다. 시간이 흘러 기원전 214년 진나라는 중국 역사상 최초로 홍콩 지역을 중국에 편입시켰다. 그런데 1839년 청나라와 영국 사이에 아편 전쟁이 발발하면서 홍콩은 1841년 영국군에 의해 점령당하게 된다. 그리고 1842년 8월 29일 청나라와 영국 사이에 불평등 조약인 난징조약이 맺어진다.

난징조약으로 인해 홍콩은 정식으로 영국의 수중에 넘어가게 된다. 이때부터 홍콩에 영국의 행정 인프라가 신속하게 구축되었다. 1850년에서 1864년까지 중국에서 벌어진 대규모 내전, '태평천국의 난' 이후 부유한 많은 중국인이 어수선한 중국을 탈출해 홍콩에 정착하면서 홍콩은 발전하기 시작했다. 또한 청나라가 1856년부터 1860년까지 벌어진 제2차 아편 전쟁에서까지 패배하면서 청은 베이징조약을 통해 주룽반도와 스톤커터스 아일랜드까지 영국에 넘겨주면서 홍콩은 더욱 확장되었다.

홍콩 최초의 고등 교육 기관인 홍콩대학이 설립되고 카이탁 공항이 운항에 들어가면서 홍콩의 산업 교육 수준은 중국 본토와는 다르게 서양처럼 변했고, 영국과 중국의 문화가 뒤섞인 독특한 매력의 도시가 탄생하게 된다. 하지만 얼마 안가 홍콩에는 시련과 혼란이 닥쳤다. 1941년 12월 8일 진주만 공격과 같은 날 아침 일본 제국군은 홍콩을 침략했다. 홍콩 전투는 그해 12월 25일 영국과 캐나다군이 일본에 식민지 지배권을 넘겨주면서 종료되었다. 홍콩이 영국이 아닌 일본의 지배를 받게 된 것이다.

일본의 지배 동안 홍콩 시민은 식량 부족에 시달렸고, 전쟁 국채 발행을 위한 강제적인 통화 환율 정책으로 엄청난 인플레이션을 겪게 되었다. 전쟁 전 홍콩의 인구가 160만이었지만, 영국이 식민지 지배권을 회복한 1945년 8월에는 거의 60만으로 줄었을 만큼 홍콩에서의 삶은 팍팍해졌다.

홍콩은 피난의 도시기도 했다. 중국 본토에 무슨 일이 생기면 언제나 홍콩으로 인구가 유입되었다. 중국 본토에서 국공내전이 발생하고 내전을 피해 도망친 본토 이민자들이 홍콩으로 모여들었다. 1949년에는 중화인민공화국이 건국되면서 많은 중국인이 중국 공산당의 박해를 피해 홍콩으로 도망쳐 왔다. 공산주의를 싫어하는 반공주의자도 홍콩으로 건

너왔다. 홍콩에는 일 때문에 온 백인들, 중국에서 도망친 반 공주의자, 자본주의자, 가난한 사람들 게다가 범죄자까지 몰리게 되었다. 중국의 유명한 범죄 조직인 삼합회의 본거지도, 발전한 곳도 홍콩이다. 홍콩이라는 작은 도시에 사회의 위부터 아래까지 모두 함께 살게 되었다.

홍콩의 경제는 급격히 성장하기 시작했다. 이때부터 본격적으로 '홍콩인'이라는 개념이 생기기 시작했다. 얼마 안 가 중국 북쪽 국경의 도시인 선전에 경제특별구역이 지정되면서 재정과 금융 분야에서 영향력이 커졌다. 홍콩의 산업은 제조업과 섬유에서 선진국처럼 서비스 업종으로 대체되었다. 도시의 산업 중 서비스업의 비중이 커진다는 것은 곧 경제가 고도화되기 시작했다는 방증이기도 하다.

홍콩은 다양성의 상징이자 아시아 금융의 허브가 되었고, 영화와 같은 문화와 관광 산업도 꽃피기 시작했다. 빈부격차, 월세, 경쟁 강도, 인구 밀도는 1위를 왔다 갔다 했다. 행복도는 낮았지만 그래도 홍콩은 낭만의 도시였다. 적어도 자신이 홍콩인이라는 것에 자부심을 느꼈고, 수많은 세계인이 계속해서 일이나 관광을 위해 홍콩으로 몰려들었다.

하지만 세계는 우려하고 중국은 고대하던 20년 동안의 신 행정구역 임대 종료가 다가오고 있었다. 영국과 중국은 홍콩 주권 문제에 대해 논의하게 되었다. 1984년에 영국과 중국은 홍콩의 주권을 1997년에 영국에서 중국으로 이전하는 것에 동의하는 조약에 서명하게 된다. 이 조약에는 홍콩이 50년 동안 법과 자치권을 유지하는 특별행정구역으로 수행될 것이라고 명시되어 있다.

다시 말해 영국으로부터 홍콩을 돌려받지만, 중국 정부는 일국양제 즉 한 국가 두 체제 원칙 아래에 향후 50년간 고도의 자치권과 자유를 보장하겠다는 약속을 한 것이다. 홍콩의 일국양제는 중국의 공산주의 정치 체제 안에서 자본주의 경제 체제가 공존하는 형태다. 말만으로는 그렇게 문제가 될 것 같지는 않다. 어찌 되었든 홍콩은 자체적으로 무언가를 생산하거나 수출하는 것이 아닌 금융의 허브이자 약속만 잘 지키면 문제가 없을 듯 보였다. 하지만 약속은 지켜지지 않았다. 2001년에 홍콩에서 태어난 중국 본토인의 자식에게 홍콩 거주권을 부여한다는 내용의 거주권 부여 논란, 2003년 중국 본토 방문객이 촉발한 사스(SARS) 사태 그리고 2005년 본토의 반분열국가법 제정 시도 등으로 홍콩 내에선 중국에 대한 불신과 우려가 커지기 시작했다.

2012년 2월 홍콩의 한 일간지가 거대한 메뚜기 한 마리의 위협적인 모습을 담은 광고를 개재하면서 문제가 생겼다. 이 광고는 귀중한 곡식을 쓸어 가는 메뚜기를 중국 본토인으로 비유한, 매우 경멸적인 시각이 담긴 광고였다. 홍콩 원정 출산 길에 오르는 본토인이 늘어나자 홍콩인은 이들이 홍콩의 귀중한 자원을 쓸어 간다며 불만을 품었고, 이 반감을 고스란히 광고에 내보낸 것이었다. 홍콩이 중국을 어떻게 바라보고 있는지 그리고 자신들은 중국인과는 다르게 생각하고 있다는 것도 잘 알 수 있는 대목이다. 이 시기 베이징대학교의 한 교수가 홍콩인을 영국의 '충견'에 비유한 것이 알려지면서 중국과 홍콩, 서로 간의 반감은 더 깊어지게 되었다.

그리고 2년 뒤인 2014년 우산혁명이 일어난다. 홍콩이 중국으로 반환된 뒤에도 홍콩인은 약속대로 자치권을 가지고 정부 수반인 행정 장관을 직접 선출할 수 있었다. 그런데 2014년 8월 중국은 자신들이 사전에 선택한 인물 중 행정 장관을 선출하라며 말을 바꾸기 시작한 것이다. 홍콩인은 당연히 말도 안 되는 말이라며 항의하기 시작했고, 홍콩의 도심 지역인 '센트럴을 점령하자'는 구호와 함께 수많은 시민이 몇 주간 매일 밤거리로 몰려나와 평화 시위에 참여했다. 경찰들은 평화 시위를 하는 시민들에게 최루탄을 살포해 고압적으로 제압하기 시작했다.

하지만 이런 경찰의 모습은 시위대를 비롯한 많은 시민을 더 자극하는 꼴이 되었다. 시위는 점점 더 커지기 시작했고, 이때 경찰의 최루탄 살포 진압에 맞서 우산을 펼치는 시위대의 모습은 하나의 상징으로 자리 잡았다. 2014년 홍콩 민주화 운동은 '우산혁명'이란 이름으로 불리게 되었다. 우산혁명을 계기로 중국과 홍콩의 관계는 그야말로 최악으로 치달았다. 홍콩의 반중 정서는 중국인이라면 무조건 혐오하는 수준에 이르렀고, 홍콩에는 중국 정부에 더 큰 자치권을 요구하는 '지역주의' 운동이 득세하게 된다.

만약 이 흐름대로 계속되었다면 어쩌면 그동안 우리가 알았던 홍콩의 모습이 계속되었을지도 모른다. 하지만 문제가 생겼다. 시민들은 절대다수가 중국을 싫어했지만, 정치권이 분열하기 시작했다는 것이다. 시위대를 지지하는 '노란색'과 경찰과 본토를 지지하는 '파란색' 진영으로 분열되었다. 정치권이 분열되자 시민들도 분열하기 시작했다. 이후 몽콕 지역 무허가 식품 판매상을 단속하려는 경찰과 시민들의 충돌 사건인 '몽콕 피쉬볼 사건'과 중국 지도부를 비판적으로 다룬 책을 판매하던 서점 관계자들이 연달아 실종된 사건인 '퉁뤄완 서점 실종 사건'이 연달아 터지며 노란색과 파란색의 대립은 더 심해졌다.

일촉즉발의 긴장 상태는 우산혁명 후 불과 5년 만인 2019년 폭발하고 만다. 2019년 6월 홍콩인들은 '범죄인 인도 법안' 개정에 반대하며 다시 거리에 나왔다. 이때 문제가 된 '범죄인 인도 법안'이란 중국 본토와 대만, 마카오 등 홍콩과 조약을 체결하지 않은 국가나 지역에도 범죄인을 인도할 수 있도록 하는 법안이다. 다시 말해 홍콩에 있는 범죄 용의자는 재판을 위해 중국 본토로 강제로 보낼 수 있다는 말이다. 이 법이 홍콩인에게 극심한 반대를 당한 이유는, 중국 정부가 홍콩의 정치적 반대파를 탄압하는 데 악용될 수 있기 때문이었다. 아무리 작은 범죄라도 중국에 가서 재판받게 된다면 재판 결과는 물론 범죄를 저지르지 않더라도 범죄를 만들어 뒤집어 씌울 수도 있는 것이다.

홍콩 거리에서 진행된 평화 행진에서는 200만 명에 육박하는 사람들이 참여했다. 홍콩의 인구수가 약 750만여 명인 것을 고려하면 엄청난 규모라고 할 수 있다. 홍콩 경찰은 이번에도 강력한 진압으로 대응했다. 하지만 이번에는 홍콩 사람들도 물러설 생각이 없었다. 범죄인 인도 법안이 통과된다면 끝이라고 생각했기 때문이다. 그러나 시위는 생각보다 싱겁게 막을 내린다. 바로 코로나19 팬데믹이 전 세계를 덮쳤기 때문이다. 중국 정부는 코로나로 사람들이 시위하지 못하자 '홍콩 국가보안법'을 통과시켜 버렸다. 실제 법이 제정된 후 홍콩인들이 우려했던 일들은 현실이 되었다.

경찰은 중국과 반대편에 서 있는 주요 인사들에 대한 대대적인 탄압에 들어갔고, 홍콩의 선거제는 개편되어 중국에 충성하는 인물만이 홍콩 입법회 및 행정 장관 선거에 출마할 수 있게 만들었다. 이 여파는 홍콩의 경제 몰락으로 이어졌다.

전 세계에서 가장 비싼 홍콩의 상업용 부동산은 전례 없이 높은 공실률을 기록하고 있고 홍콩의 마천루에 이름을 걸었던 도이치뱅크, 스탠다드차타드 그룹 등도 사무실을 비우거나 도시 외곽으로 이전했으며, 항공 물류 회사 페덱스는 홍콩에 있던 아시아 태평양 본사를 싱가포르로 조만간 이전할 예정으로 알려졌다. 외국 기업의 공백을 중국 기업이 대체하지 못하면서 홍콩의 경제는 몰락하고 있다. 골드만삭스에 근무하는 중국 전문가는 11월 중순 웨이보에 이런 글을 올렸다.

> "홍콩 증시 일일 평균 거래액은 겨우 100억 달러를 넘기는 수준이고, 전체 종목의 53%가 거래량이 거의 제로다. 한때 세계 3대 증시가 이 지경이 되다니! 세계 3대 금융 센터가 되는 데 100년이 걸렸는데, '금융 센터 유적지'로 변하는 데는 채 5년도 안 걸리는구나."

홍콩은 다시 과거의 영광을 찾을 수 있을까? 사실상 불가능해 보인다. 미중 경제안보검토위원회는 '홍콩은 국제도시에서 중국 도시로의 전환이 끝났다'고 말할 정도고, 빠져나간 자본들은 다시 홍콩으로 돌아올 이유가 하나도 없다. 이제 홍콩은 우리가 알던 홍콩이 아닌 중국의 도시 중 하나가 되었고 홍콩인은 자취를 감추었다.

부자 나라 가난한 국민,
일본

일본은 선진국이자 잘사는 나라다. 분명 맞는 말인데, 그렇다고 완벽히 맞는 말은 아니다. 겉보기에 일본은 잘살아 보이지만 나라가 잘사는 것이지 국민 개개인은 상대적으로 가난한 상태이기 때문이다. 일본 국민이 가난하다는 것은 국가 규모에 비해 가난하다는 말이다.

요즘 일본의 경제 뉴스를 보면 일단 일본의 경제는 굉장히 호황이다. 완전 고용에 외국인까지 들어와서 일을 하고, 일본 주식 상황도 매우 좋다. 하지만 일본의 거시 경제가 원활하게 돌아가는 것과는 달리 일본 개개인은 부유하지 못한 아이러니한 상황이다. 우리는 일반적으로 국가의 경제 성장은 곧 국민 개인 삶의 질 향상으로 이어질 것으로 생각한다. 하지만 현실에서는 국가의 전략이나 소득 배분, 정치 체제에 따라 결과가 달라진다. 이외에도 수많은 변수가 작용하여 국가 경제와는 별개로 국민 삶의 수준이 결정된다.

OECD가 조사한 회원국의 연간 평균 임금 자료에 따르면 2020년 일본의 평균 임금은 38,515달러로 35개국 가운데 22위에 불과했다. 1위인 미국의 절반 수준이자 OECD 평균인 49,165달러와 비교해도 22% 낮았으며, 2024년 1인당 GDP 전망치도 우리나라보다 많이 뒤처졌다. 2024년 전망치 기준으로 우리나라는 전 세계 32위, 일본은 33위다. 통계를 살펴보면 일본의 평균 소득은 2002년부터 20년 이상 38,000달러 수준에서 움직이지 않고 있다.

OECD 평균 임금은 구매력 평가를 기반으로 한다. 이 말은 국가 간 물가 수준의 차이를 반영한다는 말로, 같은 물건의 가격이 미국에서는 1달러, 우리나라에서는 1,500원이라면 실제 환율이 아닌 1달러와 1,500원이 같은 가격으로 계산한다는 말이다. 이렇게 계산하는 이유는 그 나라 사람들이 체감하는 수준과 더 가깝게 계산이 되기 때문이다. 간단히 말해서 일본인의 삶이 다른 OECD 국가들보다 더 팍팍하다는 말이다.

2023년을 기준으로 일본의 명목 GDP는 세계 4위 수준이다. 평균 임금은 OECD 국가 하위권에 해당하고 구매력 평가 지수인 PPP 역시 높지 않은데, 명목 GDP만 높으니 말 그대로 국가는 부유해도 국민은 부유하지 못한 상황이다.

　국가는 부유하지만, 국민은 가난한 나라, 월급이 싼 나라, 오래 일해도 월급이 오르지 않는 나라, 월급이 적어 생활이 어려운 나라, 월급을 받아도 세금과 주민세 등 이것저것 떼고 나면 남는 게 없는 나라, 검소함이 미덕인 줄 알았지만 알고 보면 가난한 나라, 이 말들은 지어낸 말도 일본을 싫어하는 국가나 언론에서 쓴 말도 아니다. 일본인이 한 말이다. 일본인이 가난하다는 사실은 일본 내부에서도 인지하고 있는 사실이다.

　코로나19로 2020년 일본 경제가 -4.8%나 역성장하자 2021년부터 일본 언론은 '일본이 점점 가난해지고 있다'며 부정적인 소식을 전하기 시작했다. 코로나로 사람들이 인터넷에 오래 체류하면서 다양한 해외 소식들을 얻으면서 일본인도 자각하기 시작했다. 일본의 경제 규모는 미국과 중국 다음인 세계 3위인데, 국민의 삶은 결코 세계 3위의 수준이 아니었다.

　가장 많이 비교되었던 나라가 우리나라다. 검소함이 미덕이고 특별한 날에만 외식하는 자신들과 경제 규모가 13위밖에 안 되는 우리나라 국민의 생활 수준과 많이 달랐다. 일본인들 사이에서 본격적으로 '우리는 왜 가난하지?'라는 말이 나오기 시작한 시점이 이때부터였다. 여론이 형성되자 언론도 말을 할 수 있게 되었다. 특히 〈슈칸분슌〉과 〈슈칸겐다이〉 같은 주간지는 일본의 임금 수준 하락을 말하며 2020년 말부터 집중적으로 '가난한 일본인'에 대한 보도를 쏟아냈다. 그뿐만 아니라 일본 출판 시장에서도 비슷한 내용의 책이 인기를 끌기 시작했다.

2020년 5월에 가타니 규이치가 출간한 《가난뱅이 나라로 전락하고 있는 일본에서 어떻게 살아갈까?》에 이어 2021년 3월에 출간한 나가토 레이의 《값싼 일본산 가격이 보여 주는 경기침체》가 인기리에 팔려 나갔다. 일본 경제 구조에 대해 '부자 나라, 가난한 국민'이라는 평가는 과거부터 있었으나 일본 내부에서 이런 불만이 본격적으로 터져 나오던 때는 없었다. 2021년 3월 4일에 〈슈칸분슌〉은,

'가까운 미래에는 일본인이 중국이나 동남아시아 지역에 외화벌이를 하러 나가야 할 판이다.'

'최근 일본인의 임금 수준은 다른 선진국뿐 아니라 한국과도 비교했을 때 크게 낮아지고 있다.'

고 말했다. 엔화는 기축 통화로, 일본은 해외에 투자한 돈으로 엄청난 이익을 보는 국가이기에 '외화벌이를 하러 나가

야 할 판이다'라는 말이 실현될 확률은 극히 낮지만, 일본 내에서 나오는 불만의 목소리나 여론이 어떤지 알 수 있다.

한때 미국을 위협할 정도로 세계 경제를 호령하던 경제 대국 일본의 국민은 어쩌다 가난을 운운하게 된 것일까?

세금과 주민세 같은 기타 비용과 주거비 등 이유는 다양하지만, 가장 큰 이유는 오르지 않는 임금 때문이다. 단적인 예로 나이가 좀 있는 사람이나 20대 후반 30대 초반 정도 되는 사람들은 일본과 우리나라를 비교할 때 항상 최저 시급을 비교하였다.

10년 전 우리나라의 최저 시급은 5,210원이었다. 이것도 꽤 많이 인상된 금액이다. 2011년에는 4,320원이었다. 2014년 일본의 최저 시급은 780엔이었다. 당시 환율로 7천 원이 넘는 금액이다. '알바만 해도 먹고 살 수 있는 나라' 일본에서 아르바이트로 생계를 연명하며 사는 프리터족이 우리나라에서 유명해진 것도 이때쯤이었다. 그렇다면 지금은 어떨까?

2023년 기준 우리나라의 최저 시급은 9,620원이고, 일본은 지역마다 약간 다르기는 하지만 800엔에서 900엔 선이다. 가장 높은 곳이 도쿄와 오사카 정도인데 1,000엔이 약간 넘는 수준이다. 지금 환율 기준으로 가장 높은 곳을 기준으로 해도 8,800원, 가장 낮은 곳인 아오모리, 가고시마, 오키나와 같은 곳들은 853엔으로 한화로 7,544원이다. 심지어 2022년 기사를 보면 역대 최대치 상승이라는 데도 이 정도 수준이다.

우리나라가 최저 시급이 정말 높다는 일본을 역전한 것이다. 더 이상 일본과 우리나라의 최저 시급을 비교하는 기사나 뉴스를 찾을 수 없게 되었다. 우리나라가 다른 OECD 국가들에 비해서도 최저 시급이 높아진 이유도 있지만 중요한 것은 일본의 시급이 거의 오르지 않았다는 점이다. 최저 임금제는 경제학적으로 노동 가격에 최저 한도를 설정한다는 의미가 있다. 최저 시급은 말 그대로 나라가 정한 노동 가격의 최소 한도다. 물론 최저 시급만 낮은 것이지 직장인의 월급은 높을 수도 있다.

하지만 직장인의 월급이 높았다면 '월급이 싼 나라'라는 소리도 안 나왔을 것이다. 일본 후생노동성이 발표한 임금 구조 기본 통계 조사에서 초임 월급의 경우 대학원 졸업 이상이 25만 엔, 대졸은 22만 엔, 고졸의 경우 17만 엔 수준이었다. 1990년대 일본은 영국과 프랑스보다 임금이 높은 수준이었다. 하지만 이후 30년 동안 일본의 임금은 고작 4.4% 정도 인상되었을 뿐이다. 30년 동안 4.4% 정도 상승했다는 것은 사실상 임금이 거의 오르지 않았다는 말이다. 선진국뿐만 아니라 개발도상국이었던 나라에서도 임금은 계속 오르는데 말이다.

90년대 일본의 임금이 너무 높은 수준이었던 걸까? 물론 틀린 말은 아니지만 2024년 현재 기준 일본의 임금은 초임 연봉과 더불어 실질 소득까지 현저히 낮은 수준이다. 여기서 하나 더 체크해야 할 사항이 있는데, 임금이 안 오르고 낮은 건 그렇다 치고 물가가 안정적이라는 일본의 실제 삶은 왜 이리 피폐한 것일까? 일본은 세금 중 상당 부분은 물가 안정을 위해 사용하기에 물가가 안정적인 것은 사실이다. 하지만 모두 과거의 이야기다. 현재 일본은 상당한 물가 상승을 겪고 있다. 부동산과 주가 상승은 인플레이션의 영향도 적지 않다. '달걀값만 24%나 올랐다, 물가 상승률 41년 이래 최고치'라는 기사는 방송 NHK가 전한 내용이다. 특히 직접적으로 삶에 영향을 끼치는 식품은 전년 대비 8.2%, 외식은 15%가 올랐다고 한다.

일본인의 삶이 얼마나 팍팍한지 와닿는 자료가 바로 엥겔지수로, 가계 소비 지출에서 식료품이 차지하는 비율을 나타낸 지수를 말한다. 엥겔은 소득의 증가에 따라 지출 중 식비 비중이 감소한다는 이른바 '엥겔의 법칙'을 발견했다. 엥겔지수가 높고 낮음은 곧 가계에서 필수로 소비되어야 하는 식료품을 해결하고 마음대로 쓸 수 있는 돈이 많냐 적냐를 가른다.

가계 기준에서 엥겔지수가 높다는 것은 소득이 낮은 것으로 해석된다. 이를 가계 단위에서 국가 평균으로 넓히면 그 국민은 대체로 식료품을 해결하고 남는 돈이 적다 많다 즉 소득이 높은지 낮은지를 추론할 수 있다. 2023년 기준 일본의 엥겔지수는 39년 만에 최고치를 달성했다. 2023년 일본의 평균 엥겔지수는 27.3%로, 우리나라는 2021년 기준으로 12.86%이다.(2023년 자료는 없는 듯하다) 참고로 우리나라도 엥겔지수가 높은 나라지만, 우리나라보다 엥겔지수가 높은 나라는 프랑스, 일본밖에 없다.

그렇다면 일본은 도대체 왜 임금이 안 오르는 걸까? 경제가 성장을 안 하는 것도 아닌데 말이다. 앞에서 말했던 가타니 규이치는 '일본 기업들이 1990년대를 경계로 경제 성장세가 꺾이면서 노동자의 임금을 감축해 기업 이윤을 극대화하는 전략을 사용했기 때문'이라고 말했다.

실제로 버블 경제 이후 일본의 기업들은 리스크를 줄이기 위해 임금이 저렴하고 해고가 쉬운 비정규직 노동자를 늘려 왔다. 1990년 전체 임금 노동자 중 20%였던 비정규직은 현재 37.2%까지 증가했다. 다소 옛날 자료이긴 하지만 2019년 기준 일본 국세청 자료를 보면 비정규직 노동자의 연 수입 평균은 175만 엔이었다. 위기를 겪어 본 기업으로서 임금을 올리면 다시 낮추기는 힘들어서 정규직이더라도 실적이 좋거나 일을 잘하면 기본급을 올리는 게 아니라 상여금을 주는 방식으로 진화를 했다.

노동 생산성의 하락도 임금 인상을 막는 요인으로 작용했다. 노동 생산성이란 한 노동자가 주어진 양의 시간 동안 생산하는 재화와 서비스의 양을 뜻한다. 투자 은행인 골드만삭스에서 전설의 일본 애널리스트로 이름을 떨쳤던 데이비드 앳킨슨은 일본 유력 경제 주간지인 〈도요게이자이〉 온라인판에 '일본인의 너무 낮은 임금 문제, 너무나도 단순한 근본 원인: 모든 것은 30년간의 노동 생산성 정체로 귀결된다'는 제목의 칼럼을 기고했다. 앳킨슨은 이 칼럼을 통해 '일본의 임금 순위가 하락한 것은 일본의 노동 생산성이 다른 나라에 비해 떨어지기 때문이다', '2021년 일본의 노동 생산성은 세계 36위로 경악할 정도로 뒤처져 있다. 스페인, 슬로베니아, 체코, 리투아니아, 그리스보다도 낮다'고 말했다. 경제는 인구 증가와 생산성 향상을 통해 성장한다.

인구 증가는 양적 효과를 가져다주지만 생활 수준의 향상은 생산성이 높아질 때 비로서 가능하다. 인구가 증가해도 생산성이 높아지지 않으면 국가의 경제 규모는 커지지만, 국민 한 사람 한 사람의 생활이 풍요로워질 수 없다는 말이다. 인도만 봐도 알 수 있는데, 인도의 GDP는 일본 다음인 4위 혹은 독일 밑인 5위 정도에 자리하고 있다. 하지만 1인당 GDP는 139위다. 이게 가능한 이유는 세계 1위의 인구수 덕분이다.

일본은 인구가 줄고 있는 상태에서 생산성도 올라가지 않으며, 오래전부터 고령화가 진행되면서 연금과 의료비 부담이 늘고 세금 부담까지 높아져 현역 세대의 생활 수준은 점점 낮아지고 있는 형국이다. 일본과 우리나라에서 같은 돈을 받는다면 일본에서 공제되는 금액이 훨씬 많다. 그러다 보니 일본이 자랑하던 내수도 침체기로 접어들고 있다. 이미 진행 중이라고 보는 시각도 많다.

일본의 현상을 보면서 우리나라의 미래가 아닐까는 생각이 들었다. 얼마 전 AI 관련 글을 읽었는데 여기에서 나왔던 가장 섬뜩한 말이 직접적인 노동을 제외하고 컴퓨터 앞에서 하는 일들이 곧 말도 안 되게 저렴해지거나 사라질 것이라는 말이었다. 소위 부가가치가 높은 일들이 대부분이었다. 대량의 실업자와 초고령화, 저출산, 연금 문제뿐만 아니라 우리나라의 성장도 점점 더 둔화하고 있다. 다음 세대는 더 많은 세금과 연금 부담을 지게 될 것이고, 삶은 당연히 더 팍팍해질 것이다. 어쩌면 지금 일본의 모습이 다음의 우리 모습일 수도 있음을 생각하며 새로운 시도와 투자가 필요하다.

일본을 설명할 수 있는
한마디, 버블

각 국가의 사회 문제와 현상들을 들여다보면 기술의 발전이나 변화로 인한 것들도 있지만, 막상 파 보면 몇 가지 공통적인 원인이 등장한다. 그래도 우리나라는 비교적 원인이 다양하다. 우리나라는 한국전쟁과 분단, IMF, 급속한 경제 성장으로 다양한 사회 문제와 현상의 원인으로 꼽힌다.

지금 사회는 한국전쟁 이후로 형성된 것이고, 공산 세력과의 대립은 전 세계적인 현상이었다. 급속한 경제 성장은 빠르게 움직이지만 하루이틀 사이에 일어난 일은 아니며, IMF는 우리나라를 뒤흔들었지만 올라오지 못할 만큼 추락하지는 않았고, IMF 이후 우리나라 경제는 더 성장했다.

하지만 일본은 다르다. 미국을 넘어선다는 말이 나올 만큼 잘나가던 일본은 한순간에 추락했다. 잃어버린 10년을 넘어 2, 30년이라는 말이 나왔고 중산층은 붕괴하였으며 각종 사회 문제가 빗발쳤다. 일본의 사회 문제와 현상은 '버블'이라는 단어 하나로 모두 설명이 가능할 정도다. 여기다 문화적인 요인이 합쳐진 정도라고 봐도 무방한 정도다. 일본은 어떻게 성장을 이루었고, 왜 허망하게 터져버린 것일까?

1945년 제2차 세계대전에서 패망한 일본은 한국전쟁을 기점으로 다시 경제 성장을 이끌어갔다. 동시에 두 번에 걸친 석유 파동의 영향으로 일본의 도요타가 인기를 얻기 시작하면서 일본은 수출 강국으로 떠오르기 시작했다. 이때 떠오른 일본의 기업들은 도요타부터 소니까지 이름만 들어도 알 수 있는 기업들이며 세계로 뻗어나간 기업들이다. 일본 기업들은 미국에 비해 저렴한 가격과 괜찮은 품질을 바탕으로 수출을 통한 경제 성장을 이뤄냈고, 1964년 도쿄 올림픽 개최와 OECD 가입으로 일본은 순식간에 선진국 반열에 오르게 되었다.

반면에 미국의 상황은 비교적 좋지 않았다.(물론 비교적 좋지 않은 것이지 세계 1위 자리는 내주지 않았다) 레이건의 레이거노믹스 정책으로 석유 파동의 피해를 겨우 복구했으나 무역

시장의 적자는 어쩔 수가 없는 상태였다. 일본 제품이 세계 시장에서 인기몰이하며 미국의 제품들 특히 자동차는 경쟁력을 잃어가기 시작했다.

당연히 자국 제품이 경쟁에서 밀리는 모습을 본 미국은 일본이 곱게 보일 리가 없었다. 1985년 미국은 이런 상황을 조정하고자 달러의 가치를 낮추고 독일과 일본 화폐의 가치를 높이기 위해서 플라자 합의를 감행했다. 플라자 합의로 달러는 점점 가치가 낮아졌고, 엔화는 가치가 높아졌다. 무역에서 파는 나라(수출국)의 화폐의 가치가 높아지면 결과적으로 물건의 가격도 높아진다. 일본은 플라자 합의 이후로 수출에서 경쟁력을 잃었다.

이후에도 일본은 꾸준한 경제 성장률을 보여 주기는 했으나 대신 낮은 가치의 엔화로 보았던 엄청난 수출 흑자는 없어졌다. 오히려 무역에서 손해가 생기기 시작했다. 거기다 일본 은행에는 돈이 쌓이기만 하고 돌지는 않는 현상이 생겼다. 돈이 돌아야 경제가 돌아가는데 그냥 은행 창고에만 있는 것이다. 그래서 일본은 금융 완화법을 시행하여 은행의 이자율과 대출 기준을 크게 낮추었다. 이자율과 대출 기준이 낮아지면서 기업들은 너도나도 대출받기 시작했고, 마치 얼어 있던 일본 경제에 활기가 도는 것처럼 보였다. 문제는 은행에서 나간 돈들이 대부분 주식과 부동산으로 몰렸다는 것인데 상황이야 어찌 됐든 일본의 경제는 황금기를 맞이했다. 기업들도 돈을 벌기 시작했고 사람들은 유례없던 호황을 마음껏 즐겼다. 지금은 '버블경제'라고 불리는 일본 황금기의 시작이었다.

당시 일본의 호황은 가히 상상을 뛰어넘었다. 세계에서 시가총액 50위 안에 들어가는 기업 중 33개가 일본 기업이었다. 10대 기업 안에도 일본 기업 8개가 올라갈 정도였다. 심지어는 시가총액 1위를 달성한 기업은 일본의 NTT였다. 기업뿐만 아니라 전 세계 억만장자 중 70%에 해당하는 사람들이 일본인이었다.

굳이 통계를 보지 않더라도 당시 일본이 얼마나 호황기를 맞이했는지는 80년대 중후반 일본의 풍경만 봐도 알 수 있다. 낮에는 사람들이 북적거리는 거리에서 모두가 여유롭게 쇼핑하거나 버스킹을 구경하고 밤이 되면 화려한 네온사인이 번쩍이는 거리로 젊은이들이 쏟아져 나와 자유를 만끽했다.

사람들은 자유롭게 돈을 쓰고 도시는 급속도로 발전했다. 80년대 일본의 야경을 보면 현재 일본의 야경이라고 해도 믿을 정도다. 요즘은 유지 비용이 너무 많이 들어서 거의 사용하지 않는 초대형 스크린도 당시 일본에는 건물마다 걸려 있었다. 일본의 도로는 높은 자가용 보급률을 과시하듯 잘 닦인 도로 위를 수백 대의 차들이 달렸다. 실업률은 거의 제로였으며, 오히려 일자리가 넘쳐서 기업들은 직원을 데려오기 위해

안간힘을 쓸 정도였다.

이 시기 일본의 풍요를 아주 잘 보여 주는 것으로 '시티팝'이라는 음악 장르도 있다. 아직도 꽤 마니아층이 두꺼운 장르로, 멜로디도 낭만적이며 따뜻한 도시의 느낌을 내고 가사도 클럽이나 술집 등이 떠오르는 도시적인 가사들로 이루어진 곡들이 대부분이다.

낭만적인 호황이 끝까지 이어졌다면 좋았겠지만, 아쉽게도 일본의 호황은 그리 오래가지 못했다. 이면에 숨은 문제들은 외면한 채 모두가 호황을 즐기는 사이 외면하던 문제점들이 곪아 터지기 시작했다.

앞에서 세계 시가총액 50위에 드는 기업 중에서 33개의 기업이 일본 기업이라고 했는데, 순위 안에 들었던 일본의 기업들은 NTT와 같은 회사였다. 현재 시가총액 순위에서 선두를 달리는 기업들이 테크 기업이나 제조사라는 점을 미루어 보면 어딘가 이상한 모습이다. 바로 이것이 일본 경제의 문제점인데, 당시 일본의 기업들은 실질적인 비즈니스 모델로 돈을 벌어들인 것이 아니라 주식과 부동산 투기가 대부분이었다. 그래서 '거품'은 터졌다.

1990년 1월 1일 도저히 정상이라고는 믿기지 않는 금액으로 주식 시장이 마무리된 이후 다음 날부터 주식은 폭락을 거듭하기 시작했다. 6년간 폭등하던 일본의 주식과 부동산은

1990년부터 떨어지기 시작했고, 순식간에 1,500조 엔이 사라졌다. 한화로 따지면 1경 6,500조 원이 하루아침에 휴지 조각으로 변한 것이다. 일본 사회는 충격에 빠졌다.

당시 일본 국민은 아무도 자신들이 누리고 있는 호황이 거품이라는 사실을 알지 못했다. 주식의 폭락으로 시작된 일본의 버블 붕괴는 일본 사회 이면에 깔려 있던 문제까지 연쇄적으로 터트렸다. 폭락하는 주식에 먼저 반응한 것은 기업과 은행이었다. 저금리 정책으로 대출이 자유로워진 일본의 기업들은 무작정 대출을 받아 투기를 통해 돈을 벌었고, 이 과정에서 은행들도 돈이 순환되면서 경제가 돌아갔었는데 자본의 붕괴와 함께 투기가 막히면서 기업과 은행은 돈을 벌 방법이 사라졌다.

갑작스럽게 폭락하는 부동산과 주식 때문에 거액을 투자한 기업들과 은행이 줄줄이 문을 닫았다. 기업이 문을 닫으니 당연히 실직률은 늘어갔고, 피해는 고스란히 국민에게 전해졌다. 실업률도 급격히 높아지기 시작했다. 일본의 국민 역시 대 투기 시대의 시작과 함께 너도나도 투기판에 발을 들였기 때문에 피해를 고스란히 받았다. 하루아침에 공중으로 분해된 투자금과 함께 높아지는 실직률로 지출이 급격하게 줄어들었다.

사람들이 돈을 안 쓰니 기업들은 더욱 힘들어졌다. 힘들어진 기업은 직원 수를 줄였고 실업률을 늘어만 갔다. 일본의 경제는 이런 악순환을 반복하며 10년 동안 0%의 경제 성장률을 기록하게 된다. 물론 경제가 폭망하는 과정 사이에서도 IT 붐과 같이 아주 잠깐의 반등은 있었지만, 폐허가 된 일본의 경제를 살리기는 어려웠다. 낭만과 여유가 넘치던 일본 도시의 거리는 한순간에 지옥으로 변했다. 값비싼 옷을 입고 여유롭게 쇼핑을 즐기던 사람들은 후줄근한 차림으로 취한 채 거리를 활보했다. 하루도 꺼지는 날 없이 밤거리를 비추던 네온사인은 싸늘하게 꺼졌다. 자동차들은 버려진 것처럼 거리에 널브러져 있으며 거리와 공원을 가득 채운 건 아이들이 아닌 노숙자들이었다.

장기간 경제 불황이 이어지면서 취직이 하늘에 별 따기가 되자 일본의 청년들은 어두운 길로 빠지기도 했다. 일명 블랙 기업이라 불리는 곳으로 빠지게 되었는데, 취업난 속에서 너무도 절실했던 청년들은 블랙 기업에 착취당하다가 처절하게 버려지길 반복했다. 블랙 기업은 일본에서 스스로 목숨을 끊는 청년이 늘어난 이유기도 하다.

중산층 붕괴는 가족의 해산을 가져왔고, 자란 아이들은 사회 문제가 되었다. 버블의 영향을 말하자면 끝도 없다. 그냥 지금 일본 사회의 어두운 면들, 현상들 그 자체가 버블의 연장선이다.

북한은
어떻게 돈을 버는가

2023년 5월 31일 오전 6시 32분 서울에 경계 경보가 발령되었다.

"국민 여러분께서는 대피할 준비를 하시고 어린이와 노약자가 우선 대피할 수 있도록 해 주시기 바랍니다."

라는 내용의 문자가 서울 시민들에게 전송되었는데, 북한의 우주발사체 발사로 인한 소동이었다. 북한이 우주발사체나 미사일을 쏘는 건 이번이 처음이 아니다. 때때로 일어나는 익숙할 일이다. 북한은 국제 사회의 각종 제재에도 불구하고 꾸준하게 핵무기와 미사일 개발 등에 대규모 군사비를 지출하고 있다.

미 국무부가 공개한 〈2021년 세계 군사비 및 무기 거래〉 보고서에 따르면 북한은 GDP 대비 군사비를 세계에서 가장 많이 지출하는 나라다. 군사비가 가장 큰 나라는 미국으로 총 7,300억 달러를 지출했지만, 이 금액은 미국 GDP의 3.4% 수준이다. 하지만 북한은 GDP의 26.4%를 즉 GDP의 4분의 1 이상을 군사비에 지출하고 있다.

단편적으로만 봐도 북한은 작년 한 해 동안 71발의 미사일을 발사했다. 이때 들어간 돈이 2억 달러, 한화로 2,600억 원으로 추정된다. 이 돈은 쌀 50만 톤을 살 수 있는 금액으로, 북한이 현재 겪고 있는 최악의 식량난을 해결할 수 있다. 대략 북한의 모든 주민이 46일간 먹을 수 있는 분량의 음식을 살 수 있는 돈으로 미사일을 쏜 것이다.

북한은 1990년대 중반부터 국제 식량과 인도적 지원을 받는 나라가 되었고, 오늘날에도 계속해서 원조받는 국가인데, 도대체 어디서 돈을 마련하는 걸까? 정확히는 '거의 모든 제재를 받고 있는 북한이 어떻게 돈을 벌고 버티고 있는 것일까?' 하는 궁금증이다.

북한은 생산 수단을 국가가 소유하고, 모든 것이 국가의 계획에 의해 운영되는 사회주의 계획경제 체제를 유지하고 있다. 사회주의 계획경제 체제는 생산력도 낮고 기술력이 제한

적이기 때문에 외부에서 필요한 상품과 기술을 수입해야 한다. 자력갱생을 외치고 있지만 실상은 농업과 산업 생산에 필요한 자원도 부족해서 외부에서 자원을 수입해야 할 만큼 북한은 대외 의존도가 높은 국가다.

또한 북한 돈은 가치가 많이 낮아서 외화가 많이 필요하다. 그래서 북한은 외화벌이에 총력을 기울이고 있다. 외화벌이 단어 자체는 나쁜 뜻이 아니지만, 북한은 외화벌이할 수단이 없다. 합법적으로는 말이다.

합법적인 방법이 없으니 북한이 돈을 버는 방법은 대부분 불법이다. 북한이 돈을 버는 방법은 꽤 다양한 루트가 있다. 그중 하나는 중국이다. 중국은 북한의 주요 교역 상대국으로서 북한은 경제적, 외교적 지원을 모두 중국에 의존하고 있다. 2001년까지만 해도 17.3%에 불과했던 북한의 중국 무역 의존도는 대북 제재가 심화하면서 2019년에 95.2%를 기록했다.

그렇다면 북한이 대체 뭘 팔고 있는지가 궁금해진다. 북한 외화벌이의 핵심 수단은 바로 석탄이다. 2016년 한반도 통일 경제 심포지엄에서 공개한 내용에 따르면 북한에는 약 227억 톤의 석탄이 매장되어 있다. 우리나라의 광물자원공사는 '이는 북한이 발표한 수치이고 국제적 기준으로 산출하면 그보다는 훨씬 적을 것이다'라고 설명했지만, 어쨌든 석탄 매장량이 상당한 것은 사실로 보인다.

북한이 2010년부터 2015년까지 석탄을 수출해 벌어들인 돈은 매년 평균 약 10억 달러 이상이었다. 이는 전체 수출 소득의 3분의 1 수준이다. 전 세계 석탄 소비량의 53%를 차지하는 중국은 북한의 VIP였다. 2017년 유엔 안보리가 대북 제재를 강화하면서 2017년 북한의 광산물 수출이 2016년 대비 절반 넘게 감소하긴 했지만, 북한은 제재를 피해 중국은 물론 말레이시아와 베트남에 석탄을 꾸준히 밀수출하고 있다. 일본 니혼게이자이 신문에 따르면 2021년과 2022년 사이에 북한과 관련된 선박 180척 중 50척 이상이 석탄을 취급하는 중국 항구에 입항한 것으로 드러났다.

석탄이 수출의 3분의 1이라면 석탄을 판 돈으로 미사일도 쏘고 건물도 짓는 것일까? 북한의 돈은 대부분 비공식적인 루트, 대부분 '음지'에서 들어온다. 그 음지를 소개한다.

첫 번째는 무기 밀매다. 무기 밀매 역시 북한의 주요 외화 획득 창구 중 하나다. 국제 무기 밀매 시장에서 북한은 큰손으로 통한다. 북한은 2006년부터 시작된 유엔과 국제 사회의 대북 제재로 무역에서 고립된 것처럼 보이지만, 실제로는 중동과 아프리카와 같은 제3세계 국가와의 무기 거래를 통해 짭짤한 수입을 올리고 있다.

북한은 옛 소련과 중국의 낡은 무기부터 첨단 군사 통신 장비, 레이더 부품, 탄도 미사일 기술에 이르기까지 거의 모든 종류의 무기를 밀수한 뒤 자체 개조를 통해 수출하고 있다. 북한은 유엔이 무기 거래를 금지한 2006년 이전부터 시리아와 이집트, 이란, 예맨 등에 10억 달러 이상의 미사일을 수출했는데, 제재 이후에도 이들 나라에 재래식 무기를 판매하고 있다.

그런데 무기를 밀매하고 불법을 저지르는 것이 다 추측이라는 사람들도 꽤 있다. 할리우드 영화 등의 영향으로 그냥 그럴 것으로 생각하는 것이 아닌가 하는 의심을 하기도 한다. 하지만 2014년에 공개된 유엔 〈북한 제재 위원회 산하 전문가 패널〉 연례 보고서를 보면 북한은 2013년 7월과 12월에 미얀마와 무기 거래를 하다가 적발되었고, 에티오피아 등 아프리카 4개국과 지속해서 무기 거래를 한 것으로 밝혀졌다.

확실한 증거가 있음에도 계속 부인하고 있지만, 최근에는 러시아와의 무기 거래 정황이 적발되었다. 우크라이나 전쟁에서 핵심 역할을 담당하는 러시아의 용병회사 바그너그룹이 북한으로부터 보병용 로켓과 미사일 등 전쟁 무기를 대량으로 사들인 사실이 미 정보 당국의 문건으로 드러나기도 했다. 범죄 조직이나 할 만한 범죄를 자칭 국가라고 칭하는 이들이 버젓이 하고 있다.

북한이라고 하면 사이버 범죄 또한 빼놓을 수 없다. 인터넷 통계 사이트 '인터넷월드스태츠'가 공개한 2022년 세계 인터넷 이용 통계에 따르면 우리나라의 인터넷 이용률은 97%지만 북한의 인터넷 이용률은 0.07%로 집계됐다. 북한의 전체 인구 2천 597만 명 가운데 특권층인 약 2만 명가량만이 인터넷을 사용하는 것이다. 조사 대상 238개국 중 가장 낮은 수치였다.

하지만 낮은 인터넷 보급률에도 불구하고 북한은 6,000명이 넘는 세계 최고 수준의 해커 군단을 보유하고 있다. 말만 최고 수준이 아니라 북한의 해커들은 진짜 세계 최고 수준이다. 국가가 마치 올림픽 선수를 양성하듯 해커를 양성하고 있다.

북한은 1980년대부터 사이버 인재 양성을 위한 시스템을 구축해 왔는데, 전국 초등학교에서 선발된 수학 및 과학 인재들은 과학영재학교인 금성중학교에 입학시켜 컴퓨터 전문 교육을 받은 뒤 이 중에서도 특출난 인재들은 김일성종합대학의 컴퓨터과학대학이나 평양컴퓨터기술대학 등에서 사이버 전사로 길러지는 구조다. 이들 중에서도 가장 엘리트들은 중국과 러시아로 유학을 가서 해외 훈련을 받는다. 이렇게 세계 최고 수준으로 양성된 북한의 해커들은 비로소 '실전'에 투입된다.

대표적인 사례가 2016년 2월에 발생한 방글라데시 중앙은행 해킹 사건이다. 북한 해커 군단은 국제은행간통신협회

(SWIFT)의 인증 정보를 탈취하여 미국 연방준비은행에 있는 방글라데시 중앙은행 계좌를 해킹했다. 그리고 8,100만 달러 약 908억 원을 필리핀에 있는 은행 계좌 네 곳으로 빼돌렸다. 2016년 5월에는 인터넷 쇼핑몰 인터파크를 해킹하여 1,030만 명의 고객 정보를 빼돌린 뒤 30억 원 상당의 비트코인을 요구한 일도 있었다.

북한은 컴퓨터 시스템을 감염시켜 접근을 제한한 뒤 이를 풀어 주는 대가로 금전을 요구하는 랜섬웨어 공격도 일삼고 있는데, 2017년에는 전 세계를 놀라게 했던 워너크라이 (WannaCry) 랜섬웨어가 등장했다. 이 공격으로 미국과 아시아, 영국 등 150여 개 국가의 항공, 철도 및 의료 네트워크를 마비시킨 북한은 복구 대가로 암호화폐를 요구했다.

최근에는 가상화폐 거래소를 해킹하고 있는데 유엔 안보리 대북제재위원회의 보고서에 따르면 지난해 북한이 훔친 가상화폐가 1조 2천억 원어치를 넘어섰다고 한다. 이 돈은 고스란히 핵과 미사일 개발에 사용되고 있다는 것은 굳이 찾아보지 않아도 알 수 있는 사실이다.

이외에도 북한은 불법도박 프로그램 개발 사이버 도박회사 운영 등 다양한 방법으로 외화를 탈취하고 있다. 또한 해커들을 해외 업체에 위장 취업시켜 외화벌이와 함께 각종 IT 정보를 불법 탈취하는 사례도 적발되었다.

2022년 5월 미국 FBI와 국무부, 재무부가 북한 IT 근로자의 해외 위장취업에 대한 주의를 당부했을 정도다. 한 예로 IT 기업에 위장 취업한 북한 사람을 두고 같이 일하던 사람들이 '일은 잘했는데 아쉽다'라는 반응을 보였다고 한다.

북한의 해외 파견 노동자 또한 김정은 정권의 유지와 핵무기 개발에 크게 기여하고 있다. 북한은 2000년대부터 해외로 노동자를 파견하여 이들을 외화벌이 일꾼으로 사용하고 있다. 주로 중국과 러시아로 파견된 이 외화벌이 일꾼들은 건설과 벌목, 레스토랑 운영 등에 투입된다. 이들은 열악한 환경 속에서 하루 평균 12~16시간을 근무하며 매년 약 5억 달러(한화 6,710억 원)를 벌어들인 것으로 추산되는데, 노동자들은 전체 임금 중 10%가량만 받을 수 있고 20%는 현지 관리에게 70%는 북한 당국으로 보내진다. 인권 유린 행위나 다름없을 정도로 북한은 인민의 노동력을 착취하고 있다는 말이다.

일례로 중국 랴오청 단둥에 체류 중인 북한 노동자의 규모가 8만 명 정도에 달하는 것으로 밝혀졌는데, 이들이 본국으로 송금하는 당 자금만 해도 매달 164억 원에 달한다. 미국의 랜드연구소에 의하면 북한의 단거리 탄도 미사일의 발사 비용이 약 38억에서 63억 원 수준으로 추정하는데, 달리 말하면 북한은 단둥의 해외 파견 노동자가 벌어들인 외화로 단거리 탄도 미사일을 31발에서 52발을 발사하는 것이다.

북한은 '약'으로도 유명한데, 바로 마약이다. 탈북민 출신 국회의원 태영호는 '북한은 세계에서 유일하게 국가 주도로 불법 약을 생산 판매하는 국가'라고 말했다. 실제로 북한은 1990년대부터 외화벌이 사업의 하나로 약을 제조해 왔다. 1990년 1월 8일 김일성은 이렇게 지시했다.

"인민들의 생활 향상을 위해 백도라지를 많이 심어 외화벌이하라."

여기서 말하는 '백도라지'는 사실 아편의 원료인 양귀비로, 대놓고 말할 수 없으니 백도라지라고 돌려 말한 것이다. 그렇게 북한 전역에는 당국이 관리하는 양귀비 농장이 생겼고, 아편을 시작으로 우리가 이름만 들어도 아는 불법 약들을 생산해 외국에 팔기 시작했다.

2003년 4월에는 북한 화물선 '봉수호'가 시가 1억 6,000만 달러 상당의 약을 호주 해안가에 밀반입하려다 호주 당국에 나포되어 전 세계적으로 주목받았다. 이 당시 북한은 세계 3위의 아편 생산국이자 세계 6위의 헤로인 생산국이었다. 봉수호 사건으로 인해 북한의 약 밀매에 대한 국제 사회의 경각심은 높아졌지만, 북한은 여전히 중국 암거래 시장을 통해 활발하게 약을 밀매하고 있다.

북한의 약은 중국을 거쳐 미국과 일본 우리나라를 포함한 제3국으로 수출되고 있고, 다른 국가의 약보다 순도가 높아

전 세계 범죄 조직에서 인기가 높다. 국제기구의 발표에 따르면 일반 범죄 조직이 판매하는 약의 순도는 30% 안팎인데, 2013년에 압수한 북한산 약은 순도가 98% 수준이었다. 북한산 약은 북한 당국이 외화벌이를 위해 만들었기에 밀수출로 거래가 이루어져 가격이 저렴한데다 고순도라 인기가 많을 수밖에 없는 것이다.

이외에도 북한은 위조 지폐와 위조 담배, 가짜 의약품, 멸종 위기 동식물 밀수 등으로 닥치는 대로 외화를 벌어들이고 있다. 미국 백악관이 북한을 가리켜 '국가를 가장한 범죄 집단'이라 부르는 것도 과장이 아니다.

하지만 불법 수단을 총동원하며 외화를 벌어들이고 있는데도 북한의 주민들은 굶어 죽고 있다. 과연 북한이 언제까지 버틸 수 있을까? 왜 굶어 죽는 데도 사람들은 그 흔한 폭동 한 번 일으키지 않는 걸까라는 생각이 들지만, 그만큼 독재를 신격화하여 통제를 잘하고 있다는 뜻이기도 하다. 괜히 독재 국가들이 북한을 배우려고 하는 것이 아니다.

가난해지는 유럽,
세계의 축이 이동한다

최근 몇 년간 유럽과 미국에서는 '유럽이 가난해지고 있다'는 내용의 뉴스 보도들이 쏟아져 나오고 있다. 2023년 7월 17일 미국 〈월스트리트 저널〉은 유럽인들이 지난 수십 년 동안 경험하지 못한 새로운 경제 양상을 마주하고 있다며 '가난해지고 있다'는 말을 썼다.

유럽이 과거에 비해 얼마나 가난해졌는지는 유럽인의 소비 실태에 고스란히 드러나 있다. 〈월스트리트 저널〉은 '프랑스인들은 푸아그라와 레드와인을 덜 마시고, 스페인에선 올리브 오일을 아껴 쓰고 있다, 핀란드에서는 풍력 발전소를 가

동할 수 있는 바람이 부는 날 사우나를 이용하라'는 이야기가 나오고, '독일 전역에선 육류와 유제품 소비가 30년 만에 최저 수준으로 떨어졌다'고 보도했다.

일종의 풍자처럼 들리는 이 보도는 과장된 것이 아니다. 일례로 소매점과 식당에서 팔지 못한 재고를 판매하는 투굿투고(Too Good To Go)의 유럽 전역의 이용자는 최근 급상승하며 현재 7,600만 명에 도달했다. 이는 2020년 말보다 3배 늘어난 수치다. 여기서 중요한 것은 저소득층뿐만 아니라 중산층에서도 소비를 줄이기 위해 노력하고 있다는 것이다.

유럽에서 가장 부유한 도시 중 하나인 벨기에 수도 브뤼셀에서도 저렴한 식자재를 구하기 위해 마트에 줄을 서는 사람들을 쉽게 찾아볼 수 있다. 유통기한이 임박한 식품을 반값에 판매하는 해피아워마켓의 한 관계자는 '어떤 고객들은 우리 상품 덕에 일주일에 두세 번 고기를 먹는다고 했다'고 전했다. 고기와 같은 고급 식자재에 대한 지출도 눈에 띄게 감소했다.

독일의 2022년 1인당 육류 소비량은 52kg으로 전년 대비약 8% 줄었는데, 이는 집계를 시작한 1989년 이후 최저치였다. 독일 연방 농업 정보 센터에 따르면 육류 가격이 30% 급상승한 이후 독일인은 소고기와 송아지 고기 등 비싼 육류 대신 닭고기 등 가금류를 구매하기 시작했다.

유럽인의 씀씀이는 식비뿐만이 아니라 여행지에서도 줄고 있다. 지중해 섬 마요르카 상공회의소에 따르면 미국인이 하루 평균 260유로를 호텔에 지출하는 반면 유럽인은 180유로를 쓰는 데 그쳤다. 유럽의 경기 침체와 그에 따른 소비 감소는 수치로도 확인해 볼 수 있다. OECD는 인플레이션을 고려해서 계산하더라도 2019년 말부터 현재까지 유로존 20개국의 민간 소비량이 감소했다고 분석했다. 같은 기간 미국의 민간 소비량이 9% 정도 증가한 점과 비교하면 매우 대조적인 수치다.

브뤼셀에 본부를 둔 독립 싱크탱크인 유럽정치경제센터는 최근 보고서에서 현재 추세가 지속된다면 2035년에 미국과 유럽연합(EU)의 1인당 GDP 격차가 오늘날의 일본과 에콰도르 사이의 격차만큼 커질 것으로 전망했다. IMF에 따르면 2022년 기준 미국의 GDP는 약 25조 5,000억 달러인 데 비해 유럽연합의 GDP는 16조 6,000억 달러였다.

유럽연합에 속한 27개 나라들의 GDP를 전부 다 합쳐도 미국 한 나라의 65% 수준밖에 안 되는 것이다. 심지어 미국의 50개 주 가운데 GDP가 가장 높은 주가 캘리포니아주인데, 이 주의 GDP가 영국의 GDP보다 크다. 즉 미국을 식민지 삼았던 유럽이, 미국과 함께 세계 경제를 견인하던 유럽이, 이제는 미국과 어깨를 나란히 하기엔 무리가 있어 와인조차 마음

놓고 마시지 못할 만큼 경제적으로 큰 격차가 벌어진 상태다.

사실 핵심은 유럽이 가난하다가 아니다. 유럽이 아무리 가난하다고 해도 전 세계에 유럽보다 가난한 국가는 널렸다. 당장 IMF에서 발표한 국가별 명목 GDP 순위만 보더라도 우리나라는 세계 13위이고, 위로 이탈리아, 프랑스, 영국, 독일이 있다. 핵심은 끊임없이 번영할 것만 같던 서양이 미국을 제외하면 현상 유지 정도면 다행이다 싶을 정도로 퇴보하고 있다는 점이다.

제2차 세계대전 이후 서양은 함께 성장할 것이라는 모두의 생각이 빗나가 버린 것이다. 유럽은 미국의 디지털 식민지로 불리는 상황이고 작년 독일 경제는 마이너스 성장을 경험했다. 실질 임금은 감소하고 현재는 물론 미래의 성장 동력도 장담할 수 없는 상태다.

10년 전만 해도 세계 경제의 축은 미국과 중국, 유럽이었다. 학자들은 경제의 축이 이동하는 시기가 다가오고 있다고 말한다. 미국은 '나스닥은 신이다'라는 말처럼 끝없이 상승 중이지만, 유럽과 중국의 경제가 난항이라는 점에서 새로운 축이 생겨날 가능성이 크다. 500대 기업 숫자 변화만 봐도 미국은 늘어났지만, 영국은 10년 전 대비 26개에서 15개로, 프랑스는 31개에서 24개로, 이탈리아는 8개에서 5개로 줄었다. 대체 유럽은 어쩌다 퇴보하게 된 것일까?

코로나19 팬데믹과 우크라이나 전쟁, 금리 인상, 세계적인 물가 상승, 임금 하락 등 여러 가지 외부 요인이 있지만 근본적인 문제들은 모두 내부 요인이다. 외부적인 문제라면 경제 사이클이 호황일 경우 다시 상승할 수 있지만, 내부적 요인이라는 말은 유럽에 원인이 있고, 내부에서 해결하지 못하면 유럽의 정체 혹은 퇴보는 막을 수 없다는 말이기도 하다.

그중 한 가지는 수십 년에 걸친 고령화로 인한 생산성 하락이다. 우리나라의 근미래이기도 하다. 우리나라가 유독 심하긴 하지만, 전 세계 선진국은 모두 저출산, 고령화를 겪었고 겪고 있다. 가끔 다큐멘터리에 저출산 정책의 성공 사례로 유럽 국가를 보여 주는데, 인구가 500만도 안 되는 작은 국가이면서 복지 천국인 곳이 대부분이다. 이마저도 출산율을 조금 상승시켰다는 것이지 저출산에서 벗어나지는 못했다. 2.1명 밑으로는 전부 저출산이다. 참고로 인구수 현상 유지가 되려면 출산율이 2.1은 되어야 한다. 유럽은 과거부터 선진국이었다. 이 말은 과거부터 저출산을 겪었다는 말이다.

장기적으로 출산율은 감소하고 의학이 발달하면서 사람은 오래 살게 되었다. 현재 유럽 전체 인구의 절반이 44.4세 이상으로 파악되고 있다. 필연적으로 노동력 부족을 맞이한 상태다. 2023년 로버트 하베크 독일 경제부 장관 겸 부총리는 '인구 절벽 문제를 해결하기 위해선 외국인 숙련공 이민을 대폭 늘려야 한다'고 강조하였고, 스페인의 사회안전부 장관은 'OECD 국가 대부분은 노동력 부족을 겪고 있다. 앞으로 상황은 더욱 악화할 일만 남았다'고 말할 정도다.

유럽 국가 특히 독일이 이민자를 받고 난민들을 대거 받아들이는 것을 보면서 사회 문제가 분명 나타날 거라는 생각을 했던 사람이 꽤 많았을 것이다. 전부 저출산, 고령화 때문이다. 여러 유럽 나라가 적극적으로 노동 이민 유입을 추진하였지만, 유럽의 이민 정책은 사실상 실패로 결론이 난 상태다. 독일 총리였던 앙겔라 메르켈은 기독민주당 청년 당원 모임에서 '다양한 문화적 배경의 사람들이 더불어 사는 다문화 구상이 작동하지 않는다'고 말하며, 다문화 사회 건설 시도는 완벽히 실패했다고 밝혔다.

2016년까지 영국 총리를 역임했던 데이비드 캐머런은 '서로 다른 문화가 독립해서 공존하는 영국식의 다문화주의는 영국의 가치 안에서 발전하지 못했다'고 선언했고, 프랑스 대통령이었던 니콜라 사르코지는 '프랑스에서 다문화주의 정책은 실패했다'고 공언하였다. 이민자 유입으로 인한 경제적 성과보다 이민자와 자국민 사이의 사회적 갈등과 자국민의 역차별 사회 문제까지 득보다 실이 많았기 때문이다.

아마 많은 사람이 미국에 대해서도 궁금할 것이다. 2023년 기준 미국의 출산율은 1.6명으로 저출산에 속한다. 미국은 애초에 이민자들의 나라인데다 현재도 이민자는 엄청나게 몰려드니 미국만의 특별한 비결이 있는 것인지 궁금해진다.

출산율 부분에서는 이민자들이 워낙 많아서 불법 이민을 막으려는 수준인데다 이민해 오는 대부분이 젊은 층이기에 상관없는 이야기다. 그럼 사회 문제는 어떻게 풀어 갈 것인가? 미국도 이민자들, 다문화 간의 충돌로 인한 사회 문제는 있다. 하지만 득보다 실이 크지는 않다. 이유는 이민자의 질이 다르기 때문이다.

미국은 정책을 통해 이른바 STEM, 과학, 기술, 공학 그리고 수학 분야의 인재를 대거 유치하여 고숙련 이민자 비율이 높지만 유럽 지역의 이민자는 저숙련 인력이 상당 부분을 차지하고 있어서 이민자로 인한 경제적 성과가 낮다.

그렇다고 유럽이 STEM을 차용한다고 해도 실현이 어렵다. 엄청난 능력과 천재적이고 비상한 머리를 가지고 있는 누군가에게 어느 나라로 가겠느냐고 물어보면 대부분 미국을 택할 만큼 미국은 인재 블랙홀이다.

이민 정책을 사회 문제를 넘어 경제적 이득이라는 큰 결과로 만들 수 있는 국가는 사실상 미국밖에 없는 상황이다. 미국의 포용력은 미국이 세계 최고의 대국으로 성장할 수 있었던 이유기도 하다. 아인슈타인, 존 폰 노이만부터 시작해 엔비디아 CEO 젠슨 황, 구글 공동 창업자 세르게이 브린, 일론 머스크까지 전부 이민자 출신이다. 트럼프도 가계를 올라가 보면 할아버지, 할머니 모두 독일 이민자다.

그런데 생산성 하락 원인이 꼭 저출산과 고령화 문제 때문만은 아니다. 유럽 특유의 노동 문화도 생산성 하락에 한몫했다. 미국은 노동 유연성이 높아서 경영이 어려워지면 기업이 비교적 쉽게 근로자를 해고할 수 있다. 많은 근로자가 언제 잘릴지 모른다는 고용 불안에 휩싸일 수 있지만, 대신 경기가 회복될 때 기업들이 신속하고 과감하게 일자리를 늘린다는 장점이 있다.

반면 사회민주주의 전통이 강한 만큼 노동조합의 입김이 강한 유럽에서는 경기가 나빠져도 쉽게 고용 인원을 줄이지 못한다. 그래서 경제 위기에 빠지면 탈출이 어렵게 되고 경기가 좋아졌다 하더라도 기업들은 다시 나빠질 것을 생각해서 일자리를 늘리는 데 소극적인 태도를 보인다. 유럽의 경기 부진이 낮은 생산성과 경직된 노사 관계 등 구조적인 원인에서 비롯된 것이라는 분석이 존재하는 이유다.

또한 많은 소득보다는 더 많은 여가와 고용 안정성을 선호하는 유럽 노동자의 성향 역시 경제 성장 부진에 영향을 끼치고 있다. 당연히 개인으로 봤을 때는 이게 더 행복한 삶일 수 있다. 개인마다 차이야 있겠지만, 어느 정도 소득만 있다면 저녁이 있고 가족과 시간을 보낼 수 있는 삶이 더 행복할 것이다.

　우리나라 노동 실태를 비판하는 다큐멘터리를 보면 항상 비교 대상으로 나오는 곳이 유럽 국가다. 높은 개인의 만족도와 행복, 근무 시간이 짧으니 오히려 일의 효율이 올라가기까지 한다는 내용이 대부분이다. 틀린 말도 아니다. 실제로 일의 효율은 높아진다.

　하지만 이러한 시스템이 정착하고 동시에 경제 성장까지 이루려면 최소한의 경쟁적인 분위기와 남는 시간에 여가뿐이 아닌 자기 계발이나 부수적인 창업에 힘쓰고 적은 시간 일해도 많은 부가가치를 창출할 수 있는 일들인 첨단산업이어야 의미가 있다.

　초짜가 10시간 일하는 것보다 숙련된 고급 인력이 3시간 일하는 것이 더 나을 테지만, 단순노동이나 제조는 즉 산업마다 형편이 다르다. 어떤 일은 더 효율적일 수 있지만 어떤 일은 일정 시간 이상을 갈아 넣지 않으면 안 되는 일도 있다. 반대로 말하자면 개인의 능력이 좋으며 국가 경제와 기업들이 전반적으로 투자 시간 대비 효율이 좋은 첨단산업이 아니라면 국가 경쟁력 측면에서 볼 때는 좋지 않다는 것이다.

　하지만 유럽 국가는 전통 제조업을 중시해 왔다. 다큐멘터리에서 보는 유럽 사람은 행복해 보인다. 이들은 마치 경쟁이라는 인류가 벗어나지 못했던 고통에서 벗어난 세상에서 사유럽이 가난해진 이유는 고령화로 인한 생산성 저하와 실패한 이민 정책, 유럽 특유의 워라밸을 중시하는 노동 문화, 소극적이었던 신기술 투자와 그로 인한 IT 기업의 부재, 경쟁이 약해진 탓에 나타난 인재의 부재, 고령화로 인한 젊은 세대의 복지 부담이 합쳐져서 나타난 결과라고 볼 수 있다.

-<가난해지는 유럽, 세계의 축이 이동한다> 중에서

는 것처럼 보인다. 하지만 경쟁은 인류가 발전할 수 있었던 원동력이자 현대 국가 발전의 원동력이다. 자본주의 시스템의 핵심도 경쟁이다. 우리나라와 미국 사회의 경쟁이, 낮은 행복도의 원인이기도 하다.

그럼 국가 발전을 위해 개인의 행복을 무시하라는 말이냐고 되묻는다면 대답은 '아니다'이다. 중간에서 밸런스 있는 대안을 찾아내야 한다. 앞서 말했듯 국가의 산업 분야 대부분이 첨단 고부가가치 산업이라면 실현할 수 없는 것도 아니다.

단순히 개인의 행복과 국가 발전 사이에서 골라야 하는 양자택일이 아니라 다른 요소들 경제 산업 인구, 인구 구조 등 여러 가지를 함께 봐서 각 나라에 맞는 대안을 적용해야 한다는 말이다. 실제로 많은 전문가는 유럽 국가가 그동안 첨단 IT 분야를 외면한 것도 경기 침체의 원인이라 분석한다.

2000년대 초반부터 미국은 벤처캐피털 등의 자본 시장을 바탕으로 혁신적 유니콘 기업이 탄생할 수 있는 환경을 갖추었고 애플과 구글 같은 빅테크 기업을 출현시키며 신기술에 적극적으로 투자했다. 그 결과 지금은 인공지능이나 자율주행 등 첨단부문에서 세계적인 우위를 점하고 있다.

사실 그냥 인류의 진보 미래와 관련된 기술은 다 미국에서 나오고 있다. 기술을 개발하고 천재적인 아이디어를 가진 이들이 다 미국으로 모이기 때문이다. 다른 나라에서 나온다고 하더라도 절대적인 소비 강국인 미국을 거치지 않을 수 없다.

하지만 같은 기간 동안 유럽은 이에 대한 대항마를 제대로 내놓지 못하였고, 현재까지도 관광업과 전통 제조업에 대한 의존도가 매우 높은 상태다. 유럽은 마치 부모로부터 물려받은 재산이 많은 금수저처럼 수많은 선대로부터 물려받은 유적지와 관광지 등으로 엄청난 수입을 벌어들이며 안일하게 대처해 왔다.

2000년 무렵 유럽 국가들은 포르투갈 리스본에서 열린 유럽이사회에서 '2010년 이전까지 세계에서 가장 경쟁력 있고 역동적인 지식 기반 경제가 되겠다'고 야심 차게 선언했지만, 앞서 말했던 것처럼 현재 유럽은 미국의 디지털 식민지나 다름없다. IT분야에서는 딱히 떠오르는 유럽 기업이 별로 없을 뿐더러 ICT 비즈니스의 가장 기본이 되는 검색 엔진 역시 유럽 자국 기업이 사실상 없는 상황이다.

2023년 8월 기준 미국 검색 시장에서 구글의 점유율은 89.03%였는데, 같은 시기 유럽에서의 구글 점유율은 92.26%로 오히려 더 높았다. 이미 세계에서 최고와 최첨단을 달리는 미국 기업이 잠식해 있는 상태에서 새로운 고부가가치의 기업이 등장할 수 있을까?

유럽 사람의 처지에서 생각해 봐도 제약과 바이오 분야 등은 미국이 압도적인 분야고, IT분야는 이미 잠식당했다. AI(인공지능) 등의 첨단산업도 유럽은 이미 한발 늦은 상황이다. 가수나 배우와 같은 고부가가치 인재도 미국에서 활동한다.

앞서 말한 경쟁 이야기와 이어지는 부분으로, 복지와 평등을 지향하는 유럽의 교육 시스템이 결과적으로 유럽의 기술력과 경제력을 약화했다는 분석도 나오고 있다. 〈파이낸셜 타임즈〉의 칼럼니스트인 기드온 라크만은 위클리 비즈에서 '최고의 테크기업 7곳이 미국에 있다는 건 그만큼 미국 대학과 스타트업 사이의 인재 공급 '파이프라인'이 잘 갖춰져 있다는 것을 보여 준다'고 말했다.

미국은 사립대학의 경우 연 학비가 1억에 달할 만큼 상당히 비싼데, 반대로 생각하면 학교에 그만큼 돈이 많기에 좋은 시설과 인재 영입, 연구 개발에 많은 돈을 투자하는 것이 가능하다. 그 결과 신산업에 필요한 인재들을 효율적으로 키워 낼 수 있는 환경을 갖춘 것이다.

하지만 대부분의 유럽 학교들은 고등 교육에 복지와 평등 개념을 강조하고 있다. 그중에서도 독일과 프랑스는 일부 특수한 고등 교육기관을 빼면 사실상 대학이 평준화되어 있고 학비도 무료에 가깝다. 이 역시 우리나라에서 유럽의 장점으로 꼽는 부분인데, 모든 것에는 장단점이 있다.

유럽과 같은 시스템이 된다면 원하는 대학을 다닐 수 있고 빚에 쪼들리지 않아도 되지만, 경쟁력과 특출난 두뇌를 키우는 데 뒤처진다는 단점이 있다. 실제로 세계 상위 30개 대학 중 19개가 미국 대학으로, 유럽 대학은 영국 5곳을 포함한 7곳에 그쳤다. 브렉시트 이후 유럽연합의 27개 회원국 대학 중 30위 안에 드는 곳은 30위에 턱걸이한 뮌헨공대 하나뿐이다.

평등과 복지의 경쟁이 없고, 살기 좋다는 말은 세금의 부과가 많다는 말이다. 유럽이 가난해진 또 다른 이유이기도 하다. 유럽의 고령화가 가속화되면서 노인 부양비 역시 더 들고 있다. 20~64세의 인구 100명당 65세 이상 고령자 수가 독일은 40.5명, 이탈리아는 40.2명, 프랑스는 37.8명, 영국은 33.6명이지만, 미국은 30.4명 정도로 현저히 낮다.

또한 GDP 대비 세금·사회보험료 비율을 말하는 국민 부담률은 2021년 기준 미국은 26.6%지만, 프랑스는 45.1%에 달했다. 참고로 우리나라는 32%다. 나라에 낼 돈이 많다는 말은 개인에게 떨어지는 잉여가 적어진다는 말이다. 당연히 더 많이 벌수록 더 많이 가져가기에 이 자체로 경쟁을 떨어트리는 요소로 작동하기도 하고, 개인이 쓸 돈이 줄어드는 것은 소비 위축을 일으킨다.

아무리 국가가 국민과 경제를 위해 돈을 사용한다고 해도 국가가 집행하는 것은 비효율이 발생한다. 또한 이민자가 도시로 유입되면서 도시 집값은 더 올라간다. 이런 와중에 저성장과 금리 상승까지 더해지니 유럽 국가들의 복지 부담은 더 증가했으며, 인플레이션으로 인해 국가 보조금이 무색해진 상황에 부닥쳤다.

유럽이 가난해진 이유는 고령화로 인한 생산성 저하와 실패한 이민 정책, 유럽 특유의 워라밸을 중시하는 노동 문화, 소극적이었던 신기술 투자와 그로 인한 IT 기업의 부재, 경쟁이 약해진 탓에 나타난 인재의 부재, 고령화로 인한 젊은 세대의 복지 부담이 합쳐져서 나타난 결과라고 볼 수 있다

유토피아는 없다. 성장이든 분배든 복지든 투자든 상황을 잘 고려해서 우리나라 상황에 맞는 방식으로 좋은 것만 보고 제대로 가져왔으면 하는 바람이다.

희망이 불행으로
변해 버린 나우루

국가 전체로 보았을 때 제2차 세계대전 이후 미국보다 더 번영한 나라는 없다. 그러나 평균적으로 미국보다 잘살았던 몇몇 국가가 있다. 이는 국민 개개인의 삶의 질이 더 높았음을 의미한다. 특히 압도적으로 잘살았다가 망한 국가로는 나우루가 있다.

1980년대 나우루는 세계적으로 부유한 국가였다. 당시 미국과 버블 경제 최고 호황기를 누렸던 일본의 1인당 국민 소득이 1만 달러였던 반면, 나우루의 1인당 국민 소득은 3만 달러에 달했다. 그러나 현재는 세계에서 가장 가난한 국가 중

하나로 전락하였다.

나우루는 그 자체로도 매우 특이한 국가다. 후루타 야스시가 쓴 《앨버트로스의 똥으로 만든 나라(후루타 야스시 지음, 이종훈 옮김, 서해문집, 2006)》라는 책에서 나우루가 주인공이기도 하다. 비록 알바트로스의 똥은 아니지만, 실제로 똥으로 만들어진 나라라는 사실은 흥미롭다. 나우루는 호주 북동쪽에 있는 섬나라이며, 정식 명칭은 나우루 공화국이다.

섬 하나로 이루어진 이 작은 나라의 전체 면적은 21km²로, 바티칸 시국과 모나코에 이어 세계에서 세 번째로 작은 국가다. 차로 나라 한 바퀴를 도는 데 30분이면 충분하며, 대중교통이 없다. 나우루의 땅은 특이하게도 똥으로 만들어졌다.

아주 오래전 태평양 한가운데의 산호초 섬 위에 철새들이 똥을 싸기 시작했고 이 똥이 쌓여 땅덩어리가 되었다. 이 섬 위에 사람들이 살기 시작하면서 나우루 공화국이 탄생했다. 중요한 것은 이 땅이 똥으로 만들어졌다는 점인데, 나우루의 땅은 시간이 지나면서 화학적 결합을 통해 구아노로 넘쳐나게 되었다. 구아노는 동물의 똥이 오랜 시간 동안 쌓이고 화석화되어 생성된 것으로, 인광석이라고도 한다. 구아노는 우라늄이 포함된 원석으로 화학 비료의 원료인 인산염을 포함하고 있다.

원주민들은 최소 3,000년 전에 정착한 이후로 오랫동안 외부와의 교류 없이 고립되어 살았다. 그러다가 1798년에 영국에 의해 발견되었고, 이후 서구권의 발견과 함께 나우루의 평화가 깨지기 시작했다. 1900년 알버트 풀러 엘리스라는 탐사자가 나우루의 땅이 구아노로 이루어져 있으며 인산염이 풍부하다는 사실을 발견했다. 이 발견으로 나우루는 단순한 섬에서 자원이 풍부한 중요한 땅으로 변모했다.

1906년 태평양 인산염 회사가 독일과 합의하여 나우루의 개발을 시작했다. 나우루의 땅 자체가 거의 순도 100%에 가까운 인산염으로 구성되어 있었다는 것이 밝혀졌다. 하지만 나우루의 자원이 풍부하다는 사실은 원주민들에게 재앙이 되었다.

1914년 제1차 세계대전이 발발하면서 나우루는 호주군에 의해 점령되었고, 1919년에는 영국, 호주, 뉴질랜드가 통치하기로 합의되었다. 이는 국제 연맹 위임통치령의 하나로, 패전국들의 식민지나 영토를 위임 통치한다는 명목으로 이루어졌다. 전쟁과 전염병은 나우루 원주민의 숫자를 감소시켰고 내전과 함께 사회는 혼란에 빠졌다.

그러나 1966년에 자치권을 얻고 1968년에는 독립을 선언하면서 나우루는 새로운 시대를 맞이했다. 1970년대 초 세계 석유 파동으로 원자재 가격이 상승하면서 나우루의 인광석 가격도 상승했다. 이에 따라 나우루 국민은 갑자기 부유해졌다. 나우루는 국민에게 막대한 생활비를 지급하고, 세금, 교육비, 병원비를 모두 무료로 지원했다.

하지만 구아노의 고갈과 함께 나우루의 경제는 급격히 하락했다. 1990년대부터 구아노 생산량이 감소하기 시작했고, 나우루 정부는 국민이 일하게 만들고자 여러 시도를 했지만 성공하지 못했다. 2003년에는 구아노가 공식적으로 고갈되었다고 발표되었고, 나우루 정부는 국가를 조세 회피처로 만들려 했으나 실패했다. 돈을 벌 방법이 사라지고 영토가 개발되어 농사를 지을 수 없게 되면서 국가는 파산했다. 실업률은 90%까지 치솟았다.

현재는 상황이 다소 개선되었지만, 나우루의 경제는 여전히 불안하고, 대부분의 일자리는 단순 노동에 국한된다. 또한 나우루는 해수면 상승의 위협까지 받고 있어 나라 자체가 사라질 위기에 처해 있다. 만약 당시에 투자와 산업 발전에 주력했다면 상황은 달라졌을 수도 있었을 것이라는 생각이 드는 것이 나우루 국민 사이에서 흔히 나누어지는 회상일 것이다.

부와 번영의 시기에 장기적인 계획과 지속 가능한 개발에 집중하지 않은 결과, 나우루는 극심한 경제적 어려움을 겪게 되었다. 이제 나우루는 그 과거의 영광을 되찾기 위해 많은 도전과 노력이 필요한 상황에 직면해 있다. 나우루의 이야기는 자원 의존적인 경제의 위험성과 지속 가능한 발전의 중요성을 강조한다.

　과거 자원이 풍부했던 시기에 다양한 경제 활동으로 전환하고, 교육과 기술 발전에 투자했다면, 나우루는 현재 직면한 많은 문제를 피하거나 적어도 줄일 수 있었을 것이다. 또한 나우루의 경험은 급격한 경제 성장과 그에 따른 사회 변화가 개인과 국가에 어떤 영향을 미칠 수 있는지 보여 준다. 갑작스러운 부의 축적은 단기적인 번영을 가져올 수 있지만, 장기적인 관점에서 균형 잡힌 발전 전략이 없다면, 결국 파멸로 이어질 수 있음을 상기시킨다.

　현재 나우루는 해수면 상승과 같은 환경적 위협과 경제적 어려움에 직면해 있지만, 이러한 위기를 극복하고 더 나은 미래를 위해 나아갈 기회도 있다. 지속 가능한 개발, 교육 투자, 국제 사회와의 협력 강화 등을 통해 나우루는 새로운 도전을 극복하고 장기적인 번영을 이루는 방안을 모색해야 할 것이다.

　나우루의 경험은 다른 국가에도 중요한 교훈을 제공한다. 자원 의존도를 줄이고 다각화된 경제 구조를 개발하며, 환경적 지속 가능성과 사회적 복지를 동시에 추구하는 것의 중요성을 강조한다. 나우루가 직면한 도전과 위기는 경고의 메시지이자 더 나은 미래를 위한 변화의 필요성을 상기시키는 계기가 될 것이다.

IMF만 세 번,
이집트에 봄은 언제 오는 것일까

우리나라에서 1997년은 연도보다는 IMF라는 이름으로 더 자주 불린다. 1997년도는 우리나라가 외환 위기를 겪으며 IMF 구제 금융 아래에서 전 국민이 악몽 속을 걷던 시기다. 그래도 우리나라는 IMF로부터 받은 구제 금융 195억 달러를 모두 갚고 경제 주권을 예정보다 3년 일찍 회복할 수 있었다. 우리가 외환 위기를 이겨낸 것도, 지금만큼 경제를 회복한 것도 자부심을 가질 만한 일이다. 하지만 잘 이겨냈다는 것이지 1997년은 여전히 악몽으로 남아 있다.

평생 단 한 번 겪어도 끔찍한 IMF의 구제 금융을 무려 세

번이나 받은 나라가 있다. 바로 유구한 역사의 나라 이집트다. 이집트는 2016년에 20억 달러의 자금을 지원받았고, 코로나19 팬데믹이 본격화한 2020년에도 80억 달러를 지원받았다. 2022년 12월에는 46개월간 30억 달러, 우리나라 돈으로 약 4조에 달하는 거액의 확대 금융 EFF를 지원받았다. EFF는 무역수지 악화에 따른 보유 외환 부족에 시달리는 국가에 자금을 지원하려 만들어진 IMF 기금을 뜻한다. 미국 CNN 방송은 이집트의 상황을 분석하며 'IMF가 이집트의 만성적인 해외 채무 문제를 완화하려 임시로 돈을 빌려주는 것, 그러나 이집트가 경제 개혁을 이뤄내지 못하면 부채 중독에서 벗어날 수 없을 것'이라고 지적했다.

2023년 9월 10일 이집트 통계청은 인플레이션이 39.7%라고 발표했다. 이는 이집트 역대 최고치의 인플레이션이었다. 통계청은 전년 대비 71.9%의 상승을 기록한 식품 부문 인플레이션이 전체 인플레이션을 견인했다고 분석했다. 참고로 우리나라의 물가 상승률이 2023년 기준 3.6%임을 생각하면 얼마나 심각한지 감이 올 것이다. 이 밖에도 운송 및 통신 부문은 15.2%, 생활용품은 42%, 주택과 수도, 전기는 7.2%가 오르며 환율은 급락했다. 한마디로 '난리가 난 상황'이다. 이집트의 민간 기업들은 수출입 제한으로 난항을 겪고 있으며 2023년, 2024년 정부 예산의 절반 이상이 부채 상환금으로 책정되어 있다.

이집트 인구 1억 400만 명 중 약 3분의 1이 절대 빈곤 상태이며, 기초 식량 구매마저 정부 보조금에 의존하는 실정이다. 식용유와 치즈같이 기본적인 주식이었던 식료품은 사치품이 되어 버린 지 오래다.

이런 상황에서 이집트 국립영양연구소는 지난해 말 '예산을 절약할 단백질이 풍부한 음식 대안으로 닭발을 추천한다'는 말을 했다. 우리에게도 닭발은 호불호가 갈리는 음식이다. 아시아권에서 닭발은 쉽게 찾아볼 수 있는 음식 재료여서 친숙하지만, 이집트에서 닭발은 반려견 사료를 만드는 데 주로 사용되는 부위다. 이집트인에게 닭발을 먹으라는 건 생각 이상으로 모욕적인 말인 셈이다.

이집트의 경제는 어쩌다 이 지경까지 된 것일까? 이집트의 경제가 악화한 것은 중동과 북아프리카에 '아랍의 봄'이 터지기 직전인 2010년으로 거슬러 올라간다. 이 시기 이집트의 연간 경제 성장률은 5.2%를 기록하고 있었다. 적어도 대외적으로 봤을 때는 경제 사정이 나쁘지 않은 상황이었다.

하지만 2010년 12월 17일 튀니지의 중부도시 시디 부지드에서 한 청년 노점상이 공무원의 단속에 항의하다가 생활고를 비관하여 분신한 사건이 일어나면서, 아랍권은 새로운 국면에 접어들게 된다. 튀니지 청년의 분신 소식이 전해지자 곧 분신한 청년과 마찬가지로 가난과 실업에 시달리던 빈곤층 청년들은 튀니지 전역에서 시위를 일으켰다. 얼마 안 가 시위는 튀니지의 모든 계층으로 퍼지기 시작했고, 사람들은 단순히 빈곤과 실업, 과도한 공권력에 대한 불만과 분노를 표출하는 것을 넘어서 '정권 타도'를 시위의 목적으로 삼기 시작했다.

국민은 정부의 독재와 권위주의 때문에 빈곤과 실업이 심화하였다는 생각에 거리로 나섰다. 틀린 말이 아닐뿐더러 시위대가 뱉는 말들은 사람들의 마음을 울렸다. 이때까지 무언가 잘못되었다고 생각은 하였지만, 아무것도 하지 않았던 사람들의 생각을 두드렸다.

튀니지에서 시작된 반정부 시위인 아랍의 봄은 이듬해인 2011년 중동 전역으로 번지게 된다. 수십 년 동안 이어져 온 지배 계급에 대한 민중의 분노와 반감은 튀니지에만 국한되었던 것이 아니었다. 아랍의 봄이 시작될 당시 상당수 아랍 국가들은 30년 넘게 전제, 독재 정권 하에 있었다. 중동 사람들의 불만은 대체로 경제에서 왔다.

1980년에서 1990년 사이 아랍의 국가들은 경제적 불균형이 심화하면서 '통제 경제'에서 '시장 경제'로 전환하게 되었다. 시장 경제로 전환했으니 경제는 성장했다. 하지만 독재와 부패는 개선되지 않았기에 국민이 받는 사회 서비스의 질은 하락하고 경제는 직격탄을 받게 되었다. 여기에 2008년 금융

위기는 경기침체로 이어지면서 상당수 기업과 공장들이 근로자들을 해고하고 시민들은 일할 곳조차 구하기가 쉽지 않게 되었다.

국가를 지배한 엘리트 지배층은 재계를 장악하면서 자신들의 배를 불리기 위해 경제 체제를 악용했고, 부의 쏠림과 빈부 격차는 고착화되었다. 한마디로 절대다수의 국민이 가난한 사회였다. 상황이 이렇다 보니 튀니지에서 일어난 사건은 계기였을 뿐이고, 아랍의 봄은 예견되어 있던 사건이라고 볼 수도 있다.

아랍의 봄에 참여한 중동 국가들 사이에서 목소리가 가장 컸던 건 다름 아닌 이집트 국민이었다. 앞서 언급했듯 아랍의 봄이 일어나기 전 이집트의 연간 경제 성장률은 5.2%를 기록하고 있었다. 하지만 국민으로서는 허울만 좋은 지표였다. 경제 성장의 혜택은 모두 특권을 지닌 소수 엘리트층의 전유물이나 다름없었다. 경제가 아무리 성장해도 국민의 삶은 달라지는 게 없었다. 국민은 나날이 커지는 빈부 격차 속에서 박탈감과 허망함을 느끼고 있었다.

이집트 국민은 시위를 통해 30년 동안이나 권좌를 지켰던 이집트의 호스니 무바라크 대통령을 끌어내리는데 성공하고 자유 선거를 거쳐서 무함마드 무르시를 대통령으로 선출했다. 이미 시장 경제를 받아들였고 자기들끼리만 해 먹던 부패한 독재 정권을 몰아냈으니 이집트 시민들은 꽃길 같은 앞날을 꿈꾸었다.

그래서 국민이 선출한 무함마드 무르시는 이집트에 봄을 가져왔을까? 안타깝게도 이집트의 경제 사정은 아랍의 봄 이후 더욱 악화하였다. 이집트의 경제가 박살나기 시작한 도화선에는 '무슬림 형제단'에 있다. 무슬림 형제단은 이집트와 시리아에서 주로 활동하면서 아랍권 전체에 영향을 끼치는 이슬람 근본주의 조직이자 정당이다.

'근본주의'라는 단어를 들었을 때 어떤 느낌이 드는가? 실제로 현대 사회에서 종교인이 아닌 일반인에게 종교의 교리에 충실해지라고 요구하는 근본주의는 비판적인 의미로 사용됨과 동시에 안 좋은 이미지를 가지고 있다. 이슬람 근본주의 집단인 무슬림 형제단은 겨우 얻어낸 이집트의 기회를 무참히 박살 냈다. 무바라크 대통령을 축출하고 무르시가 집권하면서 무르시가 당수로 있던 무슬림 형제단의 자유공정당은 국민의 뜻을 제대로 묻지 않고 급진적인 이슬람 개혁을 추진하기 시작했다.

무슬림 형제단은 선거로 권력을 차지하는 데에만 급급했을 뿐 민주주의 확대 과정에서 국민의 뜻을 묻고 동의와 합의를 구할 생각은 하지 못했다. 아니 하지 않았다는 표현이 더 맞겠다. 자신들이 옳다고 믿으며 자신들의 뜻대로 나라를 이끌었다. 혼란한 시기에 무능력하고 잘못된 생각을 가진 이들이 실권을 잡아 버린 것이다. 가장 큰 문제는 경제 문제를 도외시했다는 것이다. 무슬림 형제단은 여성 차별과 교육 제재, 언론 탄압에 나서면서 내수 경제까지 얼어붙게 했다. 해외 기업까지 추방하면서 이집트 경제는 성장 동력도 잃었다.

이집트 국민은 정권에 분노하며 다시 한번 대규모 반대 시위를 일으켰다. 사회가 혼란할 때 영웅이 등장하기도 하지만 영웅이 되고 싶은 어중이떠중이도 등장한다. 2013년 7월 압델 파타 엘시시는 국민의 불만을 명분 삼아 군부 쿠데타를 일으키고 대통령이 된다. 고작 1년 만에 군부 권위주의로 회귀한 것이다. 쿠데타를 통해 대통령이 된 엘시시는 독재 행보를 이어갔다. 하지만 경제를 중요시하지도 않았고 정치 혼란도 사그라지지 않았다. 이집트에는 반정부 시위가 지속해서 일어났다. 엘시시에게 중요한 것은 국가의 경제가 아니라 자신의 위치를 지키는 것이었다. 엘시시는 아랍에미리트와 사우디아라비아 등 아랍권의 우방국에서 낮은 이자로 외화 원조를 받아 와서 이집트 경제를 지탱했지만, 이마저도 얼마 안가 끊기고 만다.

글로벌 유가 하락과 예멘 내전 참여로 인한 지출 증가로 우방국들의 이집트 외화 원조가 어려워지면서 이집트는 2016년 처음으로 IMF에 손을 벌리게 된다. 이때 제대로 된 경제 정책을 가지고 회복했다면 지금의 이집트는 달라졌을 것이다. 하지만 이집트의 2016년, 2017년 1분기 외채는 600억 달러로 증가했고, 2012년~2017년 공공 예산 대비 국내 부채 비율은 GDP 대비 75%에서 104%로 증가했다. 회복은커녕 소위 제대로 '말아먹'었다.

여기다 조건부 대출을 도입하면서 이집트 통화 가치는 하락했고, 식료품, 전기료, 원자재 가격 급등으로 이어졌다. 이집트 정부는 적자를 만회하기 위해 부가가치세 인상, 보조금 삭감 조치를 단행했다. 부가가치세 인상과 보조금 삭감은 한마디로 시민들의 부담을 늘리겠다는 것인데, 국민의 생계는 이전보다 더 힘들어졌다. 그나마 다행인 것은 다른 국가들, 아랍권이 아닌 서방 국가와 아시아권 국가들의 경제 상황이 좋았다는 것이다.

세계 경제가 호황을 누리면서 가스 수출과 관광 수입 및 외국인 투자가 점차 늘어나고 건설, 제조업이 활기를 띠면서 2018년에는 5.3%, 2019년에는 5.5%의 높은 성장률은 기록하게 된다. 물가와 실업률, 정부 부채 비중도 하락했고, 경제 전반의 안정과 활력 회복이 이어지는 추세를 보였다. 국정 운영만 잘한다면 이집트의 경제는 회복되는 듯 보였다.

그러나 2020년 코로나19 팬데믹이 터지면서 안정 궤도로 들어서던 이집트 경제는 다시 바닥으로 처박히기 시작했다.

얼마 안 가 이집트의 보유 외환이 40억 달러 수준으로 감소하면서 이집트 내에는 다시 한번 외환위기에 대한 불안감이 고조되었다. 결국 이집트 정부는 IMF에 두 번째로 긴급 구제금융을 요청하게 된다. 그래도 이번에는 각종 구호 정책을 시행하면서 경기 위축을 방어하기 위한 조치를 모색할 수 있겠다 싶었는데, 2022년 우크라이나 전쟁이 발발하면서 이집트는 그야말로 직격탄을 맞는다.

인구가 1억 명이 넘는 이집트는 식량 수입에 의존하는, 세계에서 두 번째로 큰 밀 수입국이다. 하다못해 닭에게 먹이는 곡식조차도 해외에서 들여오는 국가다. 이집트가 밀 수입에 있어서 가장 의존해 온 나라가 바로 러시아와 우크라이나였다. 그런데 두 나라에 전쟁이 터지면서 곡물가가 급등하였고, 이집트는 엄청난 물가 상승 압박을 겪게 된다. 실물 경제 상황이 악화하자 이집트에 들어왔던 외국인 투자 자금은 썰물처럼 빠져나갔다. 이집트는 2년 만에 또다시 IMF로부터 신규 지원을 받았다. 급한 불은 껐지만 국민의 고기 대신 닭발을 먹어야 할 만큼 갈수록 팍팍해지고 있다.

이제는 코로나 팬데믹도 끝났으니 러시아-우크라이나 전쟁만 잘 마무리되면 이집트는 다시 활력을 찾을 수 있을까? 아쉽게도 나아지기는 하겠지만, 이집트 경제의 전망은 낙관으로 보기에는 힘든 요소가 많다. 특히 이집트의 경제 회복에 가장 걸림돌로 평가받고 있는 요소는 인구다.

이집트는 인구 과잉 때문에 몸살을 앓고 있다. IMF에 돈까지 빌려야 할 만큼 여건이 좋지 않은 나라에서 자꾸만 먹여 살려야 할 아이가 늘어난다는 건 좋지 못한 현상이다. 이미 태어난 아이도 제대로 관리가 되지 않고 있는데, 새로운 아이를 돌보는 건 불가능한 일이다.

하지만 이것도 교육에 투자한다면 마냥 비관적인 것은 아니다. 하지만 이집트에는 그럴 여력이 없다. 우리나라나 일본과 같은 나라들은 아이가 성장하면 국가의 경제를 책임지는 노동력으로 자란다. 특히 자원이 부족할수록 인력과 인재는 매우 중요하다. 한 명의 사람이 기업과 국가의 측면에서 볼 때 상당한 부를 창출한다.

하지만 이집트는 사람이 태어나도 쓸만한 인력으로 키워내지 못하는 실정이다. 이집트의 문맹률은 28.8%에 달할 정도로 교육 수준이 낮다. 그만큼 공교육이 마비되었다. 이집트로서 인구의 증가는 배급을 줘야 하는 사람이 늘어나는 것 말고는 다른 의미가 있지 못한다. 엘시시가 직접 나와 '출산 규제가 없으면 재앙이 초래될 수 있다. 인구 과잉 문제는 사회 전반에 부담을 주고 있다'고 말하며 산아 제한 정책을 펼쳤지만, 여전히 이집트의 합계 출산율은 3명에 가깝다.

현재 이집트 경제난의 원인은 부패한 지도층과 독재, 코로나19와 우크라이나 전쟁과 같은 악재 그리고 폭발적인 인구 증가 정도로 요약할 수 있겠다. 과연 이집트는 만성적인 경제난에서 벗어날 수 있을까? 이집트인이 마음 편히 닭발이 아닌 닭고기를 먹을 수 있는 날이 돌아올까? 이집트의 평화를 기다린다.

부의 몰락,
아르헨티나

아르헨티나는 세계적인 경제 강국이었으나, 두 차례의 세계 대전을 겪은 후부터 경제가 점점 불안정해지기 시작했다. 일반적으로 아르헨티나가 경제적으로 실패한 원인을 설명할 때, 무능한 지도자들이 표를 얻기 위해 포퓰리즘, 즉 무분별한 복지 정책을 시행했기 때문이라고 한다.

그러나 아르헨티나 경제의 몰락은 포퓰리즘만의 문제가 아니다. 정치, 경제, 사회적 문제가 복합적으로 얽혀 이와 같은 결과를 초래했다. 따라서 '아르헨티나는 포퓰리즘 때문에 망했다'라고 단정 짓기 어려운 면이 있다. 아르헨티나가 겪은 주요 위기를 살펴보며 현재 상황까지 이르게 된 과정을 추적해 보는 것이 아르헨티나 경제 위기의 원인을 이해하는데 가장 적절한 방법이다.

1900년대 초중반, 아르헨티나는 세계적인 경제 강국이었다. 온화한 기후와 거대한 강이 만든 비옥한 토지 덕분에 아르헨티나는 농업 대국으로 급부상했다. 당시 세계 인구가 소비하는 소고기와 밀의 대부분을 아르헨티나가 생산했다고 해도 과언이 아니다.

경제적으로 번영하면서 일자리는 물론 교육, 복지, 치안 등 여러 면에서도 좋은 평가를 받았고, 유럽 국가에서 아르헨티나로 이민을 오는 사람도 많았다. 심지어 세계 전쟁으로 많은 국가가 퇴보하는 와중에도 아르헨티나는 경제 성장을 이루어내는 놀라운 성과를 보였다. 이 시기까지만 해도 아르헨티나가 후진국 반열에 오를 것이라고는 상상하기 어려웠다.

1943년 세계대전이 한창이던 시기에 후안 페론을 포함한 아르헨티나 군부는 쿠데타를 일으켰고, 1946년에는 후안 페론이 아르헨티나의 제24대 대통령으로 취임했다. 후안 페론의 정책은 페론주의에 기반한 빈민 구제 및 복지 정책이었다. 이를 두고 포퓰리즘이라고 비판하는 목소리도 있지만, 후안 페론 집권 동안 아르헨티나의 빈민율이 급감하고 외채 대부분을 상환한 점을 고려하면 그의 정책을 완전히 잘못됐다고 단정 지을 수는 없다. 물론 복지 정책이 경제 성장률을 저하한 것은 사실이다. 하지만 당시까지는 아르헨티나의 경제가 큰 문제 없이 운영되었으며 여전히 수출로 인한 수익이 있었고 살기 좋은 나라였다.

아르헨티나의 진정한 위기는 1976년 또 다른 군사 쿠데타로 시작되었다. 이때 권력을 잡은 호르헤 비델라는 국가 재건을 목표로 경제에 여러 복합적인 문제를 초래했다. 가장 먼저, 중화학 공업 발전을 명분으로 자본 자유화와 수입 자유화를 대대적으로 시행했다. 이 정책들은 이론적으로는 경제를 촉진하기 위한 것이었지만, 실제로는 외채가 급증하는 결과를 가져왔다. 1975년 78억 달러에 불과했던 아르헨티나의 외채는 1983년에는 450억 달러에 이르렀다. 아르헨티나의 경제 구조와 농업 중심의 산업 구조는 이러한 개방 정책에 준비가 되어 있지 않았다.

또한 군사 정권은 후안 페론 시대에 만들어진 노동법을 개정하기 시작했다. 노동자의 권리를 약화하기 위해 노동조합을 탄압하고 최저 임금 제도를 폐지하는 등의 조치를 취했다. 이에 따라 아르헨티나의 노동자들은 저임금에 시달리며 고강도 노동에 시달리다가 부당 해고되는 일이 일상화되었다. 결과적으로 아르헨티나의 임금은 바닥을 치고 빈민율은 급증했다. 후안 페론이 구축한 체제가 군사 정권에 의해 단기간에 무너진 것이다.

정책 실패와 함께, 아르헨티나 지도자들의 오류도 겹쳤다. 호르헤 비델라는 이미 경제적으로 어려운 상황에서 1978년 월드컵 개최를 강행했다. 이는 국가 부채를 더욱 증가시키는 결과를 초래했다. 국민의 분노가 커지는 가운데, 군사 정권의 마지막 지도자인 레오폴도 갈티에리는 경제 문제와 성난 민심에 직면했다. 해결책으로 선택한 것이 바로 포클랜드 전쟁이었다. 내부 문제를 외부로 돌리려는 시도였지만, 영국과의 전쟁은 아르헨티나에 더 큰 재앙을 불러왔다.

이후 라울 알폰신 정부가 집권을 잡았으나 이미 불어난 외채와 경제적 난관은 감당하기 벅찬 상황이었다. 여러 노력에도 불구하고 외채는 줄지 않았고, 화폐 가치는 하락하며 물가 상승률은 괴물처럼 치솟았다. 1989년에는 물가 상승률이 5,000%에 달하며 초인플레이션을 경험했다. 이러한 악순환 속에서 경제 장관 도밍고 카바요는 달러와 페소의 환율을 1대 1로 맞추려는 태환 정책을 시도했다. 이 정책은 단기적으로는 어느 정도 효과를 보였으나 국내 산업의 경쟁력을 약화하고 실업률을 높이는 등의 부작용을 낳았다.

2000년대 초 아르헨티나는 IMF로부터 구제 금융을 받았지만, IMF는 더 많은 긴축 조치를 요구했고, 아르헨티나 경제는 계속해서 마이너스 성장을 기록했다. 신용등급은 급락했고, 2001년에는 시중 은행에 예금된 200억 달러가 해외로 유출되는 뱅크런 사태까지 발생했다. 이 사건은 정부가 모든 계좌를 동결하는 조치로 이어졌고, 국민의 분노는 극에 달했다. 결국 페르난도 델라루아 대통령은 사임하고, 임시 대통령 아돌포 로드리게스 사아는 모라토리엄을 선언했다.

모라토리엄 선언 이후 아르헨티나의 신용등급은 바닥을 치고, 긴축정책은 빈민율을 더욱 증가시켰다. 그러나 2000년 대 중반 환율이 낮아지고 네스토르 키르치네르 대통령이 세금 인하와 같은 경제 부양책을 시행하면서 경제가 조금씩 회복세를 보이기 시작했다.

수입 억제와 국내 산업 보호 정책은 고용 창출로 이어졌고, 아르헨티나는 2006년에 IMF에 대한 빚 95억 달러를 모두 상환하는 데 성공했다. 하지만 군사 정권 시기의 남은 후유증과 크리스티나 페르난데스 대통령의 장기간 포퓰리즘 정책으로 인해 아르헨티나 경제는 여전히 완전한 회복을 이루지 못하고 개발도상국의 위치에 머물러 있다.

노벨상을 받은 경제학자 시몬 쿠즈네츠는 아르헨티나의 독특한 경우를 지적하며 '세계에는 네 가지 종류의 국가들이 있다. 선진국, 후진국, 일본 그리고 아르헨티나다'라고 말했다. 이는 선진국에서 개발도상국으로 추락한 아르헨티나와 개발도상국에서 선진국으로 도약한 일본을 독특한 사례로 분류한 것이다.

아르헨티나는 경제학의 이론과 실제가 어떻게 다를 수 있는지 그리고 국가 경제가 겪는 위기가 단순히 경제적 요인에 의해서만 발생하는 것이 아니라, 정치적, 사회적 문제와도 깊게 연결되어 있음을 보여 준다.

아르헨티나의 경제 위기는 여러 복합적인 요인이 상호 작용한 결과이며, 이는 포퓰리즘 정책, 급격한 경제 개방, 군사 쿠데타와 정치적 불안정, 그리고 국제 경제 환경의 변화 등 다양한 요인을 포함한다. 이러한 요인들은 서로 영향을 주고받으며 아르헨티나의 경제적 몰락을 가속했다.

아르헨티나의 경제 위기는 단순한 원인과 결과의 관계로 설명할 수 없는 복잡한 사례다. 이 사례는 경제 정책이 국가의 장기적인 경제 성장과 안정성에 어떤 영향을 미칠 수 있는지 그리고 정치적 결정이 경제에 미치는 깊은 영향을 잘 보여 준다. 또한 아르헨티나의 경험은 다른 국가에도 중요한 교훈을 제공한다. 즉 지속 가능한 경제 성장과 사회적 안정을 위해서는 균형 잡힌 경제 정책, 정치적 안정 그리고 국제 경제 환경의 변화에 대한 적절한 대응이 필수임을 상기시킨다.

국민이 탈출하고 있다,
베네수엘라

베네수엘라는 한때 남미를 넘어 세계적으로 잘사는 국가에 속했었고, 수많은 개발 도상국이 본받으려 했던 국가였다. 잘사는 수준이 그냥 살만하다 하는 정도가 아니라 석유 개발을 처음으로 성공시켰던 1세대 산유국이다. 1세대 산유국인 만큼 석유수출국기구(OPEC)의 창립부터 함께했던 국가기도 하다.

2000년대 초반 노무현 정부 시절에는 우리나라에서도 베네수엘라의 정책을 배워야 한다고 말할 정도였다. 이렇듯 20세기까지만 해도 잘살았던 베네수엘라는 현재 경제가 처참하게 무너지고 말았다. 혹시 인터넷에서 돈을 수레로 끌고 가는 사진을 본 적이 있는가? 엄청난 양의 돈을 수레로 운반하는 모습은 놀라움을 넘어 충격적이기도 하다.

하지만 사진을 유심히 살펴보면 돈이 많은 것에 비해 남성의 모습은 상당히 남루해 보인다. 사실 남성이 가지고 있는 돈은 겉으로 보기에는 상당한 액수처럼 보이지만 그리 크지 않은 돈이다. 물론 눈대중으로 계산하여서 정확하지 않을 수 있지만, 우리나라 돈으로 15만 원을 넘기기는 힘들다. 그러니까 남성은 15만 원도 안 되는 돈을 수레로 끌고 가는 중인 것이다. 이런 상황이 벌어진 이유는 베네수엘라에서 벌어진 하이퍼인플레이션 현상 때문이다. 물가는 계속 올라가는데 현금의 가치는 계속 떨어지는 악순환이 오랜 기간 반복되어 결국 15만 원도 안 되는 가치의 현금을 수레에 꽉 채워 다녀야 하는 지경까지 갔다. 베네수엘라가 부자였던 것을 생각하면 정말 이해가 안 되는 상황이다.

베네수엘라 경제의 몰락은 크게 두 가지의 이유로 볼 수 있다. 하나는 석유의 가격이 내려간 것이고, 다른 하나는 중앙정부의 정책 실패 때문이다. 먼저 석유 가격의 하락부터 살펴보면, 베네수엘라는 1918년부터 석유 개발에 착수했고 머지않아 세계 석유 시장을 석권했다. 물론 이때까지는 석유의 가격이 그리 비싸지 않아 베네수엘라 산업 구조가 기형적이지는 않았다.

베네수엘라의 산업이 석유에만 의존한 것은 1973년 석유 파동 때부터였다. 1973년 10월 6일 제4차 중동 전쟁이 발발하면서 이스라엘과 아랍권 국가들은 갈등을 겪게 되었다. 당시 미국이나 일본, 영국과 같은 강국들은 이스라엘을 지지했고, 아랍권 국가들은 미국을 포함한 강국이 중동 전쟁에 개입하면 상당히 불리할 수밖에 없었다. 중동으로서는 어떤 수를 써서라도 미국의 개입은 막아야 했다.

중동이 강대국의 개입을 막는 방법이 있을까? OPEC 회원국 중 대부분은 아랍권 국가들이었으니 사실 미국을 견제하는 방법은 그리 어렵지 않았다. 기름값을 올리면 그만이었다. 아랍권의 산유국들은 이스라엘을 향해 점령지에서 철수할 것을 요구하면서 원유 가격에 장난을 쳤다. 이 사건이 바로 1973년 석유 파동이다.

석유 파동으로 갑작스럽게 엄청난 돈을 만지게 된 베네수엘라는 흥분하기 시작했다. 자원 매장량만큼이나 비옥한 땅을 가진 베네수엘라였지만, '기름맛'을 한번 보고는 다른 산업은 모두 내팽개치고 오로지 석유 수출에만 집착했다.

오로지 기름에만 돈과 인력이 모이다 보니 베네수엘라의 다른 산업들은 죽어 버렸다. 다른 산업들이 모두 죽어 버리니 생산성은 바닥을 헤맸고, 만에 하나 석유 수출이 한 번이라도 잘못되는 날에는 나라가 망해 버리는 기형적인 산업 구조를 갖추게 되었다. 더군다나 기름은 원유 가격에 따라서 수익이 천차만별이고 거품이 끼기도 쉽다. 그래서 석유에 의존하는 경제는 늘 불안할 수밖에 없다.

하지만 당장 문제가 될 것은 없었다. 베네수엘라만 석유 의존 경제를 구축했던 것도 아니었고 기름값이 떨어진다고 해도 지금까지 벌었던 돈으로 버티는 것도 가능했다. 여기서부터 앞서 말했던 두 번째 문제가 발생하기 시작했다. 바로 중앙 정부의 정책 실패다. 이 문제를 알려면 우선 베네수엘라의 숨겨져 있던 속사정부터 알아야 한다.

베네수엘라는 원유 매장량이 세계에서 가장 많은 국가다. 풍부한 자원을 바탕으로 석유 개발 성공과 함께 남미 최고의 부자로 떠올랐다. 이런 베네수엘라도 심각한 빈부 격차라는 약점이 있었다. 빈곤 가구의 비중이 전체 국민의 반이 넘어갔다. 석유로 돈을 잘 벌었지만 정작 절반이 넘는 국민의 생활 수준은 바닥이었다.

상황이 이렇게 된 데에는 상당히 복잡한 이유가 섞여 있겠지만, 가장 큰 이유는 바로 석유에 의존하는 산업 구조와 석유 회사들의 부정부패였다. 석유 회사는 이미 고여 썩어 버렸고, 정계와 결탁해 신생 회사가 살아남을 수 없는 판을 만들어 놓았다.

상황이 이러니 대부분의 국민은 일용직으로 전전할 수밖에 없었다. 거기다가 1979년 제2차 석유 파동이 일어나면서 기름값까지 하락하게 된다. 국가 경제에서 석유가 차지하는 비중이 90%가 넘는 베네수엘라로서 유가의 하락은 치명타였다. 앞서 말한 것처럼 지금까지 벌어둔 돈으로 버티기에 들어가야 하는 상황이 되었다.

문제는 이때 집권한 대통령 우고 차베스가 말도 안 되는 정책을 들고나왔다는 것이다. 바로 21세기 사회주의였다. 그러니까 우주 경쟁에서 이미 패배하고 사라진 사회주의를 20세기 말에 다시 들고나온 것이다. 더욱 소름 끼치는 것은 그냥해 본 말이 아니라는 것이다. 일명 '볼리바르 혁명'이라 불리는 이 정책으로 교육 프로그램 확대와 무상 의료 시스템을 만들었다. 여기까지는 괜찮았을지도 모른다. 말만 사회주의였지 평범한 복지 정책과 별반 다를 것이 없었으니 말이다.

볼리바르 혁명의 진짜 문제는 민간 기업들을 국가 산하로 만드는 국유화를 진행했다는 점이다. 국유화를 진행하면 당연히 일의 효율도 떨어지고 외국의 투자도 끊어지면서 돈이 제대로 돌지 못한다. 심지어 석유 회사가 파업하는 예도 늘어났다.

차베스 정부는 여기서 정신을 차렸어야 했는데 오히려 기업들이 파업하며 돈이 유출되는 것을 막아 보겠다고 외환 거래를 아예 금지했다. 막상 외환 거래를 하지 말라고 으름장을 놓기는 했지만 하지 말란다고 안 할 수 있는 문제가 아니었다. 당장 국가의 생산력이 부족해 수입의 의존도 수출만큼이나 컸기 때문이다.

외환 거래가 금지된 상황에서 돈은 계속 유출되니 자국 화폐의 가치는 떨어졌다. 여기서 멈췄더라도 어떻게든 막아 볼 수 있었겠지만 우고 차베스는 현실과 타협하지 않았다. 어떻게든 외환 유출을 막겠다고 수입품에 이중환율을 걸었다. 그러면 외환 유출은 멈추고 기업들이 알아서 열심히 일해줄 것으로 생각했던 것일까? 그러나 실제로는 외환 유출이 아니라 시장이 막혀 버렸다. 베네수엘라의 물가 상승률은 끝없이 올라갔고 결국 인플레이션 사태가 벌어진다. 심지어 원유의 가격은 계속해서 떨어지고 있었다.

원유의 가격이 계속해서 떨어진 이유는 너무도 간단하다. 우고 차베스를 포함한 산유국이 미국을 견제하겠다고 원유의 가격을 의도적으로 낮추었다. 원유의 가격을 낮춘 이유는 미국의 셰일오일 기업을 무너뜨리기 위해서였다. 우고 차베스는 대표적인 반미주의자기도 했다. 아랍권 국가들 대부분도 미국에 대한 적대심을 하고 있었다. 미국이 안 그래도 싫은데, 셰일오일이라는 것은 개발해서는 원유를 대체하겠다고 하니 당연히 말도 안 되는 소리라고 생각하며 분통을 터뜨렸다.

그래서 원유의 가격을 계속 낮추었다. 셰일오일이라는 것이 오일셰일이라는 돌을 가열해서 만드는 기름인데, 생산할때 돈이 상당히 많이 들어가기에 결국 이윤을 남기기 위해서는 많이 파는 수밖에 없는 형국인데, 경쟁 대상인 원유의 가격이 낮아지면 셰일오일 기업은 도저히 유가를 맞출 수 없어망하게 된다.

실제로 아랍권 국가들의 전략은 먹혀들었다. 당시 미국에서는 셰일오일 기업이 줄줄이 망해 나갔다.(하지만 후에 미국은 기술적으로 셰일오일 생산가를 낮추는 데 성공하면서 원유 생산 1위 국가가 되기도 했다) 문제는 한번 내려간 원유의 가격을 다시 올리는 것이 생각처럼 쉽지 않다는 것이다. 안 그래도 우고 차베스의 정책 실패로 휘청거리던 베네수엘라는 경제 성장률이 뚝뚝 떨어지기 시작했다.

이후 우고 차베스가 장기 집권을 끝내고 물러났던 2013년의 베네수엘라는 그야말로 처참했다. 경제 성장률은 1%를 겨우 유지하는 수준에 재산권 보호도 제대로 되지 않았다. 다소 약세이기는 해도 나름 약 15만 대 정도는 만들던 자동차 조립 생산량은 점점 줄더니 2013년에는 1만 대도 못 넘겼다. 무엇보다 심각한 것은 물가 상승률인데, 2013년 기준 베네수엘라의 물가 상승률은 40.7%에 달했다. 최악의 인플레이션 사태였다.

그래도 우고 차베스가 물러났으니 현재 베네수엘라는 다시 정상화를 찾기 위해 노력하며 경제가 나아지지 않을까 하는 기대감도 있었지만, 안타깝지만 그렇지는 않다.

우고 차베스의 후임인 니콜라스 마두로 역시 볼리바르 혁명을 이어 갔다. 쉽게 말하자면 니콜라스 마두로도 그다지 좋은 성과는 내지 못하고 있는 것이다. 오히려 계속되는 악순환으로 베네수엘라의 상황은 전보다 더 암울하다. 최근 베네수엘라에서는 국민이 다른 나라로 탈출하는 일명 엑소더스가 빈번하게 발생하는 중이다. 더는 못살겠다는 말이다.

1장 세대유감

전 세계의 젊은이는 왜 우울하고 불안한가

- <유럽의 청년실업 문제와 시사점>, 강유덕, 지역경제포커스, 2009
- <사회 신뢰가 청년의 우울에 미치는 영향: 성별 차이를 중심으로>, 박채림, 한창근, 보건사회연구, 2023
- https://www.sisajournal.com/news/articleView.html?idxno=212350
- https://www.seoul.co.kr/news/newsView.php?id=20220605500077
- https://www.hani.co.kr/arti/society/society_general/961983.html
- https://www.nowonbokjisaem.co.kr/공유복지플랫폼/복지광장/?pageid=45&mod=document&uid=5182
- https://www.kurotimes.com/news/articleView.html?idxno=203437
- https://n.news.naver.com/mnews/article/001/0009810107?sid=102
- https://data.oecd.org/fr/unemp/taux-de-chomage-des-jeunes.htm

MZ세대의 생존 방식

- <Y세대의 일과 삶의 균형: 세대별 일의 가치를 통해 본 의미 및 역할>, 이혜정, 유규창, 한국노동연구원, 2013
- https://www.korea.kr/news/cultureColumnView.do?newsId=148866987
- https://designdb.com/?menuno=1432&bbsno=1425&siteno=15&act=view&ztag=rO0ABXQAOTxjYWxsIHR5cGU9ImJvYXJkLiBubz0iOTkwIiBiza2luPSJwaG90b19iYnNfMjAxOSI%2BPC9jYWxsPg%3D%3D#gsc.tab=0
- https://www.thescoop.co.kr/news/articleView.html?idxno=40308
- https://www.ibm.com/kr-ko/campaign/newsletter-vol1-digital-

transformation

- http://www.iconsumer.or.kr/news/articleView.html?idxno=24780
- http://www.economyf.com/m/view.asp?idx=7027
- https://ulsansafety.tistory.com/3198
- https://blog.lxinternational.com/28413/?s
- https://dbr.donga.com/article/view/1202/article_no/9062
- https://www.wedd.tv/news/articleView.html?idxno=4899
- https://www.mk.co.kr/news/culture/10050121
- https://www.yna.co.kr/view/MYH20210409004800038
- https://www.manzlab.com/news/articleView.html?idxno=3015
- https://vision2017.tistory.com/entry/초역전의-시대와-MZ세대-신자유주의
  는-무한경쟁-승자독식-개인주의를-확산시켰다-바로-이때-태어난-세대가-MZ
  세대다
- https://www.fnnews.com/news/201601261708106822
- http://www.issuemaker.kr/news/articleView.html?idxno=29326
- https://www.itworld.co.kr/news/51812
- https://www.ytn.co.kr/_ln/0103_202208051622348791
- https://www.bbc.com/korean/international-58333704

모든 것을 포기한 일본의 사토리 세대

- <세대 차이인가, 계층 차이인가?>, 은석, 안승재, 함선유, 홍백의, 아시아리뷰, 2018
- <일본 사토리세대의 패션과 소비문화>, 염혜정, 복식, 2019
- <일본 사회의 매뉴얼과 '보통'의 삶에 대한 고찰 -《편의점 인간》을 통해 본 사토
  리 세대의 고민>, 신현선, 동북아 문화연구, 2022

- https://www.japantimes.co.jp/tag/satori-generation
- https://www.utne.com/community/satori-generation-zm0z14wzsau
- https://www.motivation-cloud.com/hr2048/c356
- https://www.kaonavi.jp/dictionary/satori
- https://en.wikipedia.org/wiki/Satori_generation
- https://ja.wikipedia.org/wiki/さとり世代

집으로 돌아가지 않는 일본의 토요코 키즈

- https://www.hankyung.com/article/2023122752917
- https://www.seoul.co.kr/news/international/2023/06/28/20230628500114
- https://news.kbs.co.kr/news/pc/view/view.do?ncd=5456446
- https://www.ardentnews.co.kr/news/articleView.html?idxno=1643
- https://www.hankyung.com/article/2023122752917
- https://weekly.chosun.com/news/articleView.html?idxno=29614
- https://news.sbs.co.kr/news/endPage.do?news_id=N1007387776
- https://www.asiae.co.kr/article/2023120615273597987
- https://view.nate.com/travel/view/113119
- https://news.tv-asahi.co.jp/news_society/articles/000315281.html
- https://www.youthassembly.kr/news/741963
- https://www.edaily.co.kr/news/read?newsId=03339046638795112&media
  CodeNo=257
- https://news.kbs.co.kr/news/pc/view/view.do?ncd=5456446
- http://www.weschoolnews.com/news/227766

어떤 반응도 하지 않겠다, 중국의 탕핑족

- https://www.linkedin.com/pulse/tang-ping-antidote-burnout-dr-jenny-
  brockis
- https://unherd.com/thepost/tang-ping-how-chinas-youth-are-refusing-

to-work
- https://www.independent.co.uk/asia/china/china-tang-ping-trend-work-culture-b1862444.html
- https://oldcynic.com/tang-ping-lying-flat-chinese-lifestyle-movement
- https://www.welcometothejungle.com/en/articles/tang-ping-chinese-milennials-protest-overwork
- https://www.frontiersin.org/articles/10.3389/fpsyg.2022.871439/full
- https://www.bbc.com/news/world-asia-china-57348406
- https://en.wikipedia.org/wiki/Tang_ping
- https://www.sedaily.com/NewsView/22NL0LQMI2
- https://www.seoul.co.kr/news/newsView.php?id=20210604500082
- https://brunch.co.kr/@noonfirefly/36
- https://www.yna.co.kr/view/AKR20210602074600083
- http://news.einfomax.co.kr/news/articleView.html?idxno=4153753
- http://news.heraldcorp.com/view.php?ud=20221129000764
- https://www.donga.com/news/Economy/article/all/20211130/110518427/1

시끄러운 중국인, 중국의 민낯 따마

- https://blog.naver.com/davle9073/220832242714
- https://post.naver.com/viewer/postView.naver?volumeNo=16590889&memberNo=4753342&navigationType=push
- https://kita.net/cmmrcInfo/cmmrcNews/cmmrcNews/cmmrcNewsDetail.do?pageIndex=1&nIndex=56975&sSiteid=2
- https://nownews.seoul.co.kr/news/newsView.php?id=20181206601010
- https://newsfeed.dispatch.co.kr/1595137
- https://www.joongang.co.kr/article/24008783#home
- https://www.helsinkitimes.fi/china-news/16897-dama-economy-a-reflection-on-the-development-of-china-s-comprehensive-national-

strength.html

- https://en.wikipedia.org/wiki/Chinese_dama#Social_and_economic_context
- https://www.sixthtone.com/news/1003107
- https://medium.com/@raysuya/chinese-damas-chinese-dama-means-the-chinese-elder-woman-8eba3178e752
- https://www.businesswire.com/news/home/20190823005289/en/Chinese-DAMA-the-Worlds-Top-Investment-Group-Will-Be-Certified-With-a-Gold-Seal-From-Alibaba
- https://www.cambridge.org/core/journals/english-today/article/so-many-tuhao-and-dama-in-china-today/B0523CDB76B282F40707FB14FC824632
- https://chinalab.kr/forum/view/37932
- https://blog.eduwill.net/3100
- https://www.thefirstmedia.net/news/articleView.html?idxno=40272

트렌드에 맞춰 변화하는 요즘것들의 범죄 조직

- https://ja.wikipedia.org/wiki/半グレ
- https://keiji.vbest.jp/columns/g_other/4819
- https://ilyo.co.kr/?ac=article_view&entry_id=47417
- https://news.sbs.co.kr/news/endPage.do?news_id=N1007300592
- https://www.chosun.com/site/data/html_dir/2020/07/10/2020071002591.html
- https://www.fetimes.co.kr/news/articleView.html?idxno=110889
- https://www.pressman.kr/news/articleView.html?idxno=4948
- https://www.newsprime.co.kr/news/article/?no=601169
- https://www.chosun.com/culture-life/watching/2021/07/15/P3YSTMM76VGHRLEUGUIGKBB7ZA
- https://ko.wikipedia.org/wiki/야쿠자

- https://www.kyongbuk.co.kr/news/articleView.html?idxno=4000685

- https://www.donga.com/news/Society/article/all/20230919/121241519/1

- https://www.khan.co.kr/national/court-law/article/202312281051001#c2b

- https://www.joongang.co.kr/article/25216181#home

- https://www.sedaily.com/NewsView/29YMFFMXWK

- https://news.mt.co.kr/mtview.php?no=2023101610342434102

- https://www.chosun.com/national/national_general/2023/12/21/TV3YLOC
  UBNH4VIYYT7NCMFQ22M

- https://www.seoul.co.kr/news/2023/12/20/20231220500129

- https://www.chosun.com/entertainments/broadcast/2024/02/01/
  TOO2ATS2AQ55ZOLC4OTGVXJ55U

- https://www.fnnews.com/news/202307080800569844

- https://www.ytn.co.kr/_ln/0115_202312282326324666

- https://www.seoul.co.kr/news/newsView.php?id=20230323500082

- https://haruharupapa.tistory.com/84

- https://freemaden.tistory.com/656

- https://news.zum.com/articles/46225001?cm=popular

- https://www.chosun.com/culture-life/watching/2021/07/15/P3YSTMM76V
  GHRLEUGUIGKBB7ZA

- https://www.joongang.co.kr/article/25016277#home

- https://post.naver.com/viewer/postView.naver?volumeNo=28162746&me
  mberNo=34015503

- https://www.seoul.co.kr/news/newsView.php?id=20200901500125

- https://www.joongang.co.kr/article/25002233#home

- https://segye.com/view/20120325021213

- https://dic.pixiv.net/a/ヤクザ

- https://kotobank.jp/word/やくざ-647826

2장 시대유감

신이 창조한 인간, 신을 만들어 낸 인간

- <종교의 기원에 관한 과학적 연구 - 마이클 아빕과 매리 헤세, 월터 버커트, 어거스틴 푸엔테스의 기포드 강연들을 중심으로>, 정대경, 대학과 선교, 2021
- http://www.kbmaeil.com/news/articleView.html?idxno=277331
- http://www.kyosu.net/news/articleView.html?idxno=56870
- https://www.seoul.co.kr/news/newsView.php?id=20190111036010

죽은 덩샤오핑이 중국을 다스리고 있다

- https://ko.wikipedia.org/wiki/덩샤오핑
- https://monthly.chosun.com/client/mcol/column_view.asp?Idx=127&Newsnumb=20190430841
- https://www.yna.co.kr/view/AKR20180204044000013
- http://weekly.chosun.com/news/articleView.html?idxno=6905
- https://www.hankookilbo.com/News/Read/199702210026837638
- https://www.asiatoday.co.kr/view.php?key=20150413010008486
- http://www.gnnew.kr/951
- https://www.worldkorean.net/news/articleView.html?idxno=44231
- https://www.khan.co.kr/article/200902131800495
- https://www.sedaily.com/NewsView/1L1MBYXHPI
- http://koreachina.kr/board/칼럼-중국-지도자의-리더십?mod=document&uid=75
- https://www.dokdok.co/terms/singyeongje-jeongcaeg-nep
- http://www.atlasnews.co.kr/news/articleView.html?idxno=3540
- https://www.chinavitae.com/biography/Deng_Xiaoping/bio
- http://www.smgnews.co.kr/180304
- http://newsteacher.chosun.com/site/data/html_dir/2019/01/03/2019010300047.html

- https://ko.wikipedia.org/wiki/1989년_천안문_사건
- http://www.kbmaeil.com/news/articleView.html?idxno=967167
- https://ko.wikipedia.org/wiki/남순강화

돈의 신, 재물의 신으로 숭배받는 마윈
- https://www.joongang.co.kr/article/25202451#home
- https://m.newspim.com/newsamp/view/20160816000267
- https://ko.m.wikipedia.org/wiki/마윈
- https://m.mk.co.kr/amp/10881736
- https://www.businessinsider.com/jack-ma-alibaba?amp
- https://www.jagranjosh.com/general-knowledge/jack-ma-biography-1589805175-1
- https://www.linkedin.com/pulse/unbelievable-inspiring-life-story-alibaba-founder-jack
- https://www.avinashchandra.com/jack-ma-alibaba-owner-founder-story
- https://www.joongang.co.kr/article/23694965
- https://soundstory.tistory.com/68
- https://www.businesspost.co.kr/BP?command=article_view&num=2512
- https://www.econovill.com/news/articleView.html?idxno=599793
- https://www.mk.co.kr/news/columnists/9437535
- https://platum.kr/archives/27413
- https://www.edaily.co.kr/news/read?newsId=03237366635673864&media CodeNo=257
- https://www.joongang.co.kr/article/25176121#home
- https://www.digitaltoday.co.kr/news/articleView.html?idxno=485506
- https://www.ajunews.com/view/20230618142134991

제3차 세계대전의 불쏘시개가 될지도 모른다
- <대만 민진당 출범과 양안관계의 전망에 대한 연구>, 박광득, 대한정치학회보,

2016

- <대만해협에서의 무력충돌 시나리오와 시사점>, 미국 RAND 연구소, 전략연구, 2001
- <대만에 대한 중국의 군사력 사용 가능성에 대한 소고(小考): 상륙(amphibious landing) 작전 역량을 중심으로>, 모준영, 국제학논총, 2022
- <대만 주요 정당의 대중국정책과 2000년 총통선거>, 류동원, 21세기정치학회보, 2000
- https://www.yna.co.kr/view/AKR20211213069900009
- http://www.ohmynews.com/NWS_Web/View/at_pg.aspx?CNTN_CD=A0002817857
- https://www.donga.com/news/Inter/article/all/20230130/117659294/1
- https://terms.naver.com/entry.naver?docId=1066756&cid=40942&categoryId=31787
- https://terms.naver.com/entry.naver?docId=1066757&cid=40942&categoryId=31645
- https://shindonga.donga.com/3/all/13/526290/1
- https://n.news.naver.com/mnews/article/005/0000177285?sid=104
- https://n.news.naver.com/article/001/0010910439
- http://www.asiae.co.kr/news/view.htm?idxno=2011092314372308855
- http://www.newstown.co.kr/news/articleView.html?idxno=494596

미국이 최강대국인 이유

- https://dbr.donga.com/article/view/1203/article_no/8306/ac/a_view
- https://www.ohmynews.com/NWS_Web/View/at_pg.aspx?CNTN_CD=A0002764674
- http://www.nextdaily.co.kr/news/articleView.html?idxno=213974
- https://ko.wikipedia.org/wiki/루이지애나_매입
- https://www.readersnews.com/news/articleView.html?idxno=105045

- https://ko.wikipedia.org/wiki/미시시피강
- https://www.khan.co.kr/national/national-general/article/201711051522001#c2b
- https://www.vop.co.kr/A00001515497.html
- http://www.minplusnews.com/news/articleView.html?idxno=12371
- https://www.kist.re.kr/ko/news/kist-opinion.do?mode=view&articleNo=914
  4&article.offset=0&articleLimit=12
- https://biz.chosun.com/site/data/html_dir/2010/12/23/2010122301951.html
- http://www.aflnews.co.kr/news/articleView.html?idxno=23099
- https://www.hangyo.com/news/article.html?no=73755
- http://daehannews.kr/news/article.html?no=452433
- http://www.atlasnews.co.kr/news/articleView.html?idxno=317
- http://m.dongascience.com/news.php?idx=7841

총기 규제, 하지 않는 것이냐 못하는 것이냐

- https://www.ytn.co.kr/_ln/0104_201510021748346392
- https://news.mt.co.kr/mtview.php?no=2022062917074540186
- https://news.mt.co.kr/mtview.php?no=2022052515565510683
- https://www.bbc.com/korean/news-45042907
- https://www.donga.com/news/article/all/20220627/114150565/1

멕시코 정부도 손을 놨다, 마약 카르텔

- https://honz.jp/articles/-/40290
- http://m.emerics.org/issueDetail.es?brdctsNo=326345&mid=a102000
  00000&systemcode=06
- https://www.chosunonline.com/site/data/html_dir/2022/12/31/2022123180053.
  html
- https://edition.cnn.com/2013/09/02/world/americas/mexico-drug-war-
  fast-facts/index.html

- https://www.ide.go.jp/library/Japanese/Publish/Reports/InterimReport/2016/pdf/C05_ch06.pdf
- https://www.sankei.com/article/20170330-UNLTQ5WKS5O4JMF2RTM2WW6NAQ/2
- https://www.yna.co.kr/view/AKR20190831003600087
- https://nownews.seoul.co.kr/news/newsView.php?id=20170515601001
- https://www.hankookilbo.com/News/Read/A2022121310160004007
- https://www.khan.co.kr/world/world-general/article/202302221558001#c2b
- http://thetomorrow.kr/archives/7616
- https://m.blog.naver.com/PostView.naver?isHttpsRedirect=true&blogld=a6969235&logNo=221995642307
- https://brunch.co.kr/@hsk4243/86
- https://www.khan.co.kr/world/world-general/article/202304051732001#c2b
- https://blog.naver.com/jpqqtuwp860/221468296668
- https://www.bobaedream.co.kr/view?code=best&No=186156
- https://welcon.kocca.kr/ko/info/trend/1951978

중동의 전쟁터, 예멘의 아픔

- https://segye.com/view/20230609519609
- https://www.joongang.co.kr/article/22778755#home
- https://editorials.voa.gov/a/6563555.html
- https://www.khan.co.kr/world/mideast-africa/article/202306190913001#c2b
- https://www.yna.co.kr/view/AKR20211124110200111
- https://www.hankookilbo.com/News/Read/A2022021015540004142
- https://en.wikipedia.org/wiki/Yemeni_civil_war_(2014-present)
- https://www.khan.co.kr/world/world-general/article/202212121513001#c2b
- https://www.bbc.com/korean/news-46258855
- http://www.dongponews.net/news/articleView.html?idxno=48085
- https://www.hani.co.kr/arti/international/international_general/1087283.

html

- https://www.bbc.com/korean/international-64924807
- https://www.sisain.co.kr/news/articleView.html?idxno=32765
- https://www.bbc.com/korean/news-44479569
- https://www.yna.co.kr/view/AKR20230317071600009
- https://www.hani.co.kr/arti/international/international_general/1083406.
  html
- https://www.donga.com/news/Opinion/article/all/20220202/111543472/1

아프가니스탄은 어쩌다 지옥이 되었나

- <국제 사회의 여성 인권 규범과 이슬람권 내 페미니즘의 흐름과 동향: 아프가니
  스탄과 이란 사례를 중심으로>, 구기연, 아시아리뷰, 2022
- https://www.rescue.org/kr/article/what-happening-women-and-girls-
  afghanistan
- http://sunhakpeaceprize.org/kr/news/issue.php?bgu=view&idx=505
- https://www.bbc.com/korean/64061694
- https://www.hani.co.kr/arti/international/arabafrica/1054801.html
- https://www.yna.co.kr/view/AKR20200911163800077
- https://en.wikipedia.org/wiki/Women_in_Afghanistan
- https://post.naver.com/viewer/postView.naver?volumeNo=33102522&me
  mberNo=43820492&navigationType=push
- https://www.chosun.com/international/international_general/2021/08/24/7
  TUPLJ4UPFAVNOF7GPNLQL7TTI

푸틴이 믿고 있는 것은 무엇인가

- <국제형사재판소의 전쟁범죄 규정과 그 의의>, 유영근, 통일과 평화, 2012
- <전쟁범죄의 개념적 한계와 그 적용가능성에 대한 연구>, 오경식, 비교형사법연
  구, 2014

- https://www.bbc.com/korean/international-63059690

- https://www.bbc.com/korean/news-61006939

- https://www.bbc.com/korean/news-64998191

- https://www.yna.co.kr/view/AKR20230521005400009

기후 재난이 코앞으로 다가왔다

- <개도국의 기후변화 취약계층에 대한 논의>, 홍은경, 국제개발협력, 2016

- https://ko.wikipedia.org/wiki/기후_변동_및_변화

- https://www.gihoo.or.kr/portal/kr/change/climateChange.do

- https://ecomedia.co.kr/news/newsview.php?ncode=1065587144640531

- https://blog.naver.com/kfri9612/221638465766

- https://www.yonhapnewstv.co.kr/news/MYH20230120011700641

- https://www.newspenguin.com/news/articleView.html?idxno=14106

- http://www.climatechangecenter.kr/boards/newsletter/view?&id=1935

- https://www.sciencetimes.co.kr/news/지구의-지병-오존층-파괴와-온난화

- https://www.sciencetimes.co.kr/news/기후변화는-인간이-유발하는-것일까

- https://www.youtube.com/watch?v=YWOuW6imGNA&t=19s

- https://gscaltexmediahub.com/csr/esg-impact-of-climate-change

- http://m.dongascience.com/news.php?idx=59039

- http://www.greenpostkorea.co.kr/news/articleView.html?idxno=203487

- https://www.hani.co.kr/arti/society/environment/1018821.html

- http://m.dongascience.com/news.php?idx=45408

- https://www.youtube.com/watch?v=Zug1Uonn674

- https://m.dongascience.com/news.php?idx=8340

- https://www.thedailypost.kr/news/articleView.html?idxno=82873

- https://www.windowscentral.com/battlefield-2042

- https://kotaku.com/the-art-of-battlefield-2042-1848141549

- https://sgsg.hankyung.com/article/2017060923621

- https://gscaltexmediahub.com/csr/esg-efforts-to-respond-to-climate-change
- https://www.kita.net/cmmrcInfo/cmmrcNews/cmmrcNews/cmmrcNewsDetail.do?pageIndex=1&nIndex=71687&sSiteid=1
- https://www.mofa.go.kr/www/wpge/m_20150/contents.do

3장 사회유감

이제는 정말 아무도 없어, 대한민국이 사라진다

- http://oreum.org/인구감소시대-지역은-정말-소멸할까-지방소멸위기
- https://www.jjan.kr/articleAmp/20221213580088
- https://www.moel.go.kr/news/enews/report/enewsView.do?news_seq=13488
- https://www.makehope.org/지방소멸은-한국사회에-근본적-질문을-던진다
- https://imnews.imbc.com/replay/2023/nw1400/article/6455147_36177.html
- https://www.sisaweek.com/news/articleView.html?idxno=203287
- https://www.dtnews24.com/news/articleView.html?idxno=747661
- https://www.newspim.com/news/view/20230403000609
- https://www.munhwa.com/news/view.html?no=2022011201033011000002
- http://www.iconsumer.or.kr/news/articleView.html?idxno=25841

지역갈등은 그들 때문에 시작되었다

- <"김대중, 노무현, 이명박 정부와 영호남 지역주의" 토론요지>, 안용흔, 전남대학교 글로벌디아스포라연구소 국내학술회의, 2010
- <지역감정 극복이 어려운 이유>, 편집부, 인물과사상, 1998
- <영·호남 지역민들의 교류에 관한 뉴스 보도가 지역감정 해소에 미치는 영향에

관한 연구>, 김찬중, 한국소통학보, 2021
- <영·호남 지역 아동 및 청소년의 지역감정 평가>, 공인숙, 민하영, 한국가정관리
  학회지, 2007
- <영호남지역갈등의 원인과 감소방안>, 윤용희, 사회과학, 1998
- <선거와 지역감정>, 금병태, 인물과사상, 2000
- <지역감정 극복이 어려운 이유>, 편집부, 인물과사상, 1998
- https://www.khan.co.kr/opinion/column/article/202206280300005#c2b
- https://www.100ssd.co.kr/news/articleView.html?idxno=66759
- https://blog.naver.com/kekuye/221917192130
- https://dgmbc.com/article/7TsTMStD8Z2UMnNQ1mp
- http://www.smgnews.co.kr/157502
- http://news.kmib.co.kr/article/view.asp?arcid=0923372453
- https://www.yeongnam.com/web/view.php?key=20090824.010300749260001
- https://www.idaegu.com/newsView/idg202211200058
- https://gimjecity.tistory.com/entry/전라권-경상권-인구비교-영호남-인구비교

자영업의 몰락은 현재 진행형이다

- <한국 자영업 부문의 현황과 구조적 특성: 경쟁의 성격을 중심으로>, 김창욱, 김
  정근, 경제논집, 2013
- <빚 못 갚는 자영업자 갈수록 늘어나 '자영업 4.0 시대' 적응 못하면 도태>, 김경
  민, 노승욱, 매경이코노미, 2023
- https://www.thescoop.co.kr/news/articleView.html?idxno=59586
- https://www.ohmynews.com/NWS_Web/View/at_pg.aspx?CNTN_
  CD=A0002944454
- https://www.khan.co.kr/economy/economy-general/article/202305291502001#c2b
- https://www.ohmynews.com/NWS_Web/View/at_pg.aspx?CNTN_
  CD=A0002894029
- https://www.jjn.co.kr/news/articleView.html?idxno=963677

- https://www.sedaily.com/NewsView/29QZQQ3HA4

- https://magazine.hankyung.com/money/article/202101203517c

- https://www.ohmynews.com/NWS_Web/View/at_pg.aspx?CNTN_CD=A0002978966

- https://www.joongang.co.kr/article/25232928#home

- https://www.kyeonggi.com/article/20240103580313

- https://www.hani.co.kr/arti/society/society_general/1127760.html

- https://jmagazine.joins.com/monthly/view/333398

- https://www.kdi.re.kr/research/reportView?pub_no=17140

- https://www.100ssd.co.kr/news/articleView.html?idxno=24670

- https://www.news1.kr/articles/?4482787

- https://www.joongang.co.kr/article/23872027#home

- https://eiec.kdi.re.kr/publish/naraView.do?nara_yymm=201210&fcode=00002000040000100003&cidx=8407&sel_year=2012&sel_month=10

- https://www.insightkorea.co.kr/news/articleView.html?idxno=32476

- https://biz.chosun.com/site/data/html_dir/2019/03/07/2019030702397.html

- https://www.news33.net/news/articleView.html?idxno=31825

- https://brunch.co.kr/@curahee/178

더 이상 마약 청정국이 아니다

- <한국 마약의 역사: 왜 한국은 '마약 청정국'인가>, 강준만, 인물과사상, 2008

- http://antidrug.drugfree.or.kr/page/?mIdx=191&mode=print&idx=1064

- https://www.newspim.com/news/view/20190419000645

- https://brunch.co.kr/@sjkim138/247

- http://encykorea.aks.ac.kr/Contents/Item/E0017402

- http://encykorea.aks.ac.kr/Contents/Item/E0075873

- https://www.ytn.co.kr/_ln/0101_201905131121094986

- https://www.ajunews.com/view/20190320154616264
- http://blog2.aladin.co.kr/common/popup/printPopup/print_Review.
  aspx?PaperId=12397837

미국의 대중교통이 몰락한 이유

- <GM에 좋은 것은 미국에도 좋은 것인가: 앨프리드 슬론의 'GM 제국'>, 강준만,
  인물과사상, 2014
- http://www.koreatimes.com/article/856042
- https://www.thefiscaltimes.com/Articles/2014/06/06/10-US-Cities-Worst-
  Traffic
- https://www.cato.org/sites/cato.org/files/pubs/pdf/PA699.pdf
- https://www.smartcitytoday.co.kr/news/articleView.html?idxno=21395
- https://view.asiae.co.kr/article/2023010908480897221
- https://en.wikipedia.org/wiki/General_Motors_streetcar_conspiracy

미국 의료보험에 대한 오해와 진실

- <사회구성주의와 미국의료보장의 역사적 기원: 사회의료보험 도입의 실패와 메
  디케어 도입의 성공을 중심으로>, 김흥식, 사회와역사, 2012
- <미국 의료보험의 정책연구: 다원주의 이론적 접근>, 강성도, 산업경제연구,
  2001
- <한국에서 민영의료보험과 의료민영화>, 정형준, 의료와사회, 2023
- https://www.medicaltimes.com/Main/News/NewsView.html?ID=83747
- https://medigatenews.com/news/2333603754
- https://brunch.co.kr/@anecdotist/48
- http://ppss.kr/archives/56911
- https://brunch.co.kr/@parkisthinking/28

미국급식을 먹느니 차라리 굶겠다

- https://www.seoul.co.kr/news/newsView.php?id=20220127500141

- https://www.yna.co.kr/view/AKR20111119071300072

- https://www.greenmatters.com/food/school-lunches-america

- https://foodrevolution.org/blog/school-lunch-in-america

- http://j469.ascjclass.org/2018/12/07/whats-wrong-with-school-lunches

- https://dowra-60.tistory.com/1833

- https://en.wikipedia.org/wiki/School_meal_programs_in_the_United_States

- https://www.segye.com/newsView/20111118003949

- https://blog.naver.com/nutriand/221523305687

- https://www.yna.co.kr/view/AKR20200118024200009

해적이 꿈이라는 소말리아

- https://www.hani.co.kr/arti/international/arabafrica/460010.html

- https://www.joongang.co.kr/article/4280855#home

- https://www.khan.co.kr/world/mideast-africa/article/201102011752055#c2b

- https://cm.asiae.co.kr/article/2011041814224792913

- https://blog.naver.com/wonsubyoon/220522697360

- https://blog.naver.com/sinjeongcc/220772668482

- https://blog.naver.com/pantorm/20122799594

4장 경제유감

자원 부국은 왜 가난에 빠지나

- http://www.insidevina.com/news/articleView.html?idxno=14903

- https://sgsg.hankyung.com/article/2009022633011

- https://www.nongmin.com/article/20220513355671

- https://news.einfomax.co.kr/news/articleView.html?idxno=4170699

- http://www.e-platform.net/news/articleView.html?idxno=45791

- http://www.financialreview.co.kr/news/articleView.html?idxno=25084

- http://economyinsight.co.kr/news/articleView.html?idxno=4106

- http://www.newsprime.co.kr/section_view.html?no=344840

- https://www.khan.co.kr/article/200408171724461#c2b

- https://www.seoul.co.kr/news/newsView.php?id=20100224021006

- https://ko.wikipedia.org/wiki/자원의_저주

- https://en.wikipedia.org/wiki/Resource_curse

중국은 어쩌다 짝퉁의 천국이 되었나

- https://www.donga.com/news/Culture/article/all/20160806/79586751/1

- https://www.mk.co.kr/news/world/9312158

- https://www.ohmynews.com/NWS_Web/View/at_pg.aspx?CNTN_CD=A00 02239121

- https://www.dongascience.com/news.php?idx=12384

- https://www.dailian.co.kr/news/view/311243

- https://news.nate.com/view/20220130n01567

- https://www.tourtoctoc.com/news/articleView.html?idxno=1170#google_vignette

홍콩의 경제는 망했다

- https://www.chosun.com/international/china/2023/12/10/2DZUHDHLUVG SDAQFDQCNYDFJQE

- https://www.newsquest.co.kr/news/articleView.html?idxno=213804

- https://yonhapnewstv.co.kr/news/MYH20230921002600032

- https://www.rfa.org/korean/weekly_program/d0c8bd81c790c774c57cae30/ c624b298c758-c911ad6d-1/todaychina-12212023095903.html

- https://brunch.co.kr/@hong8706/206

- https://www.mk.co.kr/news/world/10467404

- https://h21.hani.co.kr/arti/world/world_general/53665.html

- https://mobile.newsis.com/view.html?ar_id=NISX20231016_0002484578

- https://biz.chosun.com/international/international_economy/2023/11/22/
  PABIEDJZLNBQJNYKEX7ESSWOGU/

- https://www.aljazeera.com/economy/2023/3/20/hong-kong-struggles-to-
  win-back-tourists-world-city-crown

- https://www.scmp.com/news/hong-kong/hong-kong-economy/article/3
  232164/hong-kong-economic-woes-continue-exports-fall-15th-month-
  row-9-cent-decline

- https://www.rfa.org/english/news/china/hong-kong-free-economy-
  09202023153439.html

- https://www.bloomberg.com/news/articles/2023-10-26/hong-kong-
  exports-fall-again-as-weak-demand-persists

- https://edition.cnn.com/2022/08/12/asia/hong-kong-population-record-
  fall-covid-intl-hnk/index.html

- https://ko.wikipedia.org/wiki/홍콩_국가보안법

- https://www.bbc.com/korean/international-57675714

- https://news.kbs.co.kr/news/pc/view/view.do?ncd=7713294

- https://www.dokdok.co/brief/hk-national-security-law#google_vignette

- https://www.bbc.com/korean/features-61905797

- https://ko.wikipedia.org/wiki/홍콩

- https://ko.wikipedia.org/wiki/홍콩의_역사

- https://www.bbc.com/korean/international-48577552

- https://amnesty.or.kr/campaign/hong-kong-protests-explained

부자 나라 가난한 국민, 일본

- https://www.joongang.co.kr/article/25180867#home
- https://www.hani.co.kr/arti/international/japan/1015913.html
- https://www.asiae.co.kr/article/2023092007173680966
- https://www.hankyung.com/article/2022040428191
- https://www.cowalknews.co.kr/bbs/board.php?bo_table=HB22&wr_
  id=94&page=66
- http://www.hufsnews.co.kr/news/articleView.html?idxno=22428
- https://www.yna.co.kr/view/AKR20220630110300501
- https://www.seoul.co.kr/news/2023/05/27/20230527500031
- https://www.hankyung.com/article/202112209129i
- https://bananawork.tokyo/minimum-wage
- https://www.hankyung.com/article/202108165977i
- https://www.minimumwage.go.kr/minWage/policy/decisionMain.do
- https://www.khan.co.kr/world/japan/article/202310241226001#c2b
- https://www.viewsnnews.com/article?q=53326
- https://www.businessplus.kr/news/articleView.html?idxno=33393
- https://www.sisajournal.com/news/articleView.html?idxno=115975
- https://www.chosun.com/economy/economy_general/2024/01/26/
  ODPPMFQXUZBW5ECLISJR5KWITA
- https://www.cctimes.kr/news/articleView.html?idxno=681991
- https://www.joongang.co.kr/article/25141085#home
- https://www.ajunews.com/view/20210428135535239
- https://www.ajunews.com/view/20210429020332606
- https://www.mk.co.kr/news/world/9986440

일본을 설명할 수 있는 한마디, 버블

- http://www.topdaily.kr/news/articleView.html?idxno=64780

- https://blog.naver.com/happykdic/222388509845

- https://blog.daum.net/orion3727/6285

- https://korean.co.jp/life_info/126?sfl=wr_subject&stx=%ED%95%9C%EA%
  B5%AD&sst=wr_nogood&sod=asc&sop=and&page=1

- https://ko.wikipedia.org/wiki/잃어버린_10년_(일본)

북한은 어떻게 돈을 버는가

- https://edition.cnn.com/2013/04/09/business/north-korea-economy-
  explainer/index.html

- https://techstory.in/how-north-korea-makes-money

- https://startuptalky.com/north-korea-economy-sources

- https://www.investopedia.com/articles/investing/013015/how-north-
  korea-economy-works.asp

- https://www.npr.org/sections/money/2011/08/11/139556457/drug-dealing-
  counterfeiting-smuggling-how-north-korea-makes-money

- https://www.kinu.or.kr/pyxis-api/1/digital-files/b8f1fb49-8274-4acb-9e5f-
  382b4da7dc82

- https://www.voakorea.com/a/7039829.html

- https://www.korea.kr/news/policyNewsView.do?newsId=148915538

- https://www.rfa.org/korean/news_indepth/moneytaste-04012021100254.
  html

- https://www.joongang.co.kr/article/5223077#home

- https://unikorea21.com/?p=12557

- https://ko.gov-civil-portalegre.pt/should-you-invest-in-dollar-stores-
  review-105792

- https://www.kita.net/cmmrcInfo/cmmrcNews/cmmrcNews/cmmrcNewsD
  etail.do;JSESSIONID_KITA=22C08691EEC6CCDAE3F73060CAC6ACFF.Hyp
  er?pageIndex=1&nIndex=73754&sSiteid=2

참고 자료

- http://18webzine.nuac.pa.go.kr/sub.php?number=790
- https://ko.wikipedia.org/wiki/은둔의_왕국
- http://monthly.chosun.com/client/mdaily/daily_view.asp?idx=16508&News numb=20221116508
- https://www.bbc.com/korean/news-63900667
- https://news.kbs.co.kr/news/view.do?ncd=7613046
- https://blog.naver.com/ngmin/220959341294
- https://news.mt.co.kr/mtview.php?no=2023022716372778592
- https://www.bbc.com/korean/news-62628955
- https://newsis.com/view/?id=NISX20221103_0002071756
- http://wiki.hash.kr/index.php/계획경제
- https://eiec.kdi.re.kr/material/conceptList.do?depth01=00002000010000100002
- https://www.kita.net/cmmrcInfo/cmmrcNews/cmmrcNews/cmmrcNewsDetail. do?pageIndex=1&nIndex=57851&sSiteid=2
- https://www.rfa.org/korean/weekly_program/c9c0ae08-bd81d55cc740/ nknow-08022022094032.html
- https://www.bbc.com/korean/news-46904045
- https://www.e-ia.co.kr/sonosa/newsletter/201408/column.html
- http://www.asiae.co.kr/news/view.htm?idxno=2017080910292348933
- https://www.voakorea.com/a/korea_korea-politics_swiss-report-norkor- arms-smuggling/6042112.html
- https://www.newsquest.co.kr/news/articleView.html?idxno=100450
- http://monthly.chosun.com/client/news/viw.asp?ctcd=&nNewsNu mb=201405100009
- https://www.munhwa.com/news/view.html?no=2014031201070523037002
- https://www.voakorea.com/a/6639637.html
- https://www.bbc.com/korean/news-64383432
- https://www.spnews.co.kr/news/articleView.html?idxno=55201

- https://news.kbs.co.kr/news/view.do?ncd=5112711
- https://www.khan.co.kr/politics/north-korea/article/202107250800001#c2b
- https://www.voakorea.com/a/6716953.html
- http://weekly.chosun.com/news/articleView.html?idxno=27050
- https://www.joongang.co.kr/article/21838206#home
- https://www.dailynk.com/20221116-4/
- https://www.joongang.co.kr/article/25159726#home
- https://www.voakorea.com/a/6557282.html
- https://raythep.mk.co.kr/m/Headline/View/11368
- http://www.futurekorea.co.kr/news/articleView.html?idxno=146883
- http://monthly.chosun.com/client/news/viw.asp?ctcd=&nNewsNu
  mb=201911100048
- https://news.kbs.co.kr/news/view.do?ncd=3296207
- https://yonhapnewstv.co.kr/news/MYH20220721007700038

가난해지는 유럽, 세계의 축이 이동한다

- https://www.mk.co.kr/news/world/10828029
- https://www.chosun.com/economy/weeklybiz/2023/08/10/IC2EMVV4DFF
  GJI5KFZVI5V2WDI/?outputType=amp
- https://news.kbs.co.kr/news/mobile/view/view.do?ncd=7879752
- https://www.etoday.co.kr/news/view/2267153
- https://www.kiep.go.kr/gallery.es?mid=a10101010000&bid=0001&list_
  no=9514&act=view
- https://mobile.newsis.com/view.html?ar_id=NISX20230321_0002234110
- https://www.hankyung.com/article/202310241229i
- https://www.news1.kr/articles/?5308801
- https://www.joongang.co.kr/article/25152846#home
- https://www.khan.co.kr/economy/economy-general/article/202402011629001#c2b

- https://www.donga.com/news/Inter/article/all/20230720/120325984/1
- https://www.hankyung.com/article/2024020208991
- https://sedaily.com/NewsView/29S7W5EU6A#cb
- https://m.munhwa.com/mnews/view.html?no=2023092001033411000001
- https://www.hankyung.com/amp/202307183126i
- https://www.joongang.co.kr/amparticle/25178432
- https://www.donga.com/news/amp/all/20230720/120325984/1
- https://www.joongang.co.kr/amparticle/25178432
- https://m.mk.co.kr/amp/10955308
- https://m.edaily.co.kr/amp/read?newsId=02440326635675832&mediaCod
  eNo=257
- https://www.donga.com/news/amp/all/20230910/121112954/1

희망이 불행으로 변해 버린 나우루

- https://n.news.naver.com/mnews/article/015/0002981004?sid=101
- https://blog.naver.com/sptokorea/222076777474
- https://www.yangsanilbo.com/news/articleView.html?idxno=64947
- https://en.wikipedia.org/wiki/Nauru
- https://brunch.co.kr/@ecotown/78
- https://blog.naver.com/kytong3202/221518159350
- https://www.dongascience.com/special.php?idx=835

IMF만 세 번, 이집트에 봄은 언제 오는 것일까

- https://www.hankookilbo.com/News/Read/A2022121911060000131
- https://m.yna.co.kr/amp/view/AKR20230111154300079
- https://www.emerics.org:446/issueDetail.es?brdctsNo=205336&mid=a10
  200000000&&search_option=&search_keyword=&search_year=&search_
  month=&search_tagkeyword=&systemcode=05&search_region=&search_ar

ea=1&currentPage=20&pageCnt=10

- https://www.emerics.org:446/issueDetail.es?mid=a10200000000&syste
mcode=05&brdctsNo=354391

- https://ko.m.wikipedia.org/wiki/이집트의_경제

- https://www.kiep.go.kr/aif/issueDetail.es?mid=a30200000000&systemco
de=05&brdctsNo=352468

- https://dream.kotra.or.kr/kotranews/cms/news/actionKotraBoardDetail.
do?SITE_NO=3&MENU_ID=80&CONTENTS_NO=2&bbsGbn=242&bbsSn=2
42&pNttSn=201422

- https://www.kati.net/board/exportNewsView.do?board_seq=61111&menu_
dept2=35&menu_dept3=71

- https://www.hankyung.com/article/202310237250i

- http://contents.history.go.kr/mobile/kc/view.do?levelId=kc_i501300&code
=kc_age_50

- http://www.kookje.co.kr/mobile/view.asp?gbn=v&code=0400&key=20230
808.99099002446

- https://blog.naver.com/wan1825/223216438479

- https://sedaily.com/NewsView/29UMA3A5JM#cb

- https://www.hankyung.com/article/202303200356i

- http://www.ikbc.co.kr/article/view/kbc202309070051

- https://www.chosun.com/international/international_general/2023/03/20/
FYBYG7MBBNDVZBS6N3H6R3NKMI

- https://www.emerics.org:446/issueDetail.es?brdctsNo=246103&mid=a10
200000000&&search_option=&search_keyword=&search_year=&search_
month=&search_tagkeyword=&systemcode=05&search_region=&search_
area=1&currentPage=9&pageCnt=10

- https://ko.m.wikipedia.org/wiki/아랍의_봄

- https://www.joongang.co.kr/article/23947707

- https://www.krm.or.kr/krmts/search/detailview/research.html?dbGubun=S
  D&m201_id=10041873
- https://wspaper.org/article/25096
- http://diverseasia.snu.ac.kr/?p=4985
- https://www.kiep.go.kr/aif/issueDetail.es?brdctsNo=246103&mid=a30200
  000000&&search_option=ALL&search_keyword=&search_year=&search_
  month=&search_tagkeyword=&systemcode=05&search_region=&search_ar
  ea=1&currentPage=13&pageCnt=10
- https://www.kiep.go.kr/aif/issueDetail.es?brdctsNo=246103&mid=a30200
  000000&&search_option=ALL&search_keyword=&search_year=&search_
  month=&search_tagkeyword=&systemcode=05&search_region=&search_ar
  ea=1&currentPage=13&pageCnt=10
- https://www.khan.co.kr/world/world-general/article/202203241811001#c2b
- https://www.yna.co.kr/view/AKR20220324145800079
- https://www.kiep.go.kr/aif/issueDetail.es?brdctsNo=275500&mid
  =a30200000000&&search_option=&search_keyword=&search_
  year=&search_month=&search_tagkeyword=&systemcode=05&search_
  region=05011200&search_area=&currentPage=1&pageCnt=10

부의 몰락, 아르헨티나

- https://www.emerics.org:446/issueDetail.es?brdctsNo=247190&mid=a10
  200000000&&search_option=&search_keyword=&search_year=&search_
  month=&search_tagkeyword=&systemcode=06&search_region=&search_
  area=1&currentPage=6&pageCnt=10
- https://www.mofa.go.kr/www/brd/m_4049/view.do?seq=278036&
  srchFr=&amp%3BsrchTo=&amp%3BsrchWord=&amp%3BsrchTp
  =&amp%3Bmulti_itm_seq=0&amp%3Bitm_seq_1=0&amp%3Bitm_
  seq_2=0&amp%3Bcompany_cd=&amp%3Bcompany_nm=

- https://post.naver.com/viewer/postView.nhn?volumeNo=16645224&memberNo=42894257&vType=VERTICAL
- https://blog.naver.com/tsj001178/222448430403
- https://blog.naver.com/bobost1503/221920762424
- https://ko.wikipedia.org/wiki/아르헨티나_경제_위기

국민이 탈출하고 있다, 베네수엘라

- https://www.mk.co.kr/news/economy/7770253
- https://www.yna.co.kr/view/AKR20210930184300087
- https://risingeco.tistory.com/318
- https://www.hani.co.kr/arti/international/international_general/859364.html
- https://blog.naver.com/pdahnchul/222049982662
- https://www.futurekorea.co.kr/news/articleView.html?idxno=121772
- https://ko.wikipedia.org/wiki/베네수엘라의_경제
- https://ko.wikipedia.org/wiki/셰일_오일